Wort und Bild

100 Künstler in der Kritik

Heinrich Hahne

Wort und Bild

100 Künstler in der Kritik

Wienand Verlag Köln

Inhalt

Berichte zu übergreifenden Themen

Vorwort

Diese Rezensionen vornehmlich aus den letzten zehn Jahren berichten über neuere und ältere Ausstellungskunst. Sie berücksichtigen zwar auch die biographischen und historischen Beiläufigkeiten, möchten jedoch vor allem die jeweils erfahrbare Wirklichkeit eines Werkes möglichst unmittelbar in den Blick stellen. Indem sie sich an der Anschaulichkeit von Bild und Wort orientieren, verzichten sie tunlichst auf einen austauschbaren Jargon und bemühen sich hier und da (im Sinne Lessings), die materiale Starre der Flächen- oder Raumkunst in die beweglichere Vorstellungswelt der Sprache aufzulösen, ist doch nicht der »Bildträger«, sondern die Bildlichkeit das Medium der Kunst.

So sind zwar die Steingebilde von Hede Bühl in der säkularisierten Dominikanerkirche in Osnabrück »ausgestellt« oder »aufgestellt« worden; doch wenn man, entgegen dem Augenschein, sagt, daß sich diese strengen, fast gesichtlosen Männer in dem gotischen Gehäuse zu einem »Konvent« eingefunden haben, so verwandeln sie sich in der Vorstellung von Hörenden oder Lesenden in eine mittelalterliche, klerikale Gemeinschaft, die sich zugleich ohne weitere Erläuterungen von einer Reisegruppe oder einem Ensemble und in ihrer Bestimmung von einem »Arbeitsteam« oder einer »Jahreshauptversammlung« unterscheiden. Das wird den Steinen nicht angedichtet oder interpretierend aufgeschwätzt, sondern wird an ihrer Anschaulichkeit gewonnen und im verwandten, wenngleich abgewandelten Wortbild gespiegelt; und dieses Bild ist so auf die Umstände der ausgestellten Arbeiten, zum Beispiel auf ihre Anordnung in der Osnabrücker Apsis, angewiesen, daß es sich andernorts kaum wiederholen läßt.

Mit Sicherheit hat die Künstlerin nicht an mittelalterliche Mönche gedacht, als sie vor Jahren und weitab in ihrem Atelier die Steine bearbeitete. Diese »Exponate« sind an allen Orten und zu allen Zeiten alles andere als Porträts oder Allegorien; es genügt aber die Bildkraft eines Wortes, um für sie in einer bestimmten Zeit und an einem bestimmten Ort eine neue, einleuchtende Ordnung zu stiften.

In diesem Sinne würde dem Artifiziellen (der »abstrakten« Kunst zum Beispiel) die »konzeptionelle Disposition einer Rezension in konstruktiver oder konstruktivistischer Terminologie korrespondieren«. Kunstwörter oder Fremdwörter wären hier in spezifischer Funktion am Platze. Wie der Fundamentalkunst eines Hans Steinbrenner oder eines Andreas Brandt eine unpathetische Geradlinigkeit der Beschreibung, so entspräche den handfesten Motiven des malenden Realisten die lockere Gelassenheit des Erzählers; und wie der kritische Witz einer Bettina von Arnim oder die wohlmeinende Ding-Ironie eines Hubertus Gojowczyk oder eines Ilja Kabakow ihre direkte Entsprechung in der flirrenden Mehrdeutigkeit einer distanzierenden und distanzierten Manier fänden, so kann sich die verschleierte

Schwermut eines Eugen Batz noch diesseits von Auslegung und Fußnote in der Grundanlage einer Wortfolge andeuten.
Vorstellungen und Begriffe, Wörter und Sätze begrenzen (oder definieren) jeden wie auch immer gearteten Gegenstand um so leichter, je zugänglicher er sich darbietet; doch ließe sich auch darauf verzichten, die wehrlose Kunst, um sie verfügbar zu machen, in beziehungslose Formeln und Systeme zu nötigen. Umgekehrt läge es nahe, sie ihrer anschaulichen Daseinsweise gemäß in entsprechenden Benennungen zu beleben. Was andere wiederholt versucht haben, das erreicht Goethe in unwiederholbarer Weise, wenn er »Leda« von Correggio sogar in Versen »beschreibt« (Faust II).
Hier wird nicht einer Poetisierung, nicht einmal einer Kunstsprache das Wort geredet. Um so nachdrücklicher wird eine sachdienliche Darstellung auf Abstand zu pseudowissenschaftlichen Systemen wie zu saloppen Vulgarismen bestehen, vorausgesetzt, daß die anschauliche Vergegenwärtigung eines Bildes und nicht seine »Verfremdung« beabsichtigt ist. Die Überführung des Bildlichen eines Bildes ins (bildhafte) Wort (wie der Weg zurück, vom Wort ins Bild) hat große Beispiele der Kunstgeschichte beschäftigt. So kann man nicht nur von oder über die Kunst sprechen, sondern sich »Leda« von Correggio in Goethe-Versen oder Terborchs »Belehrung« in der Prosa der »Wahlverwandtschaften« lesend vor Augen führen.
Dies Verfahren ist über Jahre hin erörtert, erprobt und in den folgenden Rezensionen hier und da versucht worden.

Ausstellung »Hede Bühl – Skulpturen und Zeichnungen« in der Dominikanerkirche in Osnabrück, 1989

Peter Ackermann

Man kennt seine Motive, kennt die Pfeiler und Gewölbe, die Pilaster und Kapitelle, die Treppen und Innenhöfe, die manchmal vor vermauerten Durchgängen oder vergitterten Fenstern enden. Doch sollte man sie nicht als Zeugnisse für das Hermetische, für etwas Hintergründiges oder Metaphysisches, überhaupt auf Weltdeutung hin lesen. Denn diese Kunst ist eher Hinsicht als Absicht. Die strenge Geradlinigkeit ihrer Inhalte antwortet den vorgegebenen Strukturen der italienischen Renaissance. Vor allem die Ölbilder spiegeln das Exemplarische in makelloser Reinheit. Im Fluidum einer blaß-grauen Tönung (zum Beispiel) wird jede Spur von unkontrollierter Sinnlichkeit aufgehoben. Da wird das Räumliche der Architektur zurückgenommen, sie wird flächig wie ein Entwurf oder wie die Idee vor ihrer Realisation.
Ihre Realisationen sind Gegenstand der Zeichnungen und Aquarelle. Da kommt das Zufällige, das Irreguläre der menschlichen Nutzung oder die Überwucherungen des Vegetativen in seiner eigenwilligen Eigengesetzlichkeit ins Spiel. Da wird die reine Geometrie der klassischen Architektur zugleich zum Zeugnis einer machtvollen Ordnung des Menschlichen ohne Menschen, denn Menschen werden von Ackermann ausgespart.
Dieser Grenzbereich zwischen Kunst und Natur, zwischen dem Gemachten und Gewordenen, zwischen Raum und Zeit ist das Feld des Malers. So veranschaulicht er die Auseinandersetzung zwischen dem Kontrollierbaren oder Objektiven mit dem Beliebig-Zufälligen oder Subjektiven. Das vollzieht sich in einer glaubwürdigen Dingbezogenheit; doch verhehlt die kühle Darstellung in ihrer bewußten, reflektierten Gelassenheit weder einen Anflug von unsentimentaler Schwermut, wie sie sich von jeher im Anblick des Zeitigens einstellt, noch das leichte Vibrato einer essentiellen Ironie. Die Eindringlichkeit der Motive, die unmittelbar verständlich sind, die künstlerische und gedankliche Sicherheit ihrer Darstellung und nicht zuletzt ihr Verzicht aufs Demonstrative erklären ihre intensive und dauernde Wirkung in dieser Zeit.

Zur Ausstellung im Studio Jaeschke, Bochum, 1984,
in: das kunstwerk, 1984

Josef Albers

Daß Bottrop, eine Industriestadt des Ruhrgebiets, seit dem letzten Krieg nicht mehr über ein eigenes Theater verfügt, ist beim Stand der Verhältnisse nicht so tragisch. Belangvoller erweist sich die entschlossene Weitsicht, mit der die Stadt vor einigen Jahren das »Quadrat«

bauen ließ. Für Bottrop war es damals eine Ehrenpflicht, die angemessene Stätte für eine Josef-Albers-Sammlung zu errichten; heute veranschaulicht der lockere, transparente und doch so solide Baukomplex zugleich die sinnvollen und beständigen Konzepte des »Bauhauses«, an dem Albers über ein Jahrzehnt als Geselle und Meister tätig war. Schließlich ist das »Quadrat« zu einem international anerkannten Informationszentrum des Konstruktivismus geworden. So begünstigt und bewährt, erfreut sich das kleine, reputierliche Museum eines zwanglosen Ansehens.

Josef Albers studierte in Berlin, Essen, München und am »Bauhaus« in Weimar, an dem er von 1923 bis 1933 auch unterrichtete. Dann emigrierte er in die USA, wo er nach einer fruchtbaren Lehrtätigkeit 1976 gestorben ist. Die Ausstellung im »Quadrat« umfaßt etwa 150 Blätter, die 1976 im Nachlaß gefunden und bislang noch nicht öffentlich gezeigt worden sind. Mit »Herrenhäuser« (Pinsel und Tusche) um 1919 endet die erste und mit »Studie zu zwei Glaskonstruktionen« um 1927 beginnt die zweite Werkphase. Natürlich interessiert an ihr vor allem der Einschnitt zwischen den frühen Realismen und den Abstraktionen und Konstruktionen der späteren Zeit. Da die radikale Unterscheidung zwischen Inhalt und Form den markantesten Einschnitt in der Geschichte der Malerei bedeutet, interessiert er hier um so mehr, als er sich in ein und derselben Handschrift vollzieht. Die Zwischenjahre von 1919 bis 1927 sind in Bottrop zwar nicht vertreten; doch heißt es, daß Albers mit seinem Eintritt ins »Bauhaus« nicht mehr gegenständlich gezeichnet hat. Der bemerkenswerte Stilwandel scheint sich also nicht, wie etwa bei Piet Mondrian, als Entwicklung einer im Grunde homogenen Auffassung, sondern aus einem abrupten Entschluß zu verstehen, der wohl auch dem Grundhabitus des Künstlers entsprach.

Das eben läßt sich vielleicht auch an den frühen Blättern feststellen, in denen sich zwar Veränderungen in der Anlage, in den inhaltlichen Vertiefungen, in der Komposition und in den Schuleinwirkungen, aber keine Wesensentwicklungen andeuten. Da gibt es westfälische Dorfmotive, Türme, Häuser und Straßen im Stil einer malerischen Schilderung; es gibt Porträtstudien und Tierszenen, aber auch bewußte und subtile Variationen in der Strichführung, in Aussparungen und sensitiven Ausdruckseffekten. Es gibt den jugendlichen Lebensernst in Selbstporträts und auch die Pose en face wie bei Max Beckmann damals; Tiergruppen erinnern in ihrer flächigen Zuordnung an Gauguin oder Bonnard; und die Bildauffassung und ihre Darstellung verhehlen nicht eine Neigung und Fähigkeit zum Empfindsamen wie ein humoriges Wohlwollen für lernende Kinder, für kauzige Eulen oder in sich behagliche Kaninchen.

Offensichtlich läßt sich die bewußte und experimentelle Formung der Eindrücke nicht durch Emotionen korrumpieren. Zwar möchte man der Meinung beipflichten, daß die Anlage der Motive spürbare Anre-

gungen zu voluminösen oder plastischen Vorstellungen einräumt; doch haben sie im späteren Werk des Meisters keine Entwicklung erfahren. So werden die linearen Elemente fast schon zum Selbstzweck, indem sie sich teils (wie verständlich) an Cézanne, teils ausdrücklich (wie vor allem auf einem Selbstbildnis von 1917) mit integrierten Stilpassagen am Kubismus orientieren. Doch werden sie so verhalten ins Gesamtsujet aufgenommen, daß sie eher auf dekorative als auf konstruktive Tendenzen hinweisen. Schließlich verraten vor allem »Zwei Enten« in andeutenden, fast wie gehauchten Pinselprofilen eher eine melodisch-lyrische als eine konturierend-fixierende Handschrift.
Die Zeichnungen der »Bauhaus«-Jahre und die späteren entsprechen dem erwarteten Erscheinungsbild. Die Form wird zum experimentellen Formalismus. Sie hält sich ans Geradlinige oder an perspektivische Tiefenillusionen, herbeigeführt durch Unterschiede in den Abständen, der Breite und Intensität des Strichs.
Texte, von Albers selbst oder von ihm zitiert, wie die knappen Erläuterungen Max Bills zu dieser Ausstellung bleiben hinter ihren Möglichkeiten zurück. Sie betonen zwar das Sehen im Sinne des deutlichen Erfassens wie der optischen Täuschung, nötigen aber dadurch die künstlerische Darstellung entweder ins »Abstrakte« der Geometrie oder in das Spielerische von Beliebigkeiten. »Sehen« heißt Konstatieren und ist für die Kunst zu wenig, wie das Hören für die Aufnahme einer Sonate nicht ausreicht. Natürlich war es nicht eine irrationale Schwärmerei, wenn Albers Sätze aus dem »Philebos« von Platon als Hinweise im Unterricht verwandte. Denn für Platon und auch für die Sache der Kunst, vor allem der »abstrakten«, geht es um die »reine« Lust, um die Lust an der Linie, die, »immer von sich aus« oder »immer an und für sich«, schon in ihrer »Natur« schön ist. Damit deutet Albers wohl an, daß auch er nicht nur die Kombinationen oder »Abstraktionen«, sondern den reinen Reiz, das Schöne meint, das den Linien und Figuren als solchen zukommt. Sie aber kann man nicht »sehen« wie ein Kaninchen.

Zur Ausstellung anläßlich des 100. Geburtstages des Künstlers, 1988,
in: Weltkunst, 1988

Jiří Anderle

Die graphischen und malerischen Arbeiten des tschechischen Zeichners Jiří Anderle befassen sich zwar vor allem mit der Darstellung des Menschen; doch orientiert sich eine Werkgruppe mit Vorzug an Vorbildern der griechischen Antike und der italienischen Renaissance, die andere setzt sich mit Gegebenheiten unserer Zeit auseinander. Augenfällig ist durchweg das historische Interesse des Künstlers, das sich bis hin zu den Einzelheiten im Dargestellten äußert. Doch be-

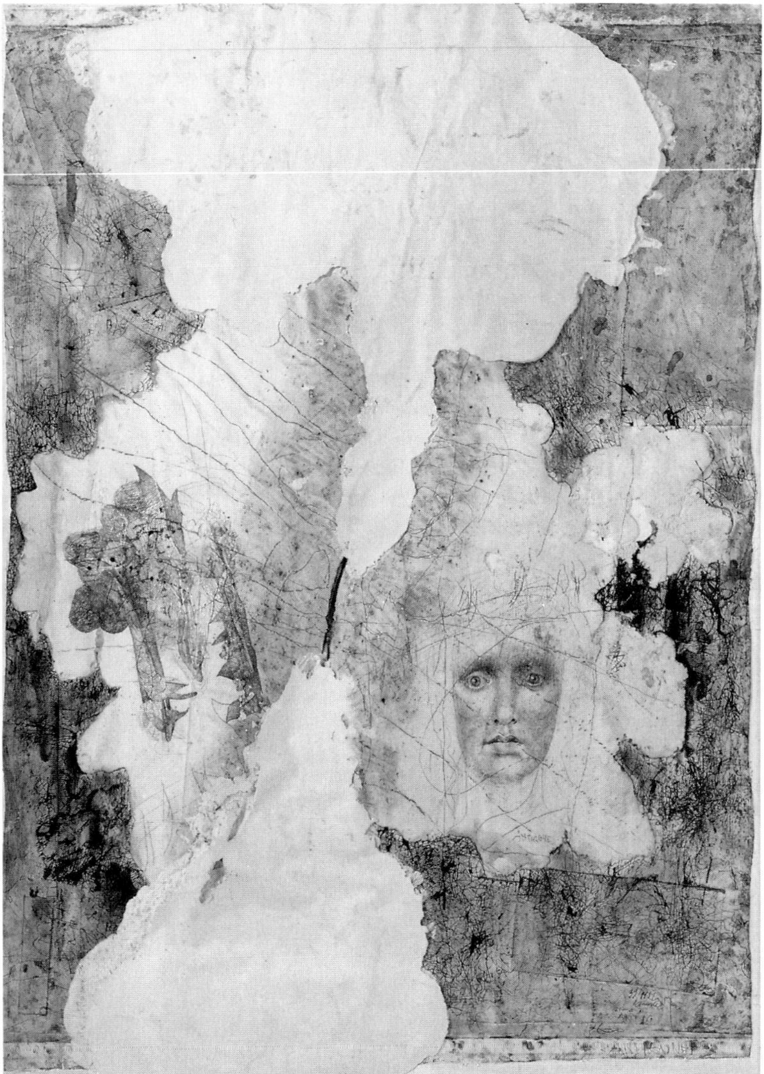

Jiří Anderle, »Antigone«, 1981, Bleistift, Rötel, Tusche, Feder auf Gips und Leinwand, 131×94,5 cm

gnügt es sich selbstverständlich nicht mit Erneuerungen oder Erinnerungen an alte Bestände; es ist auf das Wesentliche im Habitus und vor allem im Gesichtsausdruck der Personnagen bedacht. Auf diese Weise wird die Distanz zwischen den Epochen überwunden und das Konkret-Geschichtliche im Gemeinsamen des Menschlichen aufgehoben. Geschichte wird für Anderle zum Medium, in dem sich menschliches Wesen auslegt.
Dies Gemeinsame ist (trotz der Antike) nicht eine Idealvorstellung des Menschen vom Menschen, sondern das Bewußtsein seiner Zeitlichkeit. Was sich in der Darstellung der Antigone, des Ödipus oder Prometheus zeigt, das gilt auch und vor allem für unser Selbstverständnis heute. Da wird dann ein und dieselbe Person in zwei oder drei Phasen ihres Lebens gezeigt, es sind Phasen des Verfalls bis zur Hilflosigkeit und Deformation. Während auf den Blättern um 1976 noch surreale Gesichte und subhumane Verwirrungen in psychologisierender Art ins Bild kommen und auch in der Bildanlage und Strichführung zum Beispiel auf Hans Bellmer anspielen, sind nun die graphischen Blätter wie auch die farbigen Bildmontagen in der Beobachtung unmittelbar und in der Darstellung eigenständig geworden. Sie verzichten auf spekulative Kombinationen, werden auch dadurch faßlicher, härter und zugleich wirksamer in ihrer Reduktion auf lineare Umrisse und erfahrbare Inhalte. Und sogar gelegentliche Lichtbilder (ins Bild einbezogen) sind hier nicht als Zugeständnisse an einen eben noch gängigen Fotorealismus, sondern wie eine Dokumentation in der Erfahrung menschlicher Hinfälligkeit zu verstehen.

Zur Ausstellung in der Galerie Baukunst, Köln 1981,
in: das kunstwerk, 1981

Bettina von Arnim

Um ihre Bilder zu verstehen, genügt es nicht, sie im einzelnen zu betrachten; es bedarf einer Vorstellung, um die dargestellten Einzelheiten in einem Ganzen zu erfassen. Bettina von Arnim bezeichnet ihre Welthinsicht und deren Darstellung in ihren Bildern als kritischen Realismus. Ich habe meine Bedenken; denn sie schildert nicht die Realität, nicht die Wirklichkeit, also nicht das, was man durch die Sinne wahrnimmt; sie entwirft eher eine Möglichkeit, die allerdings auf dem Wege zur Verwirklichung ist. Und nicht nur das: Es ist sogar zu befürchten, daß die dargestellte Möglichkeit eines Tages Wirklichkeit, totale Wirklichkeit, geworden ist.
An welche mögliche Wirklichkeit wird hier gedacht? Auf fast allen Tafeln sehen wir Mauersysteme, die in eintöniger Einförmigkeit wie Häuserblocks aussehen, Wände ohne Fenster, Gehäuse für Blinde; keine Spur mehr vom Werden oder Gewordenen, die absolute, abge-

löste, unbegrenzte Wiederholung des Gemachten. Diese Wiederholung ist ungemein praktisch, weil primitiv. Sie erübrigt nicht nur, sie stört sogar jede individuelle Regung, die sich unter Umständen programmwidrig bemerkbar macht.
Trotz der Wiederholung des Einförmig-Gleichen ist die Orientierung in den dargestellten Anlagen anscheinend schwierig; denn die Malerin tituliert ihre Motive als Labyrinthe, als Irrgärten also, wie man sie vor einigen Jahrzehnten auf den Jahrmärkten oder vor einigen Jahrhunderten in Barockparks zu Spiel und Vergnügen anlegte. Man kennt sie vor allem aus der mythischen Geschichte der Insel Kreta, als Theseus, der Geliebte der liebesunglücklichen Ariadne, an ihrem Faden, dem berühmten Ariadnefaden, den Minotaurus, das Ungeheuer, in jenem Labyrinth erschlug.
Die Wirklichkeit dieser Bilder ist also eine Wirklichkeit zwischen gestern und morgen oder eine Möglichkeit von heute, eine vorgestellte Wirklichkeit, eine Wirklichkeit, die nur versteht, wer die alten Sagen aus frühgriechischer Zeit kennt und der sich ihre Wiederkehr, natürlich eine modifizierte Wiederkehr, vorstellen kann.
In dem Maße, in dem das Individuelle, Persönliche, Einzelne verschwindet und das Allgemeine, Kollektive, Generelle in den Blick tritt, in dem Maße wächst die Bedeutung des Linearen oder auch des Linealen, der Geometrie, der Berechnung und der Berechenbarkeit, also auch die Wichtigkeit der Zahlen. Die Irrgärten Bettina von Arnims sind wie an der Schnur konstruiert und mit Zahlenandeutungen geordnet. Das ist die Welt des Reißbretts, der Meßkunst in ihrer reinen, verselbständigten Daseinsweise.
Die Motive dieser Bilder schweben gleichsam: Sie schweben im Zwischenbereich der Zeiten, zwischen vergangenen Mythen und programmierten Utopien, zwischen damals und morgen, sie schweben zwischen Möglichkeit und Wirklichkeit, zwischen dem Individuellen und Konkreten, zwischen den Dingen und ihrer Geometrie. Sie haben keinen Anfang und kein Ende, sie beginnen irgendwo und irgendwie am vorderen Bildrand, im Unkontrollierten, vielleicht Unkontrollierbaren und verjüngen sich durch die Bildfläche hin im Unbestimmten eines perspektivischen Horizontes.
Wir alle, die wir diese Tafeln so betrachten, haben wahrscheinlich ein unbehagliches Gefühl; denn die meisten von uns werden es noch mit Goethe halten und werden mit Unbehagen der Welt, wie sie hier angedeutet oder als angestrebt entworfen wird, entgegensehen; sie werden sich der Nötigung durchs Schematische widersetzen und sich der tödlich-toten Ordnung der Geradlinigkeit zu entziehen suchen. Das eben aber ist es wohl, was die Malerin in uns, den Betrachtenden, anregen möchte, weswegen sie von einem kritischen Realismus spricht und wohl eine bewußte Distanz zu dem meint, was sie in ihren Bildern ankündigt. Es ist natürlich nicht der Terror eines Diktators, sondern die fade Namenlosigkeit, die sich in den Burgen dieser Zeit, in den

Bettina von Arnim, »Umwege«, 1984/85, Öl auf Leinwand, 100×110 cm

Verwaltungshochhäusern der ökonomischen, politischen wie der »gesellschaftlichen« Realität eingerichtet hat. Es ist ein Blick wie auf das alte Babylon, von dem noch einige Mauern auf der Museumsinsel in Ostberlin erhalten sind. Die Gefahr besteht weniger im Sog der sogenannten Verwaltung als in der geheimen oder sogar offenen Zustimmung zum Glück und zur negativen Freiheit eines verwalteten Lebens.

Es wäre zu wenig, in den Bildern nur gemalte Zeitkritik, veranschaulichte Philosophie zu sehen. Auch sie als künstlerische Darstellung eines künstlichen Lebens verraten Eigenständigkeit in der Ausarbeitung. Mit Vorgeschichte natürlich. Es wäre auch nicht abwegig, vor diesen Bildern an die deutsche Romantik zu denken, die von einer geheimen Hinneigung zu Begriff, Abstraktion, wie überhaupt zu reiner, rationaler Vorstellung fasziniert war. Doch das Unendliche der offenen Horizonte auf diesen Bildern ist nicht mehr die Weite der Sehnsucht, nicht mehr die blaue Ferne der Seele, sondern nichts als formale Unbestimmtheit, ist das, wo das Bestimmte perspektivisch erstarrt.

Dem entsprechen auch die Farben. Die Lichtquelle ist ohne Bedeutung; denn da gibt es keine natürliche oder sinnvolle Ordnung mehr, die an Schwerpunkten, welcher Art auch immer, orientiert wäre. Es gibt weder die Sonne als Weltmitte noch den Mond, von ihm ganz zu schweigen; es gibt ihn weder als den milden Glanz der Sommernächte noch als den trübseligen Freund des Gelehrten im gotischen Gehäuse. Das Licht und die Farben sind wie Strahlen aus künstlichen Energien, die sich am Beton der Irrgärten brechen. Doch auch sie haben auf diesen Bildern ihre Reize, ihre ästhetischen Reize, und solche Reize haben in der Kunstgeschichte, etwa in der holländischen Malerei, seit langem eine bewußte Aufgabe erfüllt. Und selbst das Ornamentale kommt hier in der scheinbaren Undifferenziertheit zur Äußerung. Es besteht nicht nur in der Kassettenordnung der dargestellten Wüstenstädte; es besteht auch in ihrer atmosphärischen Spiegelung als in einer Wiederholung der Stadteinrichtungen am Himmel.
Natürlich sollte man auch noch ein Wort zum Kritischen dieses potenziellen Realismus sagen. Was machen wir mit der Vision einer solchen Zwangsherrschaft, mit der geknebelten oder verkabelten Zivilisation der Zukunft? Wie wird es zugehen in dem Irrgarten, in diesen Labyrinthen, in denen ein Zwitterwesen aus Tier und Mensch sein Unwesen trieb, treibt oder treiben wird? Die Griechen in ihren mythischen Zeiten schickten einen Theseus, der den Minotaurus erschlug. Und heute? Oder morgen? Wer in diese Irrgärten geriete, wäre verloren. Er wäre gerettet, vielleicht, wäre er ein Theseus, hätte er eine Ariadne und sie einen Faden. Es wäre gut, nützlich und vielleicht sogar weise, sich vor solchen Bildern morgens und vielleicht noch einmal gegen Abend zu überlegen, wie weit ihre Möglichkeit bereits Wirklichkeit geworden ist.

Eröffnungsrede zur Ausstellung
im Studio Jaeschke, Bochum, 1984

Ina Barfuss und Thomas Wachweger

Ina Barfuss und Thomas Wachweger gehören zur Berliner »Szene«. Sie ist 1949 in Lüneburg, er 1943 in Breslau geboren. Beide haben in Hamburg studiert, leben seit 1978 in Berlin, arbeiten gemeinsam, manchmal sogar an ein und demselben Bild, und verstehen diese Ausstellung als ihre erste gemeinsame Einzelausstellung. Ihre kooperativen Bilder werden gemeinsam signiert.
Von Abstraktion und Konstruktion weit entfernt, bewegen sich beide im Bereich menschlicher Erfahrungen. Es geht ihnen um Liebe, Leid und Tod, aber fast im gleichen Zusammenhang um Scherz und eine provokative Ironie. Ein konvulsives, human-animalisches Gewühl

und ein Behagen am vorzivilisatorischen Umgang mit Fischen, Urvögeln und Eseln – solche sub- oder surrealen Abenteuer versteht Ina Barfuss als »Körpersprache«. Ob diese Sprache eine humane Sprache ist, hängt vom Umfang des erweiterten Humanbegriffs ab.
Thomas Wachweger, wenngleich auch er zwischen Göttern und Dämonen, gibt sich kritisch-distanzierter und gelegentlich sogar politisch engagiert, wenn er sein Mißbehagen an öffentlichen Zuständen oder Vorgängen hierzulande oder anderswo artikuliert. So deutet er mit fast mythischem Pathos, und anders als die Briten selbst, das Unternehmen »Falkland« als ein Desaster im Stile Lears. Die Briten, sähen sie das Bild, fänden es mit britischer Gelassenheit wohl interessant. Nichts gegen eine flott gemalte Schüssel mit Totenkopf; nichts gegen die Titelfeststellung Wachwegers, daß wir die »Fünfziger-Jahre-Suppe auszulöffeln« hätten; doch manchem politischen Kostgänger schmeckt bereits die »Siebziger-Jahre-Suppe« noch versalzener als die Brühe von damals.
Der Kraftakt in der Niederschrift solcher Bilder täuscht nicht darüber, daß deren Themen teils veraltet oder inhaltlich unzulänglich und teils von einem fast rührenden, um nicht zu sagen, altväterlichen Habitus sind. So zeigt uns Ina Barfuss nach Jahr und Tag mal wieder den alten Anker, das alte Hoffnungszeichen aus Seefahrerzeiten, und Thomas Wachweger erinnert an den »Tod und das Mädchen«, allerdings ohne die ergreifende Düsternis des Schubert-Quartetts. Wie bei Käthe Kollwitz, so fährt auch bei Ina Barfuss der schwarze Arm des »Gottesurteils« quer durch das Bild. Und Schwarz ist und bleibt für sie wie für Thomas Wachweger die Farbe des Abgrunds. Nichts gegen »Allegoristereien« für alte Vorstellungen, sofern man sie in neuen und wirksamen Zeichen veranschaulicht. Doch solche Zeichen zu finden, das ist nicht jedermanns Sache.
Allerdings gibt es in diesem Bestiarium, in dieser »Kunst der Triebe«, auch starke Augenblicke: Es gibt zum Beispiel den Turm der »Umsiedler«. Ina Barfuss hat ihn aus Leib und Gesichtern so gebaut, daß sich in ihm eine zeitgenössische Drangsal ohne Pathos, aber mit fast irre-duldendem Ausdruck vergegenwärtigt, eine Darstellung von aktueller Realität, die in ihrer kompromißlosen und perfekten Präsenz ergreift. Serien kleinerer Formate schließlich befassen sich mit den gewichtlosen Gebilden einer phantastischen Phantasie. Ihre ambivalenten Konturen deuten manchmal reizvolle Mehrdeutigkeiten an. Dann gehen Scherz und Witz und nicht ohne eine Prise Ironie auch Ernst und Verhaltenheit fast spielerisch ineinander über. Überhaupt scheint es, daß beide Künstler das Ernsthafte leichter oder das Leichte ernster nehmen, als es der erste Anschein nahelegt.

Zur Ausstellung »Kunst der Triebe« im Museum am Ostwall, 1985,
in: Frankfurter Allgemeine Zeitung, 1985

Eugen Batz, »Ein blauer und zwei rote Punkte«, 1932, Öl auf Leinwand über Holz, 161×74cm

Eugen Batz

Alle, die gekommen sind, um Eugen Batz zu ehren, kennen seinen Lebensgang und seine Kunst. Bleibt noch zu sagen, wie beide, wie sein Leben und seine Kunst, einander bestimmten. In Velbert geboren und in Velbert gestorben, so spielt das Beständige des Lebens auch im Künstlerischen dieses Mannes seine Rolle. Zwar hat er sich zunächst, als ein Schüler Kandinskys, auch im Ungegenständlichen geübt; doch dann hat er mehr im Sinne seines Lehrers Paul Klee mit behutsamen Konturen sowohl die Gestalten der realen Welt wie die Gebilde der irrealen oder surrealen Phantasie mit Stift und Pinsel nachvollzogen. Die oft oder meistens schildernden, gelegentlich auch witzigen oder ironischen Motive sind niemals verletzend. Sie vertrauen auf das Verständnis der Betrachter.
Diese Kunst bevorzugt, was sich im Aquarell, in der Zeichnung mit Feder, Pastell oder Silberstift sagen läßt. Das Schwere wird leicht, das Wirkliche fast unwirklich, das Gewichtige scheint zu schweben. Die durchlichtete Atmosphäre ist die Lebenshülle dieser Kunst. Dargestellte Personen, ob vereinzelt oder in Gruppen, bleiben namenlos.

Diesem Leben war alles Laute, Aufdringliche oder gar Auftrumpfende fremd. Dem Banalen, Vulgären oder gar Ordinären ließ er keinen Raum. So lebte und schuf Eugen Batz auf der Gegenseite dieser Zeit, wo er die Wesensstille des Daseins in seinen Bildern vergegenwärtigte.

Grabrede, 1986

Thomas Bayrle

Man sieht auf diesen Blättern Flugzeuge und Startbahnen, Autos und Parkplätze und die flachen Wohnkästen und Hochhäuser dichtgedrängter Städte. Die Quantifizierung der Natur, die Überführung des Besonderen ins Undifferenziert-Typische und die Kollektivierung des Einzelnen in der Masse werden zu den Themen Bayrles; die Passanten verkümmern auf kahlen Plätzen zu einem Gewimmel kleinster, kaum noch unterscheidbarer Punkte, und die durchgehenden Strukturen der Städte erstarren in schematischen Abstraktionen.
Doch was wird aus den Menschen, die in den Gehäusen und auf den Straßen dieses artifizierten Daseins leben? Ihr Bild addiert Bayrle aus gestrichelten Umrissen auf einer Fläche, hinter der nichts mehr, nicht einmal mehr eine Tapete oder eine Wand ist, von Umwelt oder Natur, von Hügeln und Bäumen ganz zu schweigen. Wenngleich wie transparente Drahtpuppen in den Schaufenstern der Bekleidungsindustrie, pflegen sie dennoch die Beziehungen zueinander, sogar im Familienverband, zwar jeder für sich in klimatisierten Wohnräumen, die wie sterile, gekachelte Badezimmer aussehen, und betrachten den Betrachter wie jemand, der in eine Fotolinse schaut; doch noch werden sie von Empfindungen (von Emotionen, wie wir sagen) bestimmt; denn sie lächeln manchmal wie fensterlose Monaden in einem vorgegebenen Einververständnis mit sich und den Ihren.
Nichts läßt vermuten, daß Thomas Bayrle kritisch oder ironisch gegen den »modernen Menschen« polemisiert. Von Soziovisionen weit entfernt, nennt er die Ausstellung »Capsel«. Er sieht die Vergangenheit des Menschen in der berechenbaren und rekonstruierbaren Gesetzlichkeit der anorganischen Natur und seine Fixierung durch Raum und Zeit und weist auch darauf hin, daß selbst die alten Ideale der Persönlichkeit, der Identität und Selbstverwirklichung nur noch Klischees eines schematisierten, »eingekapselten« Denkens sind.
Die Realität wird in dieser Kunst nicht nur wiedergegeben, sondern in künstlerischer Freiheit modifiziert. Damit wird angedeutet, daß mindestens durch Kunst Distanz und Freiheit gegenüber dem nötigenden Gitterwerk eines organisierten Daseins möglich sind. Diese Blätter sind mehr als Reißbrettentwürfe, auch mehr als referierende Wieder-

Thomas Bayrle, »Halle«, 1983, Fotocollage auf Holz, 74×101 cm

gaben von Allgemeinheiten unseres Lebens. Daß sie in ihrer kühlen Verhaltenheit eine künstlerische Welt- und Menschendeutung anstreben, legen nicht nur die leichten Verschiebungen in der Perspektive, irreguläre Anordnungen der Inhalte und die kaum merklichen Intensitätsschwellungen des Zeichnens nahe. Es scheint sogar, als zeigte sich im geschwungenen Umriß der Blätter und im Wechsel von dunkleren und helleren Partien eine anschauliche Grundgestalt: In ihr könnten die Divergenzen zwischen dem Einzelnen und Allgemeinen, zwischen Freiheit und Nötigung wie in einem homogenen Gewebe aufgehen.

Zur Ausstellung »Capsel« im Museum am Ostwall, Dortmund, 1984,
in: Frankfurter Allgemeine Zeitung, 1984

Jean Bazaine

Jean Bazaine ist 1904 in Paris geboren. Nach einem Lizentiat in Philosophie wandte er sich der bildenden Kunst zu, versuchte sich zunächst als Bildhauer und entschied sich dann für die Malerei. Wie andere Künstler seiner Generation begann er mit real-gegenständlichen Themen, mit Personnagen, mit perspektivischen Landschaften, mit der Darstellung von Geräten, Gläsern und Früchten, die den Einfluß unterschiedlicher Stile vom psychologischen Realismus oder von spätkubistischen Formexperimenten nicht verleugnen. Eine wesentliche Einwirkung, die weit über Formprobleme hinausgeht und bis heute spürbar geblieben ist, verdankt er Pierre Bonnard, den er bei seiner ersten Pariser Ausstellung (1932) kennenlernte. In diesen Jahren beginnt sein Interesse für Kirchenfenster. Nach dem Kriege nähert er sich, in loser Führung zu Bissière, Manessier, Estève und Lapicque, den Ungegenständlichen, ohne deswegen »abstrakt« zu werden. Was ihm vorschwebte, läßt sich wahrscheinlich nur gedanklich, um nicht zu sagen philosophisch ausdrücken; denn die sinnfälligen Farben und Umrisse können den Hintergrund der Malerei Bazaines nur andeuten, wie es überhaupt den vordergründigen Sensualismus, also jenen Versuch, nur den unreflektierten Sinneseindruck anzustreben oder gelten zu lassen, nicht gibt; schon seine Rechtfertigung wäre mehr und etwas anderes als er selbst.
Immerhin läßt sich sagen, daß der Ansatz Bazaines in den fünfziger Jahren konzeptionell ist, das heißt, unregelmäßige Farbflächen werden in oft harte und spröde, geometrische Profile genötigt, vielleicht in Analogie zur abstrakten »Nouvelle École de Paris«, vielleicht als ein männlich-rationaler Zug, der sich gegen das Vage, Unbestimmte sträubt. Anekdotische Bildtitel sollten über die Abstraktion nicht täuschen. Die strukturelle Strenge wird allerdings in den späteren Jahren in unverwechselbarer Weise durch eine Wendung zum Offenen, Wei-

ten, vielleicht sogar zum Mystischen überwunden. Sind es also auf der Leinwand zunächst animalisch verträumte, in eine umfassende Natur einbezogene Gestalten, so sind es dann, vor allem auf den steilen Kirchenfenstern, freie, geometrische Formen und Formsysteme, die sich mit Vorliebe in Lanzettgestalten annähern, berühren oder überschneiden. Wo hellere oder dunklere Töne Fühlung zueinander suchen und sogar in Spannung zueinander treten, geraten die stillen Kirchengehäuse in innere Bewegung, wie sie im flamboyanten Chorumgang von Saint-Séverin in Paris das Wechselverhältnis zwischen den gewundenen Säulen und der Grundarchitektur verstärken.
Vor allem in Deutschland, wo Bazaine trotz zweimaliger Teilnahme an der documenta, trotz Ausstellungen in der Kestnergesellschaft, in Baden-Baden, Bonn oder Dortmund, nicht die öffentliche Beachtung gefunden hat, die seiner Bedeutung entspricht, hat man ihn, anders als in Frankreich, vorwiegend als einen Maler des lyrischen Expressionismus verstanden. Doch hat Bazaine die anschauliche Orientierung am Gegenstand nie aufgegeben und hat selbst da, wo sie sich in formale Kombinationen zu verflüchtigen scheint, eine Seinsbezüglichkeit gewahrt. Darauf verweisen vor allem die Aquarelle und die Tuschzeichnungen, die, ob an der bretonischen Küste oder in Holland, durch die Jahrzehnte hin mit Vorliebe Landschaftseindrücke spiegeln. Es sind gleichsam flirrende, zarte Gespinste von Gräsern, Zweigen oder Wolkenbewegungen, wie durch den Schleier eines Spühregens gesehen. In diesen Spuren der zeichnenden Hand nähert sich die Kunst der Natur oder wird umgekehrt die Natur mit nur andeutenden Zeichen in ihre Verfügung überführt.
Dynamische Farbgitter oder Farbwinkel sind für Bazaine charakteristisch geworden, wie es in den großen Retrospektiven von Paris 1965, von Rouen 1977 und vor allem in Quimper 1982 zu beobachten war. Wohl mehr als eine eindrucksvolle Variante ist seine Fleckenmalerei, die sich bei flüchtiger Hinsicht den Parzellierungen Paul Klees annähern ließe, und dies um so mehr, als Bazaine auf eine gewisse Vertrautheit mit Klee immer Wert gelegt hat. Um sie jedoch vom Grunde her zu verstehen, wird man sich auf die sublimierte Ontologie vor allem in den Landschaftseindrücken der Zeichnungen und Aquarelle einlassen. Da wird jene philosophische Grundauffassung angedeutet, für die das Dasein kein Gegenstand des Bestimmens oder gar des Machens, sondern der Hinnahme ist. In diesem Sinne ist alles, was Bazaine gemalt oder gezeichnet hat, selbst in seinen »Abstraktionen« nicht konstruktiv, sondern Spiegelung vorgegebener Ordnungen. So ist auch das Geometrische in seiner Kunst eine Übernahme der natürlichen Geradlinigkeit in den Dimensionen der Fläche, des Raumes oder der Bewegung des Lichtes.
Bazaine hat sich vor einem halben Jahrhundert unmittelbar an der bretonischen Küste in Saint-Guénolé ein altes Fischerhaus für die Sommermonate eingerichtet. Seine anschaulichen Beobachtungen

hier haben gewiß keinen Bruch, aber eine klärende oder vertiefende Erfahrung mit sich gebracht. Natürlich ist das Licht kein Gegenstand, aber eine Bedingung der Malerei. Ihr Gegenstand sind zwar die Dinge, die im Lichte sichtbar werden; doch ihre Realität kann so leicht, so durchlässig, so immateriell sein oder werden, daß sie manchmal wie verdichtetes Licht wirkt. Von dieser Art sind die atmosphärischen Vorgänge an der bretonischen Küste. Da scheint es manchmal, als hielten die Wolken, von der langen Reise über die Meere ermüdet, an und schwebten nun in den leichten Aufwinden des Abends. Sie wehen wie farbige Tücher, treiben ein wenig hin und her und verfliegen ins Unbestimmte. Bald rosa-rötlich im Nachglanz der sinkenden Sonne, bald hellbläulich über dem Wasserspiegel des Himmels, spielen die Sonnenstrahlen noch eine Weile mit ihnen, bevor sie auf der Fahrt aus den fernen Himmeln in der Dunkelheit der kosmischen Nacht erlöschen.
Was Bazaine da beobachtet und mit leichten Farben auf seinen Blättern andeutet, ist gegenständlich, dinglich, seiend und sogar konkret in des Wortes Grundbedeutung, aber es ist von solcher Gewichtlosigkeit, daß es wie unwirklich, wie nur vorgestellt oder gar als »abstrakt« erscheinen könnte. Das läßt sich täglich beobachten; denn wenn die Wolken schwer werden und in kompakter Masse mit hängender Wucht über das Wasser herandrängen und dem Licht widerstehen, werden sie grau und sogar schwarz und vernichten das Licht und die Farben. Das Farbige wirkt eben wie alles Menschliche im Zwischenbereich. Das gilt umgekehrt auch für jene seltenen Sommertage, an denen das Licht über dem Meere in einer ereignislosen Luft stillsteht und sich am Himmel kein Wölkchen mehr bildet, an dem sich das Licht verwirklichen und sichtbar machen könnte. Dann wird der Himmel gläsern, und die Luft wird farblos auf dem Weg ins leere, haltlose Nichts. Das ist kein Himmel für einen Maler, der das Seiende liebt.
Denn der Gegenstand Bazaines ist die fast unwirkliche Wirklichkeit des bretonischen Himmels. Durch ihn versteht man diese Kunst; durch sie die Sonnenspiele über der Küste. Ihr Wechselverhältnis ließe sich als eine zwanglose Entsprechung von Kunst und Natur verstehen. Denn die Farbflecken Bazaines sind leicht wie ein Gedanke; in ihrer schwebenden Bezüglichkeit sind sie Poesie; und doch sind sie mehr als nur gedacht und gemacht, mehr als eine Reflexion oder eine Empfindung: aufgenommen, hingenommen als etwas Seiendes, Ausweisbares, Dingliches, wenngleich nur wie ein Ding aus Luft und Licht. Waren die Maserungen der fünfziger Jahre, die das Farbenfeld auf der Leinwand oder der Kirchenfenster ordneten, den festen, harten Bleifassungen des Mittelalters ähnlich, so sind sie jetzt nur noch wie leichte, schwingende Gongschläge, in unterschiedlicher Intensität die Nähe und Weite eines ortlosen Raumes andeutend.
War die Abstraktion in der Kunst Bazaines zwar ein Durchgang, eine fruchtbare Neuvergewisserung der eigenen Bedingungen, die sich

aber mit der Angleichung des Dinglichen, des Realen, mit dem Abbild des Handfesten nicht mehr begnügen konnte; sind dieser Kunst Programme oder gar gesellschaftliche Agitationen zuwider, wo wird sie dann ihren Gegenstand suchen und finden? Diese Frage scheint, was Jean Bazaine betrifft, die Kapelle bei Saint-Guénolé zu beantworten. Sie ist in Bau und Umbau durch die Zeiten hin gleichsam auf dem halben Wege des Versuchs stehengeblieben; zurückreichend ins 12. Jahrhundert, einbezogen ins bretonische Bauernleben, an einer Quelle gelegen, die heute als Viehtränke dient, wäre sie ihrem völligen Verfall wohl nicht entgangen, wenn sich nicht Bazaine, in der Sommerzeit als Bauer unter Bauern, bereitgefunden hätte, ihre Wiederherstellung zu betreiben und vor allem die zersplitterten Fenster zu erneuern. Sie ist der heiligen Magdalena geweiht. Ihr Geschick hat Bazaine zum Thema seiner sieben Fenster gemacht. Von einer Legendenmalerei ist da keine Rede mehr; aber auch abstrakte Kombinationen, mit denen die Kirchen in den fünfziger Jahren wohl weniger dem Zeitgeist huldigten, als einer Konfrontation mit dem Geist eines Gotteshauses aus dem Wege gingen, hat Bazaine nicht erwogen. Er verzichtete auf liturgische Inhalte. Die Intensität und die Aufwärtsbewegung der Farben bedeuten nicht, sondern sind der Gegenstand dieser Darstellung. Sie bevorzugt ein helles, leuchtendes Gelb mit blauen und braunen Gegengewichten. Aus den verhalteneren Tönen der unteren Fensterstreifen lösen und lichten sich die Farben ins Helle und Freie. Die Stimmung dieses Raumes wird durch die ausgewogene Komposition der Fensterstrukturen und vor allem durch die Führung des Lichtes bestimmt; sie suggeriert ein bewegtes Gleichgewicht oder eine umfassende Harmonie, die für Bazaine in der Weltordnung selbst begründet ist. Frei von Emotion und auch frei von theologischen Symbolen, halten sich die Farben und Strukturen in dem offenen Spannungsbereich zwischen anschaulichen Sinnzeichen und reiner Lichtwirkung; dennoch berühren sie (und daran ist kein Zweifel) die Sphäre einer Weltdeutung in der Erhöhung des liebenden Menschen in das hellere Licht des Himmels. Hat Jean Bazaine wie kein anderer das Licht des bretonischen Himmels in atmosphärischen Farben gemalt und fixiert, so ist es in dieser Kapelle das Licht selbst, das im transparenten Stoff des Glases für die Dauer eines Sonnenaufgangs verwandelt und verwirklicht, was ihm der Künstler nahelegt.

Zum 80. Geburtstag des Künstlers, 1984,
in: Weltkunst, 1984

Erwin Bechtold

I

Erwin Bechtold, 1925 in Köln geboren, lebt zwar seit 1954 auf Ibiza, hat jedoch die Fühlung mit der hiesigen Malerei nie verloren und findet in der Tradition der deutschen Ungegenständlichkeit durch die Jahrzehnte hin sogar seinen verläßlichen künstlerischen Rückhalt. Die Ausstellung zeigt Arbeiten aus den letzten Jahren. Rechteckige, meist mittelgroße Formate; homogene, manchmal fast monochrome Grundierungen und nicht zuletzt die Vorliebe für Serien deuten schon auf den ersten Blick eine klare, überprüfbare Kunstauffassung an. Reine Farbbilder unter ihnen werden durch Übermalungen geschichtet und moduliert und gelegentlich auch durch feine Pinsel- oder Stiftspuren atmosphärisch bewegt. Neue Bildgruppen variieren den Viertelkreis als Thema. Die Geradlinigkeit der Radien ist zwar wie mit dem Lineal gezogen; eine gelöstere Führung der Segmentbögen lockert aber die Strenge ins Irreguläre und läßt die Geschlossenheit der Figuren auch durch die Transparenz des Farbauftrags wie ins Unbestimmte verschweben. Eine leichte Verrückung in der Flächeneinteilung bringt schließlich von Bild zu Bild zusätzliche, spannungsreiche Nuancen mit sich. Auch die bildimmanente Ordnung, etwa die Zweiteilung einer weiß-grauen Fläche durch schlanke, dunkle Farbbahnen, neigt zu verhaltenen Besonderheiten; zunächst leicht zu übersehen, wirken sie dann um so lebendiger, je deutlicher sie ins Bewußtsein treten. Das gilt im erhöhten Maße (wie verständlich) für Reiß-Collagen, deren Verletzungen im Kontur wie im Kolorit subtile Beunruhigungen oder gar Verwirrungen illusionieren.
Diese Kunst hat nichts mit dem Organisch-Animalischen, sehr viel aber mit den feinen Schwingungen einer gespannten und angerührten Stahlsaite zu tun. Ihre Orientierung an der Geometrie ist offensichtlich; doch geht es nicht ums Zählen und Messen, schon gar nicht um Geometrismus und Konstruktivismus, denn die Geraden, die Winkel und Segmente sind hier nichts als das Thema dieser Malerei. Die fast unmerkliche Fühlung zwischen Geometrie und Kunst begründet vielleicht sogar letztlich die innere Bewegung der Motive. Sie ist das Vibrato einer erregbaren Rationalität.

Zur Ausstellung von etwa 100 Arbeiten des Künstlers in der Galerie Smolinsky, Mülheim/Ruhr, 1982,
in: Weltkunst, 1982

II

Das »Geistige in der Kunst« ist nicht schon deswegen widerlegt oder überwunden, weil sich das Ungeistige mit Vehemenz und Anspruch in Szene setzt. Das Saarland-Museum Saarbrücken jedenfalls stellt seit Jahr und Tag mit wohlbedachten Ausstellungen produktive Erweiterungen des »ungegenständlichen« Ansatzes zur Diskussion, die bereits in einem umfangreichen Protokoll dokumentiert sind. Hier unternimmt Erwin Bechtold den originellen Versuch, in einer vorgefaßten Konzeption an austauschbaren Beispielen auf Schwerpunkte seiner künstlerischen Probleme hinzuweisen. Der Museumsdirektor nennt dies Verfahren eine »Prospektive«.

17 Bilder zu Beginn, in Mischtechnik auf zerknitterten Papieren und feinmaschigen Drähten, erinnern in atmosphärischer Offenheit an existenzielle Erfahrungen der sechziger Jahre, an die menschenferne Stille morbider, verrotteter Lebensverhältnisse. Auf einer Stellwand gegenüber festigen sich die Tachismen zu homogenen, kräftigen Bahnen, die in Rosa oder Lila organische und geometrische Figurationen oder gerissene Kunststoffröhren andeuten, an deren Schadstellen wie aus Tuben nebliger Dampf oder breiige Masse dringt.

Im Hauptsaal variiert Bechtold auf vorwiegend mittelgroßen und auf drei großen dreiteiligen Tafeln die dritte Gruppe seiner Probleme. Es geht um fundamentale Bauelemente der Stereometrie. Über neutralisierten Grundierungen schweben farbig modulierte und durch feine Pinselspuren strukturierte Vierecke, Segmente, Halonen oder irreguläre Verdichtungen.

Die Verrückungen oder Schrägstellungen dieser Gebilde im »Rahmen« eines imaginären Koordinatensystems täuschen den Eindruck von Bewegung, von Instabilität oder auch zögernder Orientierungslosigkeit vor. Sie scheinen in lautlosen Bewegungen an die Ränder zu treiben, sich da zu stoßen, abzustoßen und zu beschädigen. Brüche, Abflachungen oder Einkerbungen deuten darauf hin. Irregulär und verletzlich, sind sie von den magisch entrückten Albers-Quadraten, die sich (unantastbar wie Ideen) selbst genügen, weit und augenfällig entfernt.

Sowohl die leichten, durchlichteten wie die schweren, fast massiven Farbbalken der großen, dreiteiligen Tafeln an der Stirnwand des Hauses werden wie in einem Kraftfeld gehalten und gesteuert. In diesem vorgegebenen Horizont, vor dem sich diese Malerei abspielt, wird das Subjektive, das »Gestische« oder Psychographische ihres Entstehens in die mittelbare Allgemeingültigkeit und künstlerische Notwendigkeit aufgehoben.

Dieser Vorgang, der sich hier wie mit Händen greifen läßt, hat der »Ungegenständlichkeit« von Anfang an ebenso verständliche wie entbehrliche Schwierigkeiten bereitet. Kant, dessen Bedeutung auch für die heutige Kunst zu ihrem Nachteil vernachlässigt wird, nennt diesen Horizont, das »übersinnliche Substrat der Erscheinungen«, das allerdings nicht »weiter begreiflich gemacht« werden kann. In diesem Sinne sind die Bilder Bechtolds weder »abstrakt« noch ungegenständlich (wozwischen zu unterscheiden wäre), sondern eine künstlerische Veranschaulichung dessen, was in reiner oder »innerer Anschauung« erfahrbar ist.

In: Frankfurter Allgemeine Zeitung, 1987

Max Beckmann

Aus den gezeigten über 200 Aquarellen, Zeichnungen, Radierungen und Lithographien von Max Beckmann und drei seiner acht Plastiken ergibt sich über 50 Jahre hin eine erstaunliche, thematische und künstlerische Kontinuität, vor der die übliche Phaseneinteilung des Beckmann-Werkes nur als eine äußerliche Hilfe dient. Es zeigt sich, daß nicht nur seine fast schon manische Egozentrik; daß nicht nur seine sozialkritischen Themen, sein Expressionismus und Verismus der Nachkriegszeit; daß seine Vorliebe für mythisch-legendäre Verschlüsselungen und schließlich auch das Kantig-Sperrige seiner künstlerischen Diktion von Anfang an in ihm wirksam sind. Da seine Kunst die Umwelt und nicht die Umwelt seine Kunst bestimmt, ist er auch nicht ihr Kritiker und schon gar nicht ihr Gegner oder Parteigänger; und was ihn etwa zu Grosz oder Dix in Beziehung bringt, sind austauschbare Bildinhalte, wie sie in den zwanziger Jahren vielerorts gang und gäbe waren. So ist Beckmanns Polemik gegen Krieg und Kriegselend, gegen die »Gesellschaft« in der Weimarer Republik, gegen dümmliche Prominenz, gegen Akademiker, gegen Börsenschieber und Partygangster trotz oder gerade wegen ihrer grellen Illustration mehr Darstellung als Bloßstellung. Kein Wunder, daß sie sich schließlich in Bilderrätsel entwirklicht. Es ist mehr eine ausgedachte oder konstruierte und trotz der Sanitätererlebnisse Beckmanns im ersten Kriegsjahr weniger eine erfahrene Welt. Das weltbeengende Interesse an sich selbst ist eben (so bestätigen es schon seine Anfänge) der Lebenstenor dieses Mannes. Die Menschen seiner Bilder grimassieren zwar oder starren oder sinnieren vielleicht vor sich hin, sehen einander aber nicht an.
Und dieser Eigenkult seiner zahlreichen direkten oder indirekten Selbstporträts pflegt eine harte, nicht selten brutale Selbstdeutung. Auch sie ist wohl nicht das Ergebnis einer leidvollen Zeiterfahrung, sondern ein vorgegebenes Anschauungsschema, das seine Entsprechungen zwar in der Realität sucht, vor den kritisierten Zuständen aber nicht selten versagt, sie dann in gewaltsamen Intensivierungen oder Deformationen übersteigert und schließlich ins Typische oder Klischeehafte oder auch in entlehnte Hilfsvorstellungen aus Mythologie und Dichtung (Faust) verflüchtigt. Diese »Allegoristerei« (um mit

Lessing zu sprechen) ist in ebenso merkwürdiger wie verständlicher Weise zum bevorzugten Gegenstand der Beckmann-Forschung geworden.
Weit davon entfernt, dem Schnüffeln einer psychologisierenden Entlarvung das Wort zu reden, ergeben sich diese Einsichten aus dem Werk selbst. Schon die Jugendskizzen Beckmanns bestätigen nicht nur seinen stilisierten Subjektivismus, sondern auch seine manchmal zynische, manchmal sentimentale Neigung zu den »Randgruppen« der Bahnhöfe oder Hotels, der Manegen oder Kaschemmen. Da gibt es unter anderem ein Selbstbildnis in Mischtechnik um 1900, auf dem sich der Sechzehnjährige mit markig-vorgestemmtem Kinn groß auf einem Stuhl vor einer düsteren Abendlandschaft postiert und den Seifenblasen aus seiner Tonpfeife nachträumt. Vom frühen Hang zur bildhaften Weltdeutung zeugt der »Diamantberg«, den, gemäß der alten Legende, ein dunkler Abendvogel abwetzt, um die Ewigkeit auszumessen. Diese Wesensneigung Beckmanns fürs Heroisch-Vergebliche geht da, wo sie frei und zwanglos wird, in Verdüsterung oder Schwermut über.
Die andere, ganz andere Seite der inneren Lebensgeschichte Beckmanns kündet bereits eine Radierung von 1901 an. Sie zeigt ihn (en face) mit weit aufgerissenem Munde, mit schwarzer Rachenhöhle und scharfen Innen- und Außenkonturen. Die Augen blicken zwar kritisch zur Seite; doch was sie sehen, bleibt außerhalb des Motivs. Das schreiende Entsetzen selbst ist wichtiger als sein Anlaß. Anders allerdings, noch nach Art der Impressionisten, die Zeichnung »Mink in Rokoko« (1905), anders auch das besinnliche Frauenbildnis »Minna Beckmann-Tube« (Kreide, 1912), aber auch anders die an Käthe Kollwitz orientierte »Klagende Frau« (1910), an der sich wie beiläufig und doch aufschlußreich auch die tiefe menschliche Verschiedenheit der beiden Künstler ausspricht.
Aus der unberührten, vielleicht sogar unberührbaren Selbstheit Beckmanns versteht sich, daß es nirgendwo einen Anflug von Ungegenständlichkeit gibt. Und wenn um 1930 das Graphische zurücktritt und die Vorherrschaft der Farben beginnt, so ist das zwar eine Veränderung, aber kaum ein Fortschritt. Das kann man vor allem an den handkolorierten Lithographien der Mappe »Day and Dream« (1946) beobachten, die zum Vergleich mit den reinen Drucken einander gegenübergestellt sind. Die farbigen Blätter gewinnen ein unechtes Leben und beginnen in ihren punktuellen Akzentuierungen zu flimmern. Da verschwimmt dann die typische Schwarz-Weiß-Härte, und die Mundpartie eines Pilatus wirkt so, als hätte der alte Römer Limonade getrunken. Graphik ist eben von Anfang an die wesentliche Domäne Beckmanns. Das wird fast schmerzlich bereits an einem Stillleben von 1926 spürbar, wo isolierte und konturierte Wasserfarben sogar den Maiglöckchen im Glase das Blühen und Duften verwehren.
Natürlich kann man die expressive Geste Beckmanns als ausdrucks-

stark und charaktervoll schätzen und sogar seiner Menschenverachtung zustimmen, wie eben der Pessimist zu allen Zeiten recht behält; doch die Wirklichkeit, die menschliche Wirklichkeit generell, repräsentiert sie nicht. Vergliche man vollends das erwähnte Stilleben etwa mit Blumenstücken Cézannes, so wäre es der unmögliche Versuch, zwei wesensverschiedene Welten einander zu nähern.

Zur Ausstellung der Firma Bayer, Leverkusen, und der Firma Hoechst, Frankfurt/M., 1982

Werner Berg, »Märznacht«, 1950, 63×89 cm

Werner Berg

Der Maler wurde 1904 in Elberfeld geboren, studierte in Köln und Bonn, promovierte in Wien und befaßte sich bereits mit seiner Habilitation in Staatswissenschaften, bevor er sich nach einer Ausbildung an den Akademien in Wien und München endgültig der Malerei zuwandte. Auf seinem Berghof im Grenzgebiet Südkärntens fand er dann nicht nur sein Lebensdomizil und als Bauer seine angestrebte persönliche Unabhängigkeit, sondern vor allem das Grundthema seiner Kunst.

Als Expressionist der zweiten Phase hielt er am Gegenständlichen fest, reduzierte aber die explosive Geste und verzichtete vor allem auf engagierte Inhalte. Nolde war sein »väterlicher Freund« und Förderer, Kokoschka, vom Werk Bergs stark beeindruckt, besuchte ihn im Atelier, und Kubin, der mit ihm zusammen ausstellte, war Berg bis zu seinem Tode verbunden. Im »Bannkreis des sogenannten Expressionismus« (Berg) suchte er Klärung bei Kierkegaard und Rilke und verstand seine Kunst unter ihrem Einfluß als eine »Existenzmalerei«. Obwohl Antipode der Abstrakten, hat er in einem fundamentalen Essay klar und gerecht ihre künstlerische Bedeutung anerkannt. Die Wertschätzung architektonischer Motive, die Betonung der Horizontalen in der Landschaft, die formale Reduzierung der Personnagen zu unpersönlichen Figurinen und nicht zuletzt die knappen Markierungen auf seinen Holzschnitten lassen sich als konstruktivistische Parallelen verstehen. Doch sie, wie andere Stilmittel, werden hier nie zum Selbstzweck. Der bewußte Realismus Bergs ist von Anfang an keine Ausbreitung, sondern eine Konzentration des Vorgefundenen auf das, was er für das Wesentliche hielt.
Unübersehbar in diesem Sinne ist das Rilke-Pathos des einfachen Lebens, die früh-expressionistische Sympathie für die Duldenden, Wartenden, für die Kranken oder Schlafenden, für die Verhüllten oder sich Verhüllenden oder für jene, die, mit einem großen, aber flüchtigen Blick auf den Betrachter, in einem Autobus, in der Bahn oder auf einem Pferdewagen vorbeifahren, die im Schnee unterwegs sind oder in leeren Räumen, nach innen gewandt, beten, und wenn ihn »das Nächtliche bewegt«, wird es nie stimmungsvoll, auch dann sind es (vor allem auf den Winterbildern) die kalten Töne auf Kreidegrundierung, die das Motiv in einer kargen, stillen Klarheit darstellen. Das findet heute nur bedingte Wertschätzung, wogegen Berg selbst in seiner bis zur Härte verschlossenen und abweisenden Art nichts unternommen hat.

In: Frankfurter Allgemeine Zeitung, 1985

Franz Bernhard

Wie seine Arbeiten in Holz und Holz-Eisen-Kombinationen, so stellen auch die Zeichnungen von Franz Bernhard besondere Ansprüche an den Betrachter. Das versteht sich aus ihrem originären Ansatz. Vor den Blättern dieser Ausstellung wird man sich auch deswegen das plastische Werk Bernhards vor Augen halten, weil sie ihm zum größeren Teil als Vorstudien oder begleitende Entwürfe dienen. Ohne Hinweis auf Stilarten, auf umgreifende Sinnbezüge oder Nutzungsbestimmungen vollzieht sich an ihnen die gestaltende Auseinandersetzung mit dem Material, in der sich der Gegenstand unter den tastenden Versu-

Franz Bernhard, »Figur vor Wand«, 1986, Holz–Eisen, 90×16×16 cm

chen der Hand zu bilden und zu entwickeln scheint. Der Prozeß veranschaulicht von Blatt zu Blatt eine professionelle Leichtigkeit und Neugier für offene Situationen. Man spürt, auch in ihrer Abwesenheit, die Hölzer, die die Zeichnungen zu immer neuen Wendungen nötigen. Es ist ein aktives Wechselspiel zwischen Fläche und Raum, in dem ein anthropomorphes Grundbild durch die Werkphasen zweier Jahrzehnte bis auf die jüngsten Collagen (1984) gewahrt bleibt.
Die Ausstellung beginnt mit Akten, die mit behutsamen Überschneidungen nur auf die Repräsentanz der humanen Körperlichkeit bedacht sind. Das macht der Vergleich deutlich; denn da die frühen Arbeiten Bernhards einen Akt im »Liegestütz«, also nach Art einer Brücke, variieren, läge es nahe, sie mit dem »Gestürzten« von Wilhelm Lehmbruck, der sich mit diesem Thema seit 1913 wiederholt befaßt hat, zu vergleichen: Was bei ihm expressives Pathos, das ist für Bernhard fast eine gymnastische Übung; Lehmbruck will den Ausdruck, Bernhard die Erprobung im Künstlerischen; jener demonstriert, dieser experimentiert; dieser will den Zustand, jener den Vorgang.

Vielleicht ist es die Veränderung der Zeiten, vielleicht die Verschiedenheit der Temperamente, die mit denselben Mitteln vor ein und demselben Thema zu so unterschiedlichen Ergebnissen kommen.
Natürlich meint Bernhard nicht nur den faktischen Augenschein, wenn er sich in spröder Zurückhaltung im Medium von Feder und Tusche mit Holz und Eisen auseinandersetzt. Es sind nicht nur ihre Erscheinungsweisen oder die Probleme irregulärer Formationen, nicht nur Probleme der Balance, es sind auch die inneren Triebkräfte des Dinglichen, die er auf den Blättern einfängt. Daß es nicht nur berichtend oder registrierend, daß es auch locker, frei, fast heiter oder sogar witzig zugeht, beweisen übergroße Flächen, die auf schlanken, fast dürren Stelzen stehen, oder beweist ein verwegener Tänzer, der sich mit Eifer auf der Papierfläche tummelt, im Raum aber und aus Holz seinen Sturz nicht vermeiden könnte. Es sind eben die Fallgesetze, denen sich auch der Bildhauer von jeher stellen muß.
Vielleicht liegt es am sperrigen und kompakten Material, daß zwar die zarten Umrisse der organischen Geschlossenheit eines Aktes auf früheren Zeichnungen beibehalten werden, die Glieder sich aber verselbständigen, Arme oder Beine zu Leisten, Gelenke zu Scharnieren werden und Köpfe sich auch im Graphischen zu eckigen Kästen verhärten; daß nur die ehedem so fragilen Linien der Feder und des Pinsels den Gegenstand kräftiger profilieren; daß transparente Flächen zugeschwärzt, aus den schwankenden, gymnastischen Bögen feste Brücken wie über Abgründe werden und sich in hochformatigen Holzkombinationen (von flüchtiger Verwandtschaft zu Fritz Wotruba) Männerumrisse von einer distanzierten, verschlossenen Entschlossenheit andeuten.

Zur Ausstellung von etwa 100 Studien des Künstlers im Lehmbruck-Museum, Duisburg, 1985,
in: Frankfurter Allgemeine Zeitung, 1985

Karl Bohrmann

I
Eine umfassende Ausstellung im Münchener Lenbachhaus (1981) hat den Weg Karl Bohrmanns von den Radierungen der fünfziger Jahre über die Zeichnungen bis hin zu den Collagen nachvollzogen. Themen, Handschrift und Grundkonzeption haben sich durch die Jahrzehnte hin zwar wenig verändert; nun überraschen aber die erheblich größeren Formate und ihre Folgen für Malweise und künstlerische Wirkung. Schätzte Karl Bohrmann in seinen Radierungen und Zeichnungen eine behutsame Differenzierung auf engem Raum und eine variable Profilierung seiner Figurationen; schätzte er die andeutenden Hinweise, das scheinbar nur Gelegentliche, Vorläufige, Skizzen-

hafte oder die nervöse Verschleierung eines Grundbildes hinter gekritzelten Gespinsten, so ist nun auf den größeren Formaten eine Veränderung im Duktus, im Detail der Darstellung und nicht zuletzt im existenziellen Pathos, wenn man so will, nicht zu übersehen. Vorweg war zu befürchten, daß die verständlichen Versuche mit einer Ausweitung der Formate auch für Karl Bohrmann zu Substanzeinbußen, im besonderen zur Verflachung durch Fläche, zur Gefährdung einer schon ausgeprägten Sicherheit hätten führen und verführen können, schien es doch so, als hätte Karl Bohrmann seinen Stil als »Kleinmeister« bereits gefunden und gesichert. Doch nun zeigt sich, daß die neuen Ausmaße, selbst in Größen von zwei zu vier Metern, nicht nur als spekulative Experimente, sondern als sinnvolle Explikationen des bislang Erreichten zu verstehen sind. Es scheinen sich auch neue, persönliche Erfahrungen anzudeuten.

Karl Bohrmann ist 1928 in Mannheim geboren. Er hat zwar nach dem Kriege an der Kunstschule in Saarbrücken gelernt, hat sich dann bei Willi Baumeister an der Akademie in Stuttgart umgetan, war Lehrer an der Städel-Schule in Frankfurt, wurde schon früh durch die Verleihung von Kunstpreisen geehrt und hat dennoch seine künstlerische Orientierung von Anfang an wohl weniger in Schuleinflüssen als in eigenen Antrieben gesucht und gefunden. Seine Themen bewegen sich im Zwischenbereich einer Auseinandersetzung mit Realitätserfahrungen. Es geht, was die Inhalte betrifft, um offene oder geschlossene Räume, um Dinge, um Stühle und Gestelle, um Kisten und immer wieder um die Umrisse eines Frauenaktes; das deuten intermittierende Fixierungen nur an, wie auch die Transformation ins Räumliche an das Perspektivische der Gegenstände nur wie beiläufig erinnert.

Die künstlerische Phantasie, die sich zunächst noch in engen, manchmal fast minuziösen Spannungen bewegte, hat mit den äußeren Dimensionen auch an innerer Weite und Intensität gewonnen. Selbst in der Bildanlage und nicht zuletzt in Ton und Konsistenz der Farben werden neue Wege augenfällig. Die zügige Offenheit in der Anlage, die leichten, fast schwebenden Andeutungen sind alles andere eher als Spiel oder Spielerei, als Kult oder Sucht zu romantischen Übersteigerungen. Nichts auch von einer geträumten oder erträumten Innenwelt als Außenwelt. Dagegen ausweisbare Klarheit, wenngleich in behutsamen Zurücknahmen, Reduktion auf Grundvorstellungen, Entmaterialisierung von Blei und Farbe, kurz, Verwesentlichung (sozusagen). Dem entspricht die Tönung mit deutlicher Bevorzugung der hellen, also leichteren Nuancen von Blau, Grau, Grün oder Rot. Die Umrisse werden noch poröser, die Dichte der Farbmaterie wird noch lockerer und ihre Substanz noch transparenter. So gewinnt die Bildfläche an Tiefe. Dem entspricht der Duktus des Auftrags in einer fast atmosphärischen Leichtigkeit. Die Inhalte bewegen sich in schwebender Unbeschwertheit wie Vorgänge vor offenen Horizonten; Umrisse sphärischer Segmente gliedern den Inhalt; Konturen deuten Leitern

Karl Bohrmann, Collage, 1985, 28×37,5 cm

an, die im Unsichtbaren gründen; natürlich gibt es da auch wieder die Gestelle aus früheren Jahren, nun aber wie Skizzen zu einem Segelflugzeug. Schließlich fügt sich der Akt, fast körperlos, den wehenden Rhythmen aus Stift und Farbe an wie ein bewegtes Wolkenbild an hellen Herbsttagen.
Karl Bohrmann referiert nicht die »Wirklichkeit«; denn es ist weniger der Inhalt als die pochende Dynamik der Darstellung. Es sind freie Verschränkungen von Realitätserinnerungen, Erfahrungsspuren oder auch Denkbilder des Möglichen. Was sich hier im Grunde abspielt und den Betrachter sogar bewegt, sind die inneren Vorgänge der Freiheit oder einer behutsamen Befreiung; und ihrer Offenheit entsprächen dann nicht nur die gelockerten Strukturen, die durchlichteten, wenngleich verhaltenen Farben und das Ausgreifende der Motive, sondern eben auch die größeren Formate, die den nun weiteren und bewegteren Vorstellungen und Erfahrungen größere Bilddimensionen erlauben.

Zu Ausstellungen in den Galerien W1 und Elisabeth Schaefer, Wuppertal, 1983,
in: das kunstwerk, 1983

II

Karl Bohrmann gehört nicht eben zu den Stillen, wohl aber zu den Leisen im Lande. Kein Wunder, daß er sich jahrelang vor allem in sehr empfindsamen Radierungen geübt hat. Diese Behutsamkeit im Umgang mit den Inhalten wie mit der Art ihrer Darstellung hat er auf etwa 40 neuen Bildern fortgesetzt. Realität gewiß, und was Karl Bohrmann zeichnet, malt oder aquarelliert, verhehlt nicht seine Herkunft aus der erfahrenen Welt; doch auf den Blättern ist nur geblieben, was eben bleibt, wenn wir uns an Erfahrenes erinnern oder davon träumen.

Die Fallgesetze gelten nur in der Natur; in der Phantasie schweben Menschen und Dinge leicht und lose wie sonst nur Blätter oder Vögel. Sie fliegen (natürlich nicht alle) wie Wolken dahin; denn manches wie Tisch oder Stuhl, ein Baum oder ein kleines Haus am Strande, bleibt unverrückt am Ort seiner Bestimmung. Doch zum Beispiel ein überschlanker Akt am Sommerhimmel ist weder Experiment noch Extravaganz; es ist seine substantielle Schwerelosigkeit, die man erfahren und verstehen kann und die ihre Spuren in dieser Kunst hinterläßt. So weht die Seite eines Buches im Winde; denn sie ist frei wie der Geist, der weht, wo er will. Daraus verstehen sich auch die größeren, gelegentlich großen Formate, die Karl Bohrmann in den letzten Jahren erprobt. Sie sind kein Problem des Quantums, sondern ein Medium der anschaulichen Freiheit im Spiel mit den leichten oder schweren Dingen. Da steigen Leitern aus dem Nichts ins Unbestimmte und steigen in die Offenheit des Kosmischen. Sie sind nicht wie die brüchigen Sprossensysteme metaphysischer Spekulanten, sondern selige Reisen im Unbegrenzten. Übergroße Formate aber, wie wir sie in Köln sehen, werden, zum Teil monochrom, übermalt und die eintönigen Flächen ihrerseits mit flüchtigen Kritzeleien wieder akzentuiert. Sie rühren vielleicht schon an die Grenzen ihrer künstlerischen Spannung.

Den freizügigen Strukturierungen, unbekümmert um die realistische Ordnung der Dinge und freizügig in perspektivischen Andeutungen, aber auch das anschauliche Gleichgewicht durch innere Rahmungen sichernd, entspricht ein poröser Strich und ein dünn-flüssiger Farbauftrag. Ein helles Blau, ein aufgelichtetes Grün oder Braun oder ein zartes Hellgelb, auch sie, diese Farben, verhüllen oder belasten es nicht, sondern rücken das Gewicht des Dinglichen, eines Stuhles, eines Tisches oder einer Küste, in die Weite des Lichtes.

Zur Ausstellung in der Galerie Wentzel, Köln, 1984,
in: Frankfurter Allgemeine Zeitung, 1984

Pierre Bonnard

Die großen Ausstellungen der letzten Jahre (Kandinsky in München, Cézanne in Tübingen, Claude Lorrain, Manet und Turner in Paris) sind mehr als professionelle Veranstaltungen oder als historisierende Erinnerungen gewesen. Sie haben zugleich die Maßstäbe für die Kunst unserer Zeit überprüft. In diesem Zusammenhang ist auch die Bonnard-Ausstellung in Paris zu bewerten, obgleich die reine Malerei dieses Malers wie wohl keine andere so aus der Aktualität gefallen ist, daß der Direktor eines amerikanischen Museums im umfassenden Katalog der Ausstellung behaupten kann, für Bonnard interessierten sich nur noch Witwen von Stande. Wäre es so, man könnte immerhin den Künstler wie die Witwen beglückwünschen.
Die Ausstellung hat aus der ganzen Arbeitszeit des Malers bis hin zum »Blühenden Mandelbaum« (1947), dem letzten Werk Bonnards, über 60 Ölbilder zusammengebracht. Was an ihnen fesselt, ist weder ihre künstlerische Entwicklung noch eine kritische Zuordnung Bonnards zu seinen Vorgängern oder Zeitgenossen; es geht auch nicht um Atelierthesen und nicht um originelle Auffassungen von Natur oder Menschen; es geht nur oder fast nur um das Geschäft des Malens, um die Farben und ihre Ordnung im Bilde. Und wenn man im Frankreich der letzten hundert Jahre dafür ein spezifisches Verständnis entwickelt hat, so ist Bonnard (1867–1947) eben nach wie vor die stille und wirksame Mitte der französischen Malerei oder (wie man es formuliert hat) ihr künstlerisches Gewissen.
Da die Ausstellung vor allem nach Themen gegliedert ist, leuchtet es ein, wie sowohl die zahlreichen Akte (fast immer bei der Toilette) wie auch die Naturmotive (vor allem der Blick auf Gärten und Landschaften) oder die gedeckten Tische den farbigen Abglanz und nicht das »Leben« selbst zu fassen suchen. Warum? Weil die Malerei nichts ist als die bewegte Energie der Farben auf der Leinwand. Wenn diese Einsicht unter dem Druck antikünstlerischer oder gar unkünstlerischer Postulate in Unsicherheit gerät, so ist das nicht Sache der Malerei selbst. Mangelt es dem Glanz der Oberfläche allerdings an innerem Lebens, so kann sie zum Effekt verkümmern; dann können auch Bilder Bonnards zur Dekoration verflachen. In der Tat schätzt Bonnard das Schweben der Übergänge; er scheut die Festlegung, die Feststellung und läßt das Bestimmte, Charakteristische der Dinge, der menschlichen Figuren und vor allem des Antlitzes im Angedeuteten, Atmosphärischen verschwinden; denn für ihn ist die Leinwand das weite, dichte Feld farbiger Bewegungen, die sich, vom Auge aufgenommen, im schöpferischen Nachvollzug einer sensitiven Phantasie zu einem ausgewogenen und (man muß es getrost sagen) zu einem harmonischen Ganzen organisieren. Es gibt keinen komponierten Schwerpunkt. Das Gestalthafte wird von den Farben getragen und gleichsam in einem unendlichen Rhythmus entwickelt.

Das hat natürlich seine historischen und sogar wissenschaftlichen Gründe; vielleicht kennt man sie, sieht sie aber nicht. Aufs Betrachten aber kommt es in dieser Ausstellung an. Was sich als ein Gemeinsames in der Vielfalt der Themen und ihrer Darstellung aus den Bildern mitteilt, ist der zärtliche Sinn für Blumen, für die schweigend tätigen Frauen, für die duldenden Bewegungen der Tiere, vor allem für das reife Dasein der Früchte und für die geschlossene Weite der südfranzösischen Landschaft, für eine Weite, die man sehen, und nicht für eine Tiefe, die man (nur) denken oder vorstellen kann. Jene ist realistisch, diese romantisch, und Bonnard ist kein Romantiker. Sichere Großzügigkeit in der Gesamtanlage, höchste Sorgfalt im Detail der scheinbar so vielfältigen Palette, doch auch das Gespür für etwas, das sich manchmal aus dem Unbestimmten zu nähern scheint. Nichts von Hast oder Eifer, nichts von Doktrin und Demonstration. Und wenn die schweigende Einfügung ins große Gleichgewicht, wenn Verhaltenheit (douceur), Stille (silence) und die Schwermut der Vollkommenheit (tristesse) immer noch Existentialien des französischen Lebens bedeuten, so ist die Kunst Bonnards nach wie vor die anschauliche Anwesenheit dieses Wesens.
Sie gipfelt vielleicht in drei Tafeln der Ausstellung: Auf »Le Cannet im Schnee« (1927) scheinen die flockigen, grün-gelblichen Pflanzenblätter zart und fröstelnd über einem weiß-grauen Untergrund zu schweben. Auf der »Anlegestelle bei Cannes«, an der der Maler sechs Jahre lang gearbeitet hat, setzen sich vier wartende Menschen vor dem dunkel-blauen Hintergrund des Meeres dem indirekten, gelblichen Vibrieren der untergehenden Sonne aus. Das letzte Bild schließlich, der »Blühende Mandelbaum«, ist, so hat man gesagt, eine Hymne aus Dankbarkeit und Liebe auf den wiederkehrenden Frühling. Gewiß, aber es ist nicht nur das schwellende Weiß und Blau, das Grün und Gelb; der treibende Baum füllt und sprengt fast die Bildfläche und berührt oder überschreitet vielleicht sogar die Grenze, die sich Bonnard selbst und seiner Kunst gezogen hat. Träfe das zu, so verstünde man auch die Deutung, die man vor dem »Zirkuspferd« (1946) versucht, das man mit einem merkwürdigen Selbstbildnis Bonnards (1945) in der Ausstellung konfrontiert hat: Die Anordnung, die Farben und vor allem ein untergründiger, animalisch-rätselhafter Ausdruck beider scheint eine innere Verwandtschaft beider anzudeuten.
So empfiehlt es sich, doch auf die Vermutung zu verzichten, die Kunst Bonnards sei nur ein flächig-oberflächliches Spiel mit Menschen und Dingen oder nur farbige Verherrlichung des Augenscheins; denn nicht alles ist nur Spielerei, was sich den Untergründen verweigert und auf ihre Entfesselung verzichtet. Die »heile Welt«, so könnte man inzwischen wissen, ist oft nur eine mühevoll geheilte Welt.

Zur Ausstellung im Centre Pompidou, Paris, 1984,
in: das kunstwerk, 1984

François Boucher

Wenn die Nationalgalerien des Grand Palais in Paris einen Überblick über das Werk von François Boucher organisieren, so setzen sie nicht nur in stilgeschichtlicher Hinsicht die größere Watteau-Ausstellung von 1985 fort; sie ermöglichen es auch, die Verwandtschaft der Themen, der Manier und der künstlerischen Grundauffassung beider Maler zu vergleichen. Watteau wird zwar gemeinhin und mit Recht höher eingeschätzt als Boucher; aber die Pariser Ausstellung gibt Gelegenheit und Veranlassung, die Berechtigung des Urteils zu bedenken, das vor allem Diderot, ein Zeitgenosse Bouchers, mit erheblicher Nachwirkung geschürt hat.

Doch heute überrascht weniger diese pointierte Ablehnung; es wäre überraschend, hätte einem moralisierenden Aufklärer und Parteigänger Rousseaus die spielerische Offenheit Bouchers zugesagt. Dennoch würde man, wollte man sich in dieser Ausstellung mehr als nur beiläufig auf jene zeitbedingte Kontroverse zwischen Kunst und Kunstkritik einlassen, den eigentlichen Gegenstand verfehlen.

François Boucher wurde 1703, also noch zu Lebzeiten Watteaus, in Paris als Sohn eines Dekorateurs geboren. Er übte sich schon früh und sehr bewußt im Handwerklichen seines späteren Metiers und orientierte sich dabei vor allem an den Italienern in Paris. Mit 20 Jahren erhielt er für die Darstellung einer alttestamentarischen Szene den großen Preis der Königlichen Akademie. Doch die Reise nach Rom verschob er und versuchte zunächst, durch erhöhte Tätigkeit sein gewonnenes Ansehen zu festigen. Erst 1728 machte er sich auf den Weg.

Zu den frühen Arbeiten (im Grand Palais) gehört die »Bitte der Venus an Vulkan um Waffen für Äneas«. Dieses Meisterwerk ist in der sicheren Komposition und im hellen, klaren Kolorit auch charakteristisch für den damaligen Zeitgeschmack. Es entspricht Bouchers kunsttheoretischer Auffassung, daß solche Entlehnungen aus der antiken Mythologie für ihn weit über das Tradieren von Inhalten hinaus Möglichkeiten und Aufgaben von Kunst überhaupt bedeuten; denn nicht die gebundene Wirklichkeit, sondern die Freiheit in der Vorstellung und Darstellung sind für ihn der freien Kunst angemessen.

Der erste Auftrag des Versailler Hofes ist eine Jagdszene. Das ist aufschlußreich für die damaligen Verhältnisse; denn es sind die Jahre der »Régence«, die Jahre eines Königs, der, von fünf Privatlehrern unterrichtet, nicht mehr wurde und werden wollte als ein passionierter Jäger. Es sind zugleich die faszinierenden Jahre des Übergangs vom Barock zum Rokoko. Jene Auftragsarbeit schildert mit originellen und minuziösen Details eine Krokodiljagd und transformiert zwanglos die realistischen Strukturen der Szene in eine perfekte Komposition von spannender Dramatik. Es ist die dingliche Genauigkeit und die dramatische Wahrheit, die von Rubens her zu Delacroix und dessen ro-

mantischen Orientalismen hin einen überpersönlichen Zug großer Malerei veranschaulichen. Das Bild ist ein frühes Zeugnis dafür, wie sich Boucher von Anfang an mehr zur künstlerischen Wahrheit als zu einer naturgetreuen Wiedergabe bekennt. Das ist obendrein der Punkt, an dem die Kritik Diderots zu einer Kontroverse ansetzt, die bis heute nicht entschieden ist. An den großen Vulkanbildern dieser Ausstellung wird handgreiflich, in welchem Maße Boucher dennoch das Mögliche in der Natur mit dem Wirklichen in der Kunst verbindet; doch läßt er keinen Zweifel daran, daß er die Autonomie der Darstellung gegenüber der Eigenständigkeit des Dargestellten sichert.
Wie bei Watteau kann man vor den Bildern von Boucher nicht von einer spezifischen Stilentwicklung sprechen. Demgemäß ist die Ausstellung nach Themengruppen geordnet. Boucher ist von der Akademie als »Historienmaler« aufgenommen worden, womit im damaligen Sinne vor allem Themen aus der Mythologie und religiösen Tradition gemeint sind. Zu ihnen gehört die erwähnte, erste großformatige Fassung der Venusbilder. Diese Tafel enthält schon alle Merkmale, derentwegen Boucher geschätzt und kritisiert worden ist. Es ist nicht zuletzt die gesellschaftliche Unverbindlichkeit der Inhalte, die empört oder zusagt; denn im Sinne der damaligen Zeit fordert Boucher ohne Tiefsinn das interessierte Wohlgefallen an der verfeinerten Leiblichkeit, an farbigen Reizen der Oberfläche mit spürbaren Andeutungen erotischer Regungen. Das und ähnliches ist zwar typisch, aber keineswegs originell bei Boucher. Spielerische Szenen im Freien leiten sich von Correggio und der antiken Dichtung her, für das Arkadische hat vor allem Claude Lorrain die Silhouetten entwickelt. Die modellierte Anatomie der Männerakte gegenüber einer organischen Glätte der Frauen wie die dunklere Tönung der Männer gehört seit der altgriechischen Vasenmalerei zur Kunstroutine. Die eigentliche Boucher-Nuance besteht vielleicht nur in den Kontrasten zwischen der lichten Haut der Göttinnen, Kurtisanen oder Schäferinnen und dem Rosa ihrer Wangen, Lippen oder Brustknospen. »Der Rosaton ist ein wenig zu stark«, konstatiert ein kritischer Betrachter Bouchers.
Von über tausend Gemälden sind hier nur 80 zusammengekommen. Unter ihnen repräsentiert vor allem »Diana im Bade« (1742) den Malstil Bouchers. Auch hier überzeugt die verhaltene Spannung der Komposition, die Dominanz der klaren Farben in Blau und Grün und die Rotabstufungen von einer Köcherhülle über die bräunlichen Lokken einer Gefährtin bis hin zu den hellblonden Haaren der Diana. Subtile Lichtbewegungen zwischen Hell und Dunkel, zwischen dem Körperlichen und seinen Schatten heben die Realität fast ins Unwirkliche auf, stufen die Oberfläche ab und überführen sie ins Atmosphärische eines arkadischen Sonnentags. Auch hier nötigt die Anordnung einer Stillebenausstattung den Blick des Betrachters auf das Verhalten und nicht zuletzt auf den Gesichtsausdruck der sitzenden Frauen,

und selbst noch der scheinbar lässige und sparsame Schmuck erhöht nach italienischen Renaissancevorbildern den Reiz der Darstellung. Boucher schildert die Frauen als Typen, doch keineswegs wie geschönte Figurinen, eher noch, wie schon Watteau, wenngleich um eine Nuance konventioneller, in einer verhalten-ernsten Besinnlichkeit. Deuter haben darin (wie in der Musik der Zeit, etwa bei Mozart) eine Vorahnung vermutet, wie diese Welt verfeinerter Empfindungen im gewalttätigen Lärm der Französischen Revolution unterging.
Daß Boucher keineswegs nur die Schablonen einer artifiziellen Routine hinterlassen, sondern auch für das Individuelle bis hin zur Komik einen spürbaren Sinn entwickelt hat, läßt sich an den Bauernszenen ablesen. Allerdings sind auch hier überlieferte Schemata mit im Spiel; Götter und Helden zum Beispiel geben sich nur in dem gesammelten Ernst einer höheren Daseinsordnung und können nur tragisch und nicht in Komik scheitern. So gibt es bei Boucher (wie bei Watteau) die rustikalen oder derben Sujets, unter ihnen (in der Tradition des malenden Malers) den etwas dümmlich-ratlosen Anfänger vor der Staffelei oder die »Ruhenden Bauern«, die zusammen mit dem lieben Vieh schlafend alle Viere von sich strecken, oder das junge Bauernpaar, das beim Wein und dem Blöken der Schafe nicht nur Karaffe und Glas aufs Spiel setzt. In der Oper heißen sie Mazzetto und Zerlina.
Was die Einwände gegen Boucher betrifft, so kann man rückblickend nicht bestreiten, daß die Themen und ihre Ausführung gelegentlich die Grenzen des Geschmacks überschreiten, was um so schwerer wiegt, als das Schickliche unter den damaligen Bedingungen fast schon als oberste Norm in Leben und Kunst anzusehen war.
Zu den Tableaus, die deutlich das Gröbliche oder Banale streifen, gehört die dekompositionelle Fleischdemonstration »Herkules und Omphale«, die dem flämischen Barock verwandter ist als dem höfischen Rokoko in Versailles. Hierher gehört eine Dame mit Strumpfband, Zofe und Katze und vor allem jene Nudität, die bäuchlings eine breit entblößte Sitzfläche zur Schau stellt und unter dem Titel »Braune Odaliske« bekannt ist. Auf Grün, Braun und sattem Blau dargeboten, ist sie wiederholt, wenngleich in verfremdenden Zusammenhängen, nicht nur von Boucher, thematisiert worden. Heute sind es weniger konventionelle als anthropologische Vorbehalte, die der Maler herausfordert.
Auf seine Weise beherrscht das Porträt der Madame Pompadour (München) die Ausstellung. Auch zu diesem Bilde gibt es hier Angleichungen in einer Vorstudie und in der schöneren Darstellung der Madame Bergeret. Wenngleich die Porträts nicht zu Bouchers Stärken gehören, imponiert »Madame Pompadour« durch die Ausgewogenheit des repräsentativen Auftrags. Der zeitgenössische Aufwand der Favoritin des Königs beeinträchtigt das Personale im Bilde nicht, weder die Hände noch gar das seitlich gewandte, intelligente Gesicht und nicht einmal die nur angedeuteten Füße. Akzessorien (wie die

Rosen) erhöhen die dargestellte Frau. So sind wohl auch die Bücher im Schrank, die Kerze, der Briefumschlag, die Schreibfeder auf einer Konsole und im Schatten des Hintergrunds die große Uhr nicht nur Bildungsrequisiten, sondern Wesensattribute.
Die Beschreibung der wenigen Boucher-Zeichnungen in der Rotonde des Palais, in Augenhöhe dargeboten, wäre eine Sache der Detaillierung. Die ausgestellten Porzellane und Teppichstudien schließlich erinnern daran, was dieser rastlose Mann auch als Anreger und Organisator der angewandten Künste für seine Zeit bedeutet hat.

In: Weltkunst, 1986

Andreas Brandt

Andreas Brandt, 1935 in Halle (Saale) geboren, seit 1955 in West-Berlin, lehrt seit 1962 als Professor an der Hochschule für Bildende Künste in Hamburg. Seine Bilder lassen sich nur äußerlich mit den Konstruktivismen der zwanziger Jahre vergleichen; denn sie sind weder das Ergebnis einer Reduktion dinglicher Inhalte, noch erheben sie, in moralischer oder ästhetischer Hinsicht, außermalerische Ansprüche, sondern machen gleichsam wortlos in senkrechten Farbbahnen fundamentale Erfahrungen sichtbar. Anders als etwa die parallelen Diagonalen Günter Fruhtrunks, die wie aus dem Unendlichen ins Unendliche rasen, repräsentieren die Motive von Andreas Brandt nichts als ihre statuarische Gegenwärtigkeit. Ohne Anspielung auf organische Gestalten oder geometrische Figuren, ohne symbolisierende Hinweise oder spekulative Übersteigungen haben sie auch nichts mehr mit der spannungsvollen Asymmetrie im Sinn, wie sie der Maler um 1970 ausprobiert hat. Ohne einen Anflug von Standfläche, Kapitell oder Entasis leugnen sie jede Verwandtschaft zu Stelen, Säulen oder Pfeilern. Ohne ein Schmückendes oder Bedeutsames sind sie, was und wie sie sind.
Was sind sie? Dreier- oder Verergruppen, jeweils in Schwarz, Weiß oder in den Grundfarben, treten sie in unterschiedliche Verhältnisse zueinander und provozieren so ein Fluidum, das sich in der Vorstellung des Betrachters abspielt. Die bildnerisch-malerische Energie, im Spannungsbereich elementarer Kompositionen und Farben konstituiert, ist ihr Gegenstand. Sie nachvollziehend, könnte man von einer Balance oder (mit den Römern) von Proportionen oder im Sinne ihrer Gesinnung (mit den Griechen) von Harmonie sprechen.
So ist diese Malerei in ihrer Intention klassisch, zwar nicht im historischen, wohl aber im exemplarischen Sinne.

In: Frankfurter Allgemeine Zeitung, 1987

Herbert Breiter

Ob gegenständlich oder abstrakt, ist für ein oberflächliches Verhältnis zur bildenden Kunst von beiläufiger Bedeutung. Im näheren Hinsehen scheint es sogar, als bestünde überhaupt kein Unterschied, geschweige denn ein Gegensatz zwischen Gegenständlichkeit und Abstraktion. Maler wie Wissenschaftler machen ihre Beobachtungen an gegebenen Zuständen oder Vorgängen, sichern das Ergebnis und teilen es, wenngleich auf unterschiedliche Weise, in ihren Darstellungen mit. Kunst und Wissenschaft beziehen sich unter dieser Voraussetzung, wofern sie es ernst meinen, auf Konkretes. Sie sind also seinsbezogen.

Zwar kann die bildende Kunst, anders als die Forschung, freie, unwirkliche Gebilde entwerfen, Märchen etwa und Sagen, Mythen oder schlichte Romane, und kann in solchen Traumbildern spezifisch künstlerische Möglichkeiten verwirklichen. Aber es gibt von jeher auch eine Kunst, die sehr bewußt auf die augenfälligen Dinge bedacht und darum bemüht ist, sie kontrolliert und kontrollierbar in Bildern zu spiegeln. Es gibt die Wiederkehr des Tatsächlichen in oder durch die Kunst. Doch wie und wo auch immer: Davon ist keine Rede, wenn es um Herbert Breiter geht.

Er läßt an der Realität, die er darstellt, er läßt also an Mauern und Häusern, an Dörfern und Hügeln, an Wolken, Himmel und Meer und an Früchten auf einem Gartentisch keinen Zweifel. Kein Zweifel auch, daß er die Motive aus jüngster Zeit vor allem in Jugoslawien und auf dem Peloponnes gesucht und gefunden hat. Er findet sie aber nicht, wie man unvermutet auf etwas stößt. Breiter sucht sie, weil er von vornherein auf jenes geradlinige Grundgefüge bedacht ist, in dem sich die materielle Welt konstituiert. Deswegen wird man seine Bilder, etwa von der Mani, nicht im Sinne einer sentimentalen Erinnerungsmalerei oder nach Art einer künstlerischen Dokumentation lesen. Da diese statische Ordnung über die Natur hinaus den gesamten Bereich der Zivilisation im Gleichgewicht hält, ist die künstlerische Darstellung der griechischen Dörfer nur äußerlich etwas anderes als die Auseinandersetzung mit den barocken Komplexen des Salzburger Doms, auf die sich Herbert Breiter vor Jahren wiederholt eingelassen hat. Denn die Erdschichten der Mani, die Horizontale der Küsten und Boote, der Straßen und Gebirgsrücken ist wie die Vertikale schlanker Zypressen, alter Türme oder elastischer Segelmasten das identische Koordinatensystem, das auch die Baukunst aller Länder und Zeiten stabilisiert. Diese fundamentale Ordnung der realen Natur und der Zivilisation ist nicht nur das System der Geometrie; sie ist zugleich das formale Gerüst dieser Malerei.

Der geometrischen Strenge der künstlerischen Komposition entspricht die spröde Trockenheit der Farben. Sie ist kein Problem der Chemie, sondern korrespondiert der Wirklichkeit eines mediterranen

Herbert Breiter, »Kelefa (Mani)«, 1985, Aquarell, 56×76 cm

Sommerhimmels. Sie entspricht der lichten Transparenz weißer Wolken am Himmel wie der intensiven Farbdichte südlicher Früchte, die auf dem rohen Holz eines Bauerntisches dargeboten werden. Diese Farben bedeuten nicht nur einen Zustand der Realität; in ihrer materiellen Konsistenz selbst sind sie trocken und körnig und werden verhalten aufgetragen.
Will man also zwischen konkreter und abstrakter Malerei unterscheiden, so ist es mit einem Hinweis aufs Gegenständliche oder Ungegenständliche nicht getan. Beide, Wissenschaft und Kunst, Begriff wie Anschauung, haben es mit Gegenständen zu tun. Die Wissenschaft isoliert und abstrahiert und formuliert sie in Begriffen. Das sinnliche Sehen der Kunst reduziert in künstlerischer Aneignung der Wirklichkeit die Vielfalt der Formen, Gestalten und Farben auf die Grundeindrücke einer Landschaft in Raum und Zeit. Für den Künstler, der die Welt beobachtet und, sie darstellend, sich ihrer Führung überläßt, sind solche Eindrücke oder Augenblicke nicht beliebig und nicht austauschbar; denn zu ihrer Zeit gesehen und erfahren, zeigen sie das Wesen von Wirklichkeit. Vielleicht ist auf den Bildern von Herbert Breiter, vereinfacht und verdichtet, die Wirklichkeit eines griechischen Sommertages anwesend.

Katalogtext zur Ausstellung in der Galerie Heimeshoff, Essen, 1987

Peter Brüning

Die wohlbedachte Auswahl von Zeichnungen und Bildern verfolgt nicht nur die drei Werkphasen Brünings, sondern auch ihre Übergänge. Eine Tuschpinselzeichnung in Schwarz und Braun auf Bütten (1959) enthält bereits Grundzüge dieser Kunst: die Durchlässigkeit der Farbsubstanz, skripturale Hinweise, die das Anschauliche transzendieren, und vor allem das Bemühen, die tachistische Neigung zum Offenen oder Unbestimmten durch konzeptionelle Ordnungen zu gliedern. Ist es auf diesem Blatt noch die Horizontale, in vier Schwerpunkten gleichsam fixiert, so treten schon bald vertikale Akzente wie Szenen aus einem rhythmisch-nervösen Spitzentanz in den Vordergrund. Ein zwangloses Gleichgewicht aus beiden erreicht ein großes Ölbild von 1962, auf dem sich noch hellere Töne und beschwingtere Strukturen als das künstlerische Ziel Brünings offenbaren.
Die Lavierung zu breiteren Farbflecken, wenngleich in sich immer noch behutsam abgestuft; schließlich ihre Ausweitung zu fast schon undifferenzierten Feldern, die Entfernung also vom subtilen Haarstrich zum Kolorit und gleichzeitig die Dominanz von Ovalsegmenten und ihre kompositionelle Zuordnung deuten damals auf produktive Bewegungen in der Entwicklung dieser Kunst hin. Unverkennbare Spuren des Zeichenhaften, wohl der späteren Verkehrssignale und geometrisierende Skizzen häufen und verdichten sich auf einer Tafel von 1964. Sie ist auch in der thematischen Komprimierung, vielleicht das Meisterwerk dieses befristeten Malerlebens; auf ihr versammelt sich das Erreichte und kündigen sich bereits die karthographischen Themen an.
Während früher, vor allem in Öl, die bildnerische Energie an die Ränder heran- und auch über sie hinausdrängte, konzentriert sich nun die innere Spannung auf die Bildmitte. Unverkennbar bereits sind auch die Entsprechungen zum Dinglichen, zumindest zum Organisch-Pflanzlichen der Außenwelt; unverkennbar auch, wie die ursprünglich fahrige Vielfalt der Pinselführung gemäßigt, verfeinert und disponierlich, wie das Kompositionelle der Farben immer leichter, durchlässiger und schwingender wird und so ein Element des Atmosphärischen ins Spiel kommt, das vor allem auf dem von Brüning so geschätzten Weiß der Grundfläche in Rot, Blau und Ocker einen reinen, also beziehungslosen Wohlklang der Farben erreicht. In der sensiblen Repräsentanz dieser reinen Malerei, unbeschwert von realistischen Nötigungen wie von ideologischen Postulaten, verwirklicht sich die zweite Phase dieser Kunst.
Großformatige Beispiele für Landschaftseindrücke, vor allem an Meeren und Flüssen, die sich immer stärker der Topographie von neueren Verkehrsplanungen nähern, werden dann zum bevorzugten Thema. Doch in vielfacher Hinsicht aufschlußreich und problematisch zugleich, befassen sich die ausgestellten Tafeln weniger mit den

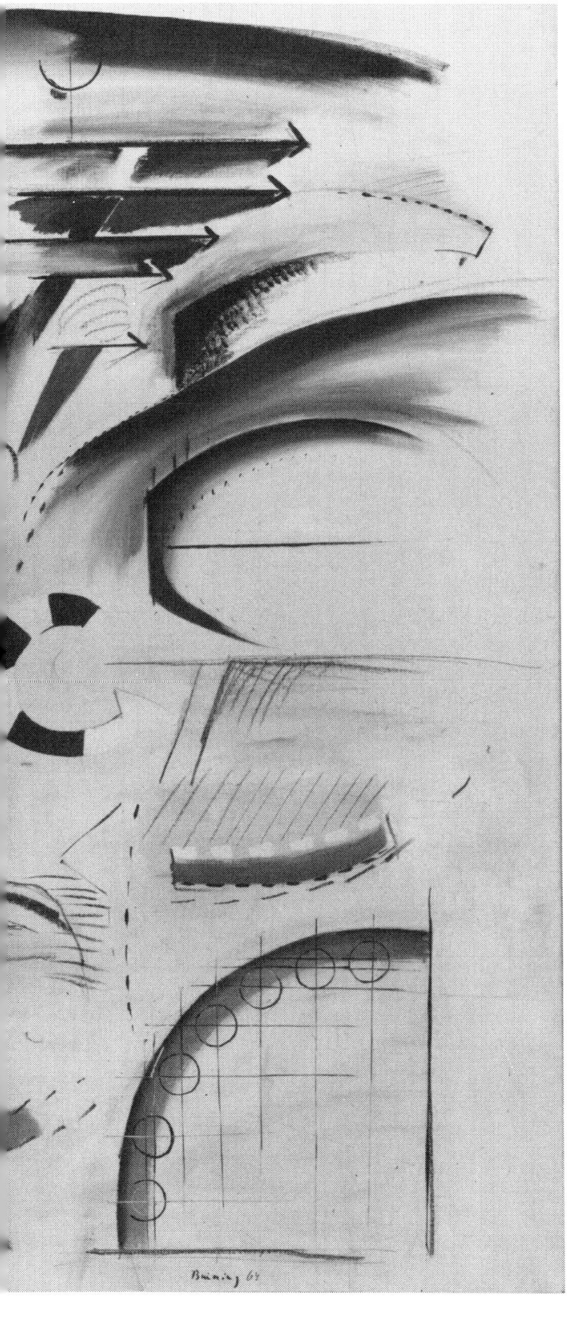

Peter Brüning,
»Nr. 11/64 (legendes II)«, 1964,
Öl, Bleistift und farbige Kreide
auf Leinwand, 150×174 cm

Modernismen der heutigen Umwelt als nach wie vor besonders mit Problemen der künstlerischen Darstellung. Das Artifizielle zivilisatorischer Einrichtungen, wie eben die Straßenorganisation, hat etwas mit dem Künstlichen der Kunst zu tun. So entspricht im besonderen das Abstrakte der Verkehrssignale von jeher auch der Abstraktion der bildenden Kunst, wenngleich ihre Bestimmung von Grund auf verschieden und vielleicht sogar entgegengesetzt ist. Eben das gilt auch für die Kongruenz der Farben in der technisierten Natur und der bildnerischen Gestaltung. Dieser Ansatz Brünings ist im Rückblick zwar originell und sinnvoll; ob der erreichte Zustand auch künstlerisch überzeugt, ist ein anderes Problem.

Zur Ausstellung in der Galerie Zimmer, Düsseldorf, 1984,
in: das kunstwerk, 1984

Hede Bühl

I

Die Düsseldorfer Bildhauerin Hede Bühl befaßt sich zwar ausschließlich mit der menschlichen Gestalt; sie gestaltet jedoch weder Individuen noch Typen, weder Porträts noch Repräsentanten, sondern Charaktere, Daseinsweisen also, die zu den Grundeigenschaften des Menschen gehören. Diese Arbeiten gipfeln in überdimensionalen Bildwerken aus Stein, Holz, verbleitem Gips oder Bronze, einige unter ihnen von konzentrierter, fast unnahbarer Strenge. Sie bedeuten weder Athleten noch Denker; sie sind weder Experimente einer Materialerkundung oder einer »Personalhinterfragung« noch Beispiele für soziale oder sexuelle Relevanzen, sondern veranschaulichen im Sinne der Künstlerin die uralte Tugend des Wächteramtes.

Diese Standbilder werden entweder in Schichten gemauert oder wie in breiten Bandagen mumifiziert. Doch nur äußerlich erinnern sie an altägyptische Totenkulte oder an klinisch verformte Patienten. Denn sie leben und drängen von innen nach außen, spürbar im bewußten Dastehen und vor allem im gespannten Gesichtsausdruck, mit dem sie selbst unter den »Bändern« das Leben drinnen und draußen verfolgen.

Es liegt auf der Hand, daß sie nicht nur in ihrer Masse und in ihren Maßen, sondern vor allem für ihre Thematik einen Ausstellungsraum benötigen, in dem sie sich und ihre existenzielle Energie auswirken können. So ist es für die Künstlerin wohl ein Glücksfall, daß das Kulturgeschichtliche Museum zusammen mit dem Museums- und Kunstverein Osnabrück dafür die säkularisierte und renovierte Dominikanerkirche zur Verfügung stellen können. In der wohlproportionierten Helle des gotischen Raumes haben sich, von der Künstlerin selbst

Hede Bühl, »Köpfe«, 1986, Pastell, Kohle und Aquarell, 70×100 cm

gleichsam choreographiert, die 40 Plastiken zu einem machtvollen Konvent versammelt. Ihnen entsprechen 30 großflächige Zeichnungen an den Wänden.
Hede Bühl ist 1940 bei Düsseldorf geboren. Sie hat bei Joseph Beuys und Ewald Mataré studiert und unter anderen Auszeichnungen die Preise der Villa Romana (Florenz) und der Villa Massimo (Rom) erhalten. Es wäre unergiebig, also überflüssig, ihre Arbeiten auf Zeitstile hin zu relativieren. Wer will, läßt sich vom Gesichtsausdruck an Moore-Plastiken, von ihrer beherrschten Erregung an Rodin-Torsi, von ihren gebändigten Umrissen an die monumentale Archaik Wotrubas oder in ihren formalen Reduktionen selbst noch an die domestizierten Kykladenfiguren Lothar Fischers erinnern. Doch was im einzelnen einander vielleicht entspricht, das unterscheidet sich durch die handliche Einfachheit der Konzeption und durch die beherrschte Strenge der Machweise.
Die Oberflächen sind rauh wie der Granit, zäh wie das bearbeitete Leder, glatt wie der polierte Alabaster, spröde wie das abgelagerte Holz oder wellig wie die Bronze; ihre Konturen oder Ritzungen aber sind oft von einer intellektuellen Schärfe. Ein sicherer Zugriff eliminiert alles Anekdotische und schafft eine Kunst, die ihr objektives, ihr objektiviertes Grundbild in den Blick stellt. Eine vitale Rationalität vergegenständlicht die Visionen der künstlerischen Phantasie. So wird

die Schwere des Materials unter der Herrschaft der Form in ausgewogene Gestalten überführt und die Wucht der Körper zu einer klassischen Einheit genötigt, wofern das Klassische in der proportionierlichen Entsprechung seiner Glieder besteht.
Ist das zeitgemäß? Natürlich nicht. Wozu auch, ist das Zeitgemäße doch eh keine Kunstkategorie.
Natürlich kehren auf den Zeichnungen die Inhalte der Bildwerke wieder: die Liegenden und die Hockenden, die Standbilder und Schädel. Sie ließen sich als Parerga des Hauptgeschäfts lesen; doch in ihren wohlbedachten Kompositionen, in ihren Formvarianten, in ihrer vibrierenden Intensität und vor allem in der perspektivischen Abstufung der Pastellfarben setzt sich ihre Eigenständigkeit als Kunstgattung eindringlich und eindrucksvoll durch. Da sind Talent und Lust zu einer vielfältigen Leichtigkeit am Werk, die zwar im Vergleich mit den Kolossen aus Stein oder Metall zunächst verwirrt, zuletzt aber überzeugt; sie überzeugt durch Klarheit und Festigkeit der Form, die beiden Kunstbereichen gemeinsam ist.

In: Frankfurter Allgemeine Zeitung, 1989

II
Die Arbeiten von Hede Bühl benötigen nicht nur Platz, sie benötigen im Raum auch Räumlichkeit. Denn in ihrer Erscheinungsweise, voluminös und übergroß, genügen sie sich zwar selbst, sind aber in ihrer Grundanlage spürbar aufeinander bezogen; und diese ihre künstlerische Kongruenz fordert die Distanz zueinander. Dem entspricht auf ideale Weise die herbe und helle Gotik der säkularisierten Dominikanerkirche in Osnabrück.
Hede Bühl will mehr als das Machbare, auch mehr als die Ausprägung einer individuellen Eigentümlichkeit und deren etwaige Entsprechung zu anderen Hervorbringungen dieser Zeit. Hier ist mit den gängigen Kategorien abstrakt oder konkret, mit reiner oder angewandter, mit konservativer oder progressiver Kunst wenig auszurichten. Überdimensionale Männergestalten demonstrieren ein unverwechselbares Dasein. Darüber hinaus stellen sie vielleicht sogar Forderungen, die nicht in aktuellen, modernen oder modernistischen Erwartungen aufgehen.
Die Grundfigur der liegenden, hockenden oder stehenden Gestalten, ihre fast nötigende Konzentration auf das Korporale, die Schnürung oder Bandagierung der Gliedmaßen und sogar der Gesichter ist nicht zu übersehen. Wenngleich die Torsi auf den ersten Blick an Mumien erinnern, haben sie nichts (wie dennoch gelegentlich vermutet wird) mit Bestattung und Totenkult im Sinn; denn in Übereinstimmung mit

ihrem Habitus heißen zwei machtvolle Standbilder »Wächter«. Sie sind also keine Grabmäler, sondern stehen bewußt im Wirkfeld eines Lebens, das ebenso Verlust wie Bewahrung, Bedrohung wie Abwehr kennt.
Dem entspricht der innere Duktus dieser Arbeiten: Je massiver das Material aus Stein, Holz oder Bronze, um so strenger seine Bändigung; je voluminöser die Masse, um so bewußter und kompromißloser der Zugriff, also die künstlerische wie menschliche Prägung des Werks. Sie ist Ausdruck einer Herrschaft, die Raum für ein humanes Leben bietet. So sind diese Gestalten weder Gefangene noch Gepanzerte, sondern zeitlose Zeugen des Menschen-Möglichen und Menschen-Notwendigen.
Wie beiläufig das Anekdotische der Bänder und Bandagen, wie maßgeblich dagegen ihre Formfunktion ist, legen die feinen, fast nur noch andeutenden Ritzungen an Köpfen aus Marmor oder Basaltlava nahe. Hier werden jene breiten Streifen nicht zuletzt am harten Widerstand des Steins auf fast graphische, intelligible, also wesentliche Werkspuren reduziert.
Die großflächigen Zeichnungen gehören zusammen mit den Plastiken in ein und dieselbe Konzeption. Denn auch sie befassen sich ausschließlich mit der Gestalt des Menschen, verdeutlichen und verfeinern aber durch Vielfalt und Beweglichkeit die Grundtendenz der Raumwerke. Eigenständigkeit entwickeln sie vor allem in Komposition und Gestimmtheit. Was in den Plastiken die äußere und innere Geschlossenheit ausmacht, hier wird der Umriß locker, porös und durchlässig. Das äußert sich in den vibrierenden Profilen wie in kristallinisch-spritzigen Strichbündeln auf den Frontalansichten. Gruppenkompositionen halten diesen sensiblen Bewegungen die Waage. Ebenso klare wie unscheinbare Varianten verraten eine Nähe zum Formenkanon der Frührenaissance.

In: das kunstwerk, 1989

Alberto Burri

In einem geräumigen Nebenraum der Münchener Staatsgalerie ist das jüngste Werk Alberto Burris, eine Serie von zehn großformatigen Tafeln, sinnvoll-wirksam ausgestellt worden. In der ebenso konzentrierten wie reduzierten Komposition dieser Bilderfolge kann man nicht nur die Summe eines Lebens, sondern auch die Synthese zweier Grundtenzenden dieses Jahrhunderts sehen. Auf der einen Seite werden die Entdeckungen der ungegenständlichen Materialbildnerei in freier Meisterschaft gehandhabt und dabei die immanenten Reize heutiger Kunststoffe (Preßholz, Plastikfolie, Keramik oder Bleche) ausdrücklich berücksichtigt; auf der anderen werden die Tafeln in der Geschlossenheit eines abstrakten Konzepts aufeinander bezogen. Diese homogene Durchdringung getrennter Kunstelemente wird in einer vollkommenen Entsprechung anschaulich. Das beeindruckt auf ungewohnte Weise.

Schon die Begrenzung auf nur zwei Formate deutet die bewußte Konzentration in der Vielfalt an. Im einzelnen ist es das Geometrisch-Zeichnerische der Senkrechten, der Waagerechten, der schwerelosen Kreise oder Segmente bis hin zu einer gelegentlichen, fast wie beiläufigen Dreiteilung der Flächen. Im Hinblick auf diese unscheinbar wirksame Strukturierung sind die leichten Kurven des ersten und ist vollends die kompositionelle und farbige Vielfalt des fünften Bildes schon fast sensationell. So wird hier, in deutlicher Planung und dennoch weit von jedweder Programm-Malerei entfernt, die innere Einheit vom Bildmaterial der Materialbilder und ihrer Strukturierung augenfällig.

Man wird es nicht überbewerten, wenn Burri seine Serie im Rückblick als »il viaggio« tituliert, wenngleich er damit auch eine Anleitung zur Aneignung nahelegt. Man wird nicht gleich von einer »Lebensreise« oder gar von einer transzendierenden Wanderung ins Unbestimmte sprechen; doch spielen die streng geordneten Platten auch im Augenschein auf das großflächige Pflaster einer (altrömischen) Straße oder (mit Vorbehalt) auf die Standflächen oder Stationen eines Lebensweges an, wobei dann die Verschiedenheit der Tafeln den verschiedenen Lebensphasen, ihre Ordnung im Ganzen dem Ganzem eines geordneten Lebens entsprächen.

Burri spielte Ende der fünfziger Jahre wie Tàpies oder Fontana die Rolle eines Schrittmachers, der den Informalismus und das Materialbild in Bahnen lenkte, die den Zufall einem bewußten Bildplan unterordneten. Verwunderlich, daß hierzulande erst jetzt der Schritt zu einer größeren Ausstellung dieses wichtigen Protagonisten getan wurde, wobei eine Darstellung seiner gesamten Entwicklung noch aussteht.

Zur Ausstellung in der Staatsgalerie moderner Kunst, München, 1980,
in: das kunstwerk, 1980

Rolf Cavael

Wohl auch aus seiner ostpreußischen Verhaltenheit und nicht zuletzt durch die Ungunst der politischen Verhältnisse, die ihn (in den dreißiger Jahren) besonders hart traf, ist Rolf Cavael (1898–1979) nicht in dem Maße öffentlich beachtet worden, wie es für ihn recht und billig gewesen wäre.
Seine charakteristischen Arbeiten in unterschiedlichen Techniken und Formaten stellen zugleich die Frage, was wohl vom deutschen Informel künftig noch bleiben könnte oder sollte. Wie auch immer man im Detail darauf antwortet, die veränderte Einstellung zum Malen und Betrachten von Bildern, wie es Kandinsky, der Ahnherr der Ungegenständlichen, formuliert hat, könnte durch die überraschende Wiederkehr vielschichtiger Realismen in dieser Zeit nicht ernsthaft verdrängt werden. So fordern die Arbeiten Cavaels auf, den freien Bewegungen einer Bildgliederung zu folgen und sich auf den offenen Horizont der Farben einzulassen.
Da sich diese Freiheit bis in die Realisation der Bilder auswirkt und schon die rauhere Leinwand und die natürliche Verhärtung des Öls dem Zug einer spontanen Geste spürbarer widerstreben als das Papier dem leichteren Druck eines Buntstiftes oder Kugelschreibers, wird man unter solchen Gesichtspunkten weniger den großformatigen, fast mauerhaften Öltafeln als den kleineren, übersichtlichen Zeichnungen Cavaels den Vorrang einräumen. Denn in fortschreitender Entmaterialisierung des Materials geht der innere Weg dieser Kunst hin zu den zarten Nuancen der Kreide und der Feder. Die Motive, wenn man so will, bewegen sich dann in pflanzlich-organischen Vorstellungen oder nähern sich für Augenblicke den Traumgesichten Mirós. Abgetönte, durchschimmernde Farbflächen, untereinander durch andeutende Umrisse verklammert, verhehlen nicht ihre Hinsicht auf Bissier. Das vollzieht sich zwanglos, aber nicht beliebig, gesteuert von einer anschaulichen Sicherheit, ohne sich in Wiederholungen zu verhärten. Und man versteht, daß Cavael für seine fast gewichtlosen Gebilde immer wieder an Hilfsvorstellungen aus der Musik erinnert hat, an die schwebende, sinnfreie Selbstgewißheit einer Melodie.

Zur Ausstellung von Arbeiten aus dem Nachlaß des Künstlers in der Galerie »oben«, Hagen, 1981,
in: Frankfurter Allgemeine Zeitung, 1981

Paul Cézanne

Wenn Paul Cézanne als Begründer der Malerei dieses Jahrhunderts gilt, so gewiß nicht wegen neuer Inhalte oder neuer Machweisen und schon gar nicht wegen einer neuen Kunstgesinnung, vergleichbar etwa dem christlichen, humanistischen oder sozialistischen Pathos früherer Zeiten. Dagegen hat Cézanne eine neue Grundlegung des Kunstanspruchs auf überpersönliche Gültigkeit formuliert und praktiziert. Sie besteht in der Rückführung der Bildordnung auf die Seinsordnung. So einfach sie zu sein scheint, so unbesehen wird sie theoretisch tradiert und in der Praxis mißachtet. So wird zum Beispiel überall da, wo selbst in wohlwollender Absicht von »Konstruktion« die Rede ist, das Cézanne-Thema schon im Ansatz verfehlt. Je deutlicher Cézannes Vorstellung erst vom Ende oder vom Ganzen seiner Kunst her einleuchtet, um so belangvoller werden auch seine frühen Arbeiten, die Bilder also von 1859 etwa bis 1872. Mit Recht beruft sich die aktuelle Unternehmung im Musée d'Orsay auf die Ausstellung, die sich 1978 im Pariser Grand Palais auf das Spätwerk des Meisters konzentrierte.
Die Gemälde, Aquarelle und Zeichnungen veranschaulichen in eindringlicher Weise die damalige, verworrene Bildwelt Cézannes. Die Porträts repräsentieren unmittelbar den Zustand der Dargestellten. Ohne künstlerische oder humane Beschönigung (ergänzt durch zwei bewegende Kopfstudien) vergegenwärtigen sie die leibliche Deformation des Cézanne-Freundes Achille Emperaire. Daneben wird, wie aus einer anderen Welt, der vitale Vater des Malers in den Blick gerückt, wie er, wohl leicht belustigt, in einem revolutionären Journal seiner Zeit liest (1866). Schließlich, von beiden in jeder Hinsicht himmelweit entfernt, das Selbstporträt von 1872.
Natürlich spielen in der Ausstellung auch die Stilleben ihre Rolle: die bewußt alltäglichen Früchte und Tischgeräte neben dem gelbleuchtenden Totenschädel mit Buch und Kerze. Da sind die Landschaften, unter ihnen das »Haus des Gehenkten«, das nur auf Intervention eines Freundes hin zur ersten Gruppenausstellung der Impressionisten (1874) zugelassen wurde und das Ergötzen oder Entsetzen der Kunstfreunde erregte. Sie waren empört über die »geschmierten« Farben und den Verzicht auf »Schönheit«. Nicht zuletzt interessieren (nicht nur im kunsthistorischen Sinne) die Beispiele für figurative Experimente nach religiösen oder anekdotischen Themen und die freie Nachbildung großer Vorbilder mit spürbarer Annäherung an Renaissance, an Klassik, an El Greco oder die französische Romantik.
Ihnen allen gemeinsam ist ein passioniertes Bemühen um das Dingliche wie um das Menschliche an oder in ihnen. Das gilt nicht nur für die Porträts, sondern auch, wenngleich indirekt, für die Abwandlung des Piombo-Motivs »Christus in der Vorhölle« und für die »Magdalena« nach Domenico Fetti oder de Latour.

Vor dem Ganzen dieser Ausstellung wäre es vordergründig, in ihrer Vielseitigkeit wechselnde Zugeständnisse an die wechselnden Stile der Zeit zu sehen. Allerdings überraschen, vor allem im Hinblick auf die Vorlagen, die weiträumigen Gesten, die wühlende Erregung der schweren Farben und die fast orgiastischen Exzesse bestimmter Themen, etwa eines gemeinsamen Mordes, einer Entführung, eines Banketts oder einer »Modernen Olympia«. In ihnen hat man auch transformierte Anregungen aus der Musik Richard Wagners vermutet. Sie reichen dann von »Pastorale« (1870) bis zu jener entrückten »Tannhäuserouvertüre«, die ein junges Mädchen im hellen Kleid einer strikkenden Frau vorspielt. Doch jene »Pastorale« ist wohl nur ein Tagtraum, diese »Ouvertüre« gewiß nur eine bürgerliche Idylle (1869).
Besonders eindringlich wirken die frontalen Personnagen des Achille Emperaire (um 1870) und der »Frau mit der Kaffeekanne« (um 1890). Da zeigt sich augenfällig, daß weder der Inhalt noch die Machart, sondern eine neue Hinsicht auf die Grundstruktur der gegebenen Gegenstände am Werk ist. Der Realismus bleibt insofern für das Neue, das Spezifische Cézannes belangvoll, als er eine »Vertiefung«, die strukturelle Grundierung einleitet. Hierher gehört Cézannes bekannte Auffassung, daß sich die Natur in geometrischen Figuren darstellt. In Übereinstimmung mit den Naturwissenschaften wird die »kopernikanische Wende« rückgängig gemacht. Die Kategorien des Seienden sind nun zugleich die Kategorien der darstellenden Kunst. In diesem Sinne bedeuten die frühen Bilder dieser Ausstellung den wilden, fast irren Versuch, gleichsam hinter ihnen den Ansatz zu etwas Neuem zu suchen, das sowohl die Realismen wie die Symbolismen überwindet. Die Verständigen bewunderten auf den neuen Bildern Cézannes die erhabene Sicherheit der Dinge auf den Stilleben, die Größe der Natur, etwa eines Berges, und die Selbstgewißheit der dargestellen Menschen.
Cézannes späte Malerei ist nun der spezifische Spiegel des Seienden. Klassik war für ihn nur eine Manier, wie Realismus oder Idealismus nur Ansichten der Welt sind. Die Realität aber, etwa die Wirklichkeit des »Mont Sainte-Victoire«, korrespondiert der Darstellung in dieser Kunst.

Zur Ausstellung von Werken aus den Jugendjahren des Künstlers (1859–1872), 1988/89, in: das kunstwerk, 1988

Gaston Chaissac

Als erste Museen außerhalb Frankreichs zeigen das Kunstmuseum Winterthur und anschließend die Kunsthalle Bremen eine Ausstellung mit charakteristischen Arbeiten von Gaston Chaissac (1910–

1964). In fünf Sälen sind 160 Öle, Gouachen, Zeichnungen, Collagen und Objekte aus dem Nachlaß und aus Sammlungen zusammengebracht worden. Sie sind wirksam und informativ gehängt und vermitteln in großzügiger Weise ein umfassendes Bild vom Schaffen und wohl auch vom Leben eines ebenso bedeutenden wie noch unergründeten Mannes.
Obwohl von Kennern und Freunden schon frühzeitig gefördert, hat sich Gaston Chaissac auch im eigenen Lande nur langsam durchgesetzt. Immerhin hat er 1938 zum ersten Mal in Paris ausgestellt, und 1951 sind bei Gallimard Gedichte und Briefe erschienen, in denen er über Tatsächliches und Erdachtes meditiert. Nach zahlreichen Ausstellungen in Frankreich und im Ausland veranstaltete das Nationalmuseum für moderne Kunst in Paris 1973 eine große Retrospektive.
Chaissac stammt aus Avallon (Yonne). Sein Bemühen um geregelte Berufsausbildung blieb erfolglos. Als er es in Paris mit einer eigenen Flickschusterei versucht, wird zwar nichts daraus; aber nach mancherlei Wirrungen lernt er drei Jahre später in Paris Otto Freundlich kennen, unter dessen Anleitung er sich im Zeichnen übt. Weit über das Kunsttechnische hinaus hat Freundlich seinen Schüler bestimmt. Aufschlußreiche Skizzen in der Größe von Postkarten befinden sich noch im Nachlaß. Eine Lungenerkrankung nötigt den hinfälligen Mann zu einem Aufenthalt in einem Sanatorium an der Dordogne (1939). Durch die Maler Albert Gleizes und André Lhote erfährt er Zuspruch und Ermutigung. 1944 beginnt ein förderlich-problematischer Umgang mit Jean Dubuffet.
Fast 15 Jahre wohnt Chaissac mit seiner Familie in Sainte-Florence. Als 1961 seine Frau in Vix angestellt wird, bezieht man am Orte ein nüchternes Häuschen mit einem Ziehbrunnen im Hof, nahe den geliebten Wiesengründen der fruchtbaren Vendée, den Kanälen des Marais und den Weiden und dem blauen Himmel darüber. Im Garten von Chaissacs Haus in Vix, wo er 1964 stirbt, steht heute ein moderner Pavillon mit etwa 3000 hinterlassenen Arbeiten, die demnächst ein Museum übernehmen wird.
Die Kunst Chaissacs ist offen. Sie hat den Freunden wie den Kritikern Schwierigkeiten gemacht. Dubuffet reklamiert sie, wenngleich mit Vorbehalten, für seinen »Art brut«; Breton versteht sie als Surrealismus; Genossen haben in Chaissac einen Parteigänger der Proletkultur und die Primitivisten in ihm einen Primitiven gesehen. Auch eine gewisse Nähe zur Cobra-Gruppe leuchtet ein. Doch wo auch immer man das Unbewußte, Spontane, Ursprüngliche zum Schulsatz erhebt, da ist der Widerspruch schon im Attribut. Keine Theorie schließt vor den Bildern Chaissacs. Seine offene Nähe zu menschlichen Grunderfahrungen unterscheidet ihn trotz äußerlicher Angleichungen von den etablierten Richtungen seiner Zeit. Während Dubuffet (zum Beispiel) an der zeitgenössischen Kunstgalerie entlangmalt und gemäß einem bitteren Wort Chaissacs das Seine wohl allzu

wirksam offeriert; während die Cobra-Maler in Holland oder Dänemark fast wollüstig im Pastosen kneten und sich Karel Appel (etwa) vor allem mit seinen Clowns im »Appel-Circus« in einer artifiziellen Unverbindlichkeit tummelt oder Asger Jorn mit Materialdramatisierungen sogar altnordische Ängste beschwört, steht Chaissac immer in einer spannungsvollen Auseinandersetzung mit seinen eigenen Gesichten.

Was für andere, etwa für Wilfredo Lam, die Maske, das ist für Chaissac immer das Antlitz selbst. Diese Stärke im Antrieb ist seine Schwäche in einer Stilausprägung. Wenngleich immer an sich selbst orientiert, hat er mit einem doktriniären Individualismus nichts im Sinn. Er spielt nicht mit dem Absonderlich-Sensationellen, verkündet keine private »Mythologie«, ist frei von progressiven oder konservativen Attitüden und ist auch kein Fall für Psychologen oder Soziologen.

Chaissacs phantastische Figurationen, die nur wie im Märchen den Dingen der Außenwelt entsprechen, scheinen auf Surrealistisches hinzuweisen; aber die Stellungnahme des Malers dazu ist nichts als ein leidenschaftliches Bekenntnis zur künstlerischen und menschlichen Unabhängigkeit, auf die keine ernsthafte Kunst verzichtet. Von surrealistischer Naivität oder Simplizität, vorgegeben oder vorgetäuscht, ist hier keine Rede. Und für einen prätentiösen Kult des »einfachen« Lebens war Chaissac selbst wohl viel zu natürlich und einfach.

In der Auseinandersetzung mit einem Kritiker hat er »Naivität« im künstlerischen Sinne zu klären versucht; für ihn ist sie, soweit er sie überhaupt verstehen will, weder bäuerliche Kulturferne noch proletarische »Subkultur«, sondern eine originäre, durchaus bewußte Potenz, die einer Naturkraft allerdings ähnelt. Chaissac ist kein Schulmaler gewesen, weder im Sinne einer gesteuerten Ausbildung noch im Sinne einer Doktrin. Schon deswegen bringt es wenig ein, ihn einer wie auch immer gearteten Richtung ernsthaft zuordnen zu wollen. Seine Kunst berichtet von einem ausdauernden Bemühen, das auch darum so bewegt, weil ihm auf diesem Wege niemand zur Hand gehen konnte, ohne dadurch Chaissacs Kunst zu gefährden.

Da sich das Menschliche im Antlitz versammelt, ist für Chaissac das menschliche Antlitz der bevorzugte Gegenstand. Daß er sich (trotz vieler Varianten und Techniken) im Lauf der Jahre nicht erschöpft hat, auch das deutet den künstlerischen Reichtum dieser Urveranlagung an. Da gibt es kein Ausweichen. Ohne Licht und Schatten werden die Gesichter in den Blick des Betrachters gestellt. Nase, Augen, Ohren, Mund und Brauen werden oft nur angedeutet, manchmal auch kräftig konturiert. Die Augen sind bald rund, bald eckig oder oval, aber immer irregulär; denn es geht weder ums Regelhafte noch ums Regelwidrige, sondern ums Wesentliche. Die Stirn läuft, manchmal auch durch das Material bestimmt, schmal zu. Die Lippen sind meistens bewegt, aber nie geschnörkelt (wie bei Matisse), sondern ein Lächeln oder ein Weinen andeutend, mit dem tragischen Charme des Hilflosen.

Das ist etwas anderes als die Unsicherheit des Ungeübten; es ist die Lebensscheu eines Staunenden oder Ängstlichen; und ihre Darstellung ist der tastende Versuch einer Artikulation, die sich weder an der Natur noch am Vorbild anderer zu orientieren vermag. Es ist richtig beobachtet worden, daß trotz kräftiger Varianten von einer Entwicklung im künstlerischen Sinne nicht zu sprechen ist. Auch wohl deswegen hat Chaissac die ersten gekastelten Konstruktionen nach Art Freundlichs schon so bald und spurlos aufgegeben; man versteht zugleich, warum er weder Vorskizzen noch Korrekturen kennt. Die künstlerische Aufgabe besteht für ihn weniger im Mittelhaften als im Erfassen und Sichern des Gegenstandes. Das Instrumentarium tritt trotz seiner erstaunlichen Vielfalt vor den Gestalten zurück, und Gegenstandskomplexe werden eher additiv als konstruktiv geordnet. So graphisch-klar die Konturierung auch ist, manchmal scheinen die Gesichte den Maler zu überwältigen, und es ist dann, als sollte das Dargestellte in Farbe versinken. Doch diese Kunst bleibt immer Kunst als ein objektiviertes Zeugnis allgemein-menschlicher Erfahrungen. Sonst würde man von Chaissac nicht mehr sprechen.

Es war gewiß kein Zufall, als sich Chaissac 1941 mit Antonin Artaud verständigte; es wurde zwar nichts daraus, aber auch Artaud gehört in seiner phantasievollen Ursprünglichkeit wie Chaissac zur inneren Verwandtschaft Picassos. Ihn hat Chaissac persönlich nicht gekannt, aber für ihn immer eine schwärmerische Bewunderung gehegt.

Die Offenheit Chaissacs hat manche Mißdeutung gefördert. Wie man das Surrealistische und Brutistische an ihm überschätzt oder voreilig behauptet hat (zu seiner Überraschung sah er sich bereits 1944 in einem Katalog als einen »Artbrutisten« kategorisiert), so sind auch seine Collagen keine verspätete Anpassung und schon gar nicht eine Nachfolge jener braven Zivilisationsproteste, die ihre Offenbarung in Mülltonnen suchen. Wie die Abfallkunst bei einigen um 1945 mehr mit der Materialmisere als mit einer Kulturphilosophie zu tun hat, so hat auch Chaissac Wellkarton, Zementtüten, Mauerreste, Küchengeräte, Besenstiele oder Latten von beliebigen Formaten bearbeitet, allerdings ein Leben lang, weil es ihm sein Leben lang an Mitteln für seriöses Material gefehlt hat.

Natürlich wirken da auch Humor, Ironie und eingestandene Spielereien mit. Was er sich jedoch letztlich gedacht hat, wenn er die Wände der Schülertoiletten mit einleuchtenden Motiven verzierte, das weiß niemand. Und wenn er obendrein die Pantinen seiner Kunden bemalte, statt sie zu reparieren, so entsprach das wohl weniger der Vorstellung seiner Kunden als dem hemmungslosen, fast blinden Tätigkeitsdrang dieses schöpferischen Mannes, der auch das letzte noch, das ihm in die Hand fiel, auf seine Weise veränderte. Vieles wird man auch hier wie vor jeder originären Kunst ohne Interpretation hinneh-

men; so bleibt (vorerst) auch die Bedeutung seiner oft wiederkehrenden Zeichen, Signale oder Symbole verschlossen.
Chaissac hat weniger gesucht als gefunden, was ihm entsprach, und hat es verwandelt. Auch für Chaissac war die Kunst nichts Abgeschlossenes; auch ihm war sie weder ein Metier noch ein Hobby, wohl aber ein Zeugnis der menschlichen Tiefe, einer abgründigen Erfahrung aus intelligibler Nötigung. Auch er hat die Erfahrung des Medusenblicks nicht provoziert, wohl aber versucht, ihn mit seinen Mitteln zu domestizieren.

In: Frankfurter Allgemeine Zeitung, 1981

K. F. Dahmen

I

Natürlich lebte ein so bewußter Mann wie K. F. Dahmen nicht nur in wacher Wechselwirkung zu seiner näheren Umwelt; als Anreger und Angeregter überblickte und beherrschte er auch die künstlerischen Möglichkeiten dieser Zeit. Im Formalen orientierte er sich ehedem am Kubismus; und was die Farbe betrifft, so verhehlte er nicht seine Sympathie für die Impressionisten. Und wo auch immer sich ein Künstler (wie er) auf die Farbe einläßt, da steht er vor der Frage, wie das Bild zu festigen sei. »Farbe und Struktur« ist auch für ihn eine Lebensfrage gewesen. Da ist nicht nur die Vorliebe für mehrschichtige Rahmungen, die eine unkontrollierte Auswirkung der Farben abfangen; es ist nicht nur die Zweiteilung der Tafeln und sogar der Collagen, wobei meistens eine breite Farbenleiste die Fläche fundiert; es sind nicht nur die strukturierenden Rillen der Furchenbilder; selbst noch das Koordinatensystem, natürlich asymmetrisch eingebaut und oft nur skizzenhaft angedeutet, gehört zum formalen Bestand des Metiers.
Doch haben diese Mittel in jüngster Zeit für Dahmen ihre konstituierende Bedeutung eingebüßt. Wenn die Zweiteilung aufgegeben und die ganze Fläche zu einem durchgehenden Feld der Malvorgänge wurde; wenn die Bildbasis schmaler geworden ist und sich (auf dem Wege zu gebrochenen Linien) verflüchtigt hat; wenn die ehemals beherrschenden Strukturen nur noch nach Art eines Winkels eingeritzt werden und die Linien, manchmal parallel, manchmal auch schräg aufeinander zulaufen und so nach uralten Anregungen subtile Bewegungen illusionieren, so sind selbst solche Veränderungen doch nur Varianten jener Grundzeichen, die von Anfang an zu dieser Malerei gehören. Und wenn vollends die Malgeste manchmal von rechts oben nach links unten der natürlichen Handbewegung nachgibt, so deutet

auch sie an, daß sie sich nun stärker dem Organischen als dem Logischen, mehr dem Dynamischen als dem Statischen zuneigt.
Auf den ersten Blick scheint sich also die jüngste Werkgruppe spürbar von den informellen Materialbildern und den Kästen der sechziger Jahre zu unterscheiden. Doch sind sie, wie sich zeigt, nur drei Phasen einer einstimmigen und schöpferischen Grundkraft. Nun sind die komponierenden und stabilisierenden Werktendenzen von innen heraus in Bewegung geraten und streben im Ganzen zu einer homogenen Bildstimmung. Die Fläche wird zum Medium freier oder befreiter Vorgänge, zu einem Spiegel des Atmosphärischen, wo nichts mehr auf Dauer fixiert, nichts mehr eindeutig und endgültig ist. Die Farben, gedämpft und von Bild zu Bild in wechselnden Grundtönen, schwingen in melodisch-rhythmischen Andeutungen, manchmal wie die Lichtvorgänge später Herbsttage, manchmal auch wie die glanzlosen Schatten nach Sonnenuntergang. Ihr herber Charme erinnert an die menschenferne Stille jenes unvollendeten Balkonbildes von Menzel, auf dem ein ortloser Wind im gebrochenen Licht eines Sommertages fast unmerklich die Fenstervorhänge bewegt.

Katalogtext zu einer Wanderausstellung in Norwegen, 1980

II

Bilder und Montagen von K. F. Dahmen (1917–1981), eine Gedächtnisausstellung für den Maler, werden in der Modernen Galerie des Saarland-Museums, Saarbrücken, so wirksam präsentiert, daß sich ihre Schwerpunkte, ihre Problemgruppen und Entwicklungstendenzen unschwer ablesen lassen. Sie führen zugleich vor Augen, was es mit dem Informel auf sich hat, wenn es in die Hand eines Mannes kommt, der über die produktiven Möglichkeiten dieses bildnerischen Verfahrens undogmatisch verfügt.
Die Ausstellung beginnt und endet mit reiner Malerei. Dem widerspricht nicht die dreiteilige und ausgreifende Montage »An die geschundene Kreatur«, die im klassischen Aufbau eines sakralen Mahnmals, mit einem grünen Polster als Altarbild und einer Schädeldecke in der Predella, die Mitte der Ausstellung markiert. Doch ist sie eher das optische als das Bedeutungszentrum; denn diese Ausstellung ist frei von Engagements welch Inhalts auch immer.
Gewiß sind die Montagen kein beiläufiges Element im Gesamtwerk Dahmens. Doch werden die Sammeldinge in Struktur, Kolorit und Bestimmung restlos in die Bildkonzeption einbezogen. Feste Rahmen vereiteln jeden Anflug von Verselbständigung, wie nicht zuletzt auch Glasplatten nach Art von Fenstern das sperrige Geröll dahinter bildnerisch neutralisieren. Titel verweisen zusätzlich auf die Thematik des jeweiligen Kastens. Sie heißen »Jagdzeit« oder »Erinnerungen«;

sie sind, wie auch die »Galgenbilder«, zunächst und zuletzt nur Bilder und keine Galgen.
Mit Bildern beginnt der Rundweg. Die spröden Farbsplitter der »Großen Komposition« (1956) verweisen auf die Zeit Riopelles. Aus demselben Jahr folgt »Nächtliche Imagination«. Erdige Wulste, die Dahmen damals bevorzugte, hier wie düstere Fensterbalken, von dunkelroten Spuren verletzt, erlauben den Durchblick in eine fahle Moorlandschaft. Dahmen selbst hat, was diese erdigen Motive betrifft, auf die dunkle Gegend um Stolberg, und was später die grünen Polster angeht, auf die Wiesenmatten am Chiemsee hingewiesen. Dem läßt sich schon deswegen zustimmen, weil die Genese einer künstlerischen Arbeit für ihre Gültigkeit fast keine Bedeutung hat. Solche Landschaftsallusionen widersprechen nicht ihrer informellen Grundkonzeption. Denn eine Bildlandschaft ist kein Landschaftsbild.
In den sieben großen Tafeln der Stirnwand gipfelt die letzte Phase dieses Lebenswerks. Selbst die ehedem bevorzugte Zweiteilung der Bildfläche ist aufgegeben, wie überhaupt alle komponierenden und stabilisierenden Elemente von innen heraus in Bewegung geraten sind. Die unbegrenzte, offene Fläche, nur noch von parallelen Rillen kaum merklich durchfurcht, wird zum Sinnplatz einer freien, vielleicht befreiten Kunst. Hier ist nichts mehr eindeutig und endgültig, nichts mehr auf Dauer fixiert. Das gilt selbst für die Farben. Von Bild zu Bild wechseln die Grundtöne, aufgelöst in fluktuierende Andeutungen. Zwischen sechs Tafeln hängt das letzte, größere Bild, »Ohne Titel«, von Januar 1981. Der Maler hat der sichtbaren Wiederkehr eines impressionistischen Weltverhaltens auf diesen Arbeiten nicht widersprochen; doch ist weder ein Naturkult in farbigen Tupfen noch der problemlose Optimismus der Jahrhundertwende, wohl aber der herbe Charme einer kritischen Lebensstimmung gemeint. Obwohl Dahmen auf dem letzten Bild ein sandiges, helleres Gelb bevorzugt und die sonst so zarte Grundleiste zu einer deutlichen Rotstufe verstärkt, sind es die atmosphärischen Vorgänge eines späten Herbsttages, die im Übergang zu den glanzlosen Schatten nach Sonnenuntergang die menschenferne Stille um seinen alten Hof am Chiemsee spiegeln.

In: Frankfurter Allgemeine Zeitung, 1985

Paul Delvaux

Die künstliche Beleuchtung im fensterlosen Ausstellungsraum entspricht dem unwirklichen Charakter dieser Kunst. Rätselhaft in vielfacher Hinsicht, ist sie ein bevorzugtes Tummelfeld der Auslegung. Die dargestellten Frauen sind in der Regel unbekleidet, manchmal auch in drapierte Überwürfe nach antiker Art oder in bürgerlichstrenge Gewänder der Jahrhundertwende gehüllt. Die wenigen Männer, meistens im dunklen Gehrock, von intelligibler Unkörperlichkeit, mit Brille natürlich und hintergründig gestikulierend, figurieren in der fremd-befremdlichen Welt der wortlosen Frauen wie obskurante Seelenforscher in einer Isolierstation. Doch sie wie die Frauen sind von der Unbestimmtheit einer namenlosen Spezies. Das betrifft ihr Dasein wie ihr Verhalten, ihr Gehen, Sitzen oder Liegen; das betrifft ihre klassisch-harmonische Leiblichkeit, den Porzellanschimmer ihrer Haut, ihre Schönheit im Sinne genormter, problemloser Maße und vor allem die rätselhafte Verschlossenheit ihres großen Blicks.

Das nackte Faktum dieser Frauen hat seriöse Interpreten ermutigt, sie in Übereinstimmung mit gelegentlichen Bemerkungen des Malers und mit mehrdeutigen Andeutungen im Werk selbst im Sinne sexualpsychologischer Spekulationen zu betrachten. Andere haben in der irrealen Kombination von antiken Tempeln und belgischen Industriehalden, von Intérieurs und öffentlichen Plätzen, von Parks und Bahnhöfen, von jungen Mädchen und Skeletten, von Leben und Tod eine Nähe zum Surrealismus gesehen. Das gilt nur bedingt, in keinem Falle für den surrealistischen Automatismus. Demgemäß sind Bretons Anmerkungen zu Delvaux auch nur sehr beiläufig. Da der Maler die zentralperspektivischen Effekte in eine fast magische Funktion steigert, liegen nicht nur de Chirico und die pittura metafisica, sondern auch Hinweise auf flämische Vorgänger früherer Jahrhunderte nahe. Aber nicht ferner ist die bevorzugte Nacht, sind die Mondsicheln und die schwarzen Schatten der Dunkelheit, sind organische Übergänge zwischen Pflanzen und Menschen, überhaupt die verweisungsträchtigen Innenräume der Romantik, die »großen Vorburgen des Herzens«, wie Breton zu Delvaux anmerkt und womit er, bewußt oder unbewußt, an Augustinus und dessen Beschreibung des Gedächtnisses erinnert. Wieder andere haben einen ironischen Hintergrund in Delvaux bemerkt. Mit Recht, wofern sie sich auf die bildhaft-anschauliche Synthese der Kontraste in dieser Malerei berufen.

Was die Bildanlage betrifft, so wird der formale, fast formalistische Aufbau, die Symmetrie der Komposition so weit getrieben, daß ein Hinweis auf Klassik und Klassizismus, auf David oder Ingres nicht genügt. Es genügt auch nicht, an den passionierten Humanisten oder den gelernten Architekten Delvaux zu erinnern. Gewiß sind auch hier Jugendreminiszenzen wirksam: Da ist das kleine, aber klar gegliederte Geburtshaus des Malers in Antheit bei Lüttich, sind sogar häusliche Geräte keineswegs nur als anekdotische Ausstattungen und immer wiederkehrende, scheinbar beiläufige Dinge mit ihm Spiel. Und er vergißt nicht, den kleinen Bahnhof in Antheit zu erwähnen, dessen Signallampen, Schienen und Telegrafenmasten fast schon typisch für Delvaux-Bilder sind.

Trotz der unübersehbaren, sowohl inhaltlichen wie formalen Einwirkungen; trotz der Vielfalt kompositioneller Elemente ist diese Kunst gewiß nicht nur ein rezeptives Sammelbecken. Umgekehrt sind die Einzelheiten geeignet, das Grundbild dieser Malerei zusätzlich zu verstärken, ein Bild, das in perfekter Beherrschung der künstlerischen Mittel das Rätselhafte unseres Daseins spiegelt. Diese Bilder fördern keine Erkenntnis und keine Aufforderung, wohl aber ein wortloses Erstaunen, wie es manchmal dem Wiedererkennen eigen ist.

Zur Ausstellung im Delvaux-Museum, Koksijde/Belgien, 1982,
in: das kunstwerk, 1982

Rolf-Gunter Dienst

Rolf-Gunter Dienst, Maler und Schriftsteller, gehörte vor 20 Jahren zur Gruppe »SYN«, die in meditativen Reflexionen nach einer neuen Herleitung der Künste suchte. Dieser Hinweis ist für das Verständnis der zwölf Bilder und 16 Studien förderlich, die Dienst in der lichten Halle der Modernen Galerie des Saarland-Museums, Saarbrücken, ausstellt. Aus Natur und Gesinnung zurückhaltend, ist er kein Mann der Märkte. So würde man hier vergebens nach einer Spur von moderner Wirklichkeit, nach einem Anflug von Demonstration oder Provokation, überhaupt nach einem jener Subjektivismen suchen, die so nachdrücklich und ausdauernd ihre Umwelt in Anspruch nehmen. Nicht, als hütete Dienst deswegen alte, veraltete Vorlieben; aber sein Interesse gilt weniger dem jeweils Aktuellen als den Grundbeständen der Natur.

Auf den ersten Blick könnte man in seinen subtilen Figurationen eine späte, vielleicht sogar verspätete Gefolgschaft der »abstrakten« Malerei vermuten, und dieser Eindruck könnte sich durch das einheitliche Querformat verstärken, das an die seriellen Konzepte erinnert. Doch selbst noch in den verfeinerten Bildstrukturen und den durchlichteten Farben auf feinkörnigem Leinen sind Dingandeutungen nicht zu übersehen. Und wenn die Farben, von Bild zu Bild in variierender Thematik, eine Vorherrschaft zu beanspruchen scheinen, sollte man sie nicht mehr im Sinne der Farbautonomie lesen. Ihr ehedem so selbstbewußtes und oft so faszinierendes Spiel mit sich selbst ist hier nicht mehr gemeint; denn auch in ihnen wird die augenfällige Anwesenheit eines Vorgegebenen spürbar. Und darauf machen Verse von Ezra Pound aus den »Cantos« aufmerksam, die der Maler jedem seiner Bilder beifügt. Diese Verse sind allerdings himmelweit von jenem merkwürdigen Bedürfnis nach Bildungsrelikten entfernt, die, mit Vorliebe aus den Fragmenten der vorsokratischen Philosophen, Gemaltes überhöhen sollen. Diese Pound-Sätze sind weder Themen noch erläuternde Zitate; sie wollen weder diese Bilder versinnbildlichen, noch sind

diese Bilder versinnlichte Dichtung; sondern Satz wie Bild, beide eigenständig, weisen, je in ihrer Art, auf gemeinsame Beobachtungen hin.
Man liest da »Der Bachflor führt weiße Blüten«; und man sieht die hellen, bewegten Gebilde in den Rhythmen der Farben flimmern. »Goldlicht über Blattadern«, und das Licht wird flirrend sichtbar in den gelblichen Maserungen der Leinwand. So wird im Lesen und Hinsehen für einen Augenblick eine durchscheinende Wirklichkeit gegenwärtig. Das Bild im Wort und der Wortsinn im Bild sind Palimpseste der Natur. Bild und Wort, beide bestätigen einander die Wahrheit des Vorgefundenen.
Die weißen Blüten, im Wort bezeichnet, flimmern in den Farben des Bildes; und das Goldlicht über den Blattadern, im Wort ausgesprochen, wird im gelblichen Schimmer des Bildes sichtbar. Das Anschauliche, Bildhafte des dichterischen Wortes und das Sinnhafte, Sichtbare des malerischen Bildes durchdringen einander in der Betrachtung der Natur.
So veranschaulicht diese stille Malerei eine Grundordnung der Welt. Sie ist der Geometrie verwandt. Deswegen kennt sie keine individuellen Schwerpunkte; was an Besonderheiten erinnern könnte, ist aufgehoben. Einfach und zugleich in äußerster Verfeinerung spiegelt sie jene kontrollierbare Ordnung der Welt, die Ezra Pound in Versen ausspricht.

In: Frankfurter Allgemeine Zeitung, 1986

Jim Dine

Da von Pop keine Rede mehr ist, hat man von einer Tendenzänderung Dines gesprochen. Doch nicht nur dies; sein ernsthaftes Interesse an Individualporträts ist nicht nur unzeitgemäß, sondern wohl sogar zeitwidrig. Träfe es zu, so bestätigte auch diese Serie die alte, aber nutzlose Feststellung, daß nur die Künstler und nicht die Entwicklungsprogrammatiker die Kunst bestimmen. Doch auch in der Hoch-Zeit seiner Happenings hat Jim Dine immer nur eine lose Fühlung zur Pop-art unterhalten, und auch noch seine acht Beiträge für die 4. documenta (1968) verhehlen nicht ihr zeichnerisches und betont malerisches Interesse an den dargestellten Gegenständen.
Auf diesen Porträts geht es für Dine nicht mehr nur um die menschliche Gestalt, wie sie auch für die Pop-art charakteristisch gewesen ist, sondern um die Wiedergabe bestimmter Personen, um Einmaligkeit, Unverwechselbarkeit, um die Individualität seiner Frau, seiner Freunde und um sich selbst, um Selbstporträts also. Dabei vertraut, er wie er versichert, nur seinen Augen, wohlwollend, aber mitleidslos. Es wird also nichts hinzugedacht, es wird nichts gefordert oder

programmiert. Aber da ist auch nichts Knalliges, nichts Poppiges mehr und nicht einmal ein Anflug von Kunstexperimenten. Über den Augenschein hinaus bezieht sich allerdings der Künstler selbst (indirekt natürlich) mit in die Darstellung ein. Sie ist für ihn (wie er sagt) das Gepäck seines (inneren) Weges.
Das von ihm so Dargestellte sollte auch ausgesprochen werden: Das Thema ist das Wesen von Menschen. In dem Maße, in dem Dine das Antlitz herausarbeitet, vernachlässigt er durch Aussparungen, durch Verwischungen oder Verflüchtigungen des Strichs alles andere. Selbst Hände werden nur gelegentlich miteinbezogen. Die Stirnpartien dagegen werden farbig modelliert und weiß überhöht.
So werden die Personen jeweils ohne Beiwerk und direkt ins Bild gestellt, teils und mit Vorliebe frontal, teils im Profil. In Verhalten und Ausdruck äußern sie eine stille, fast besinnliche oder auch ironisch-schwermütige Lebensstimmung. Das macht vielleicht das Überraschende dieser Arbeiten aus, daß sie mit konventionellen Mitteln die Aufmerksamkeit wieder auf die einzelnen versammeln; sie werden den heutigen Daseinsbedingungen entsprechend in einer kritisch-distanzierten Selbstsicherheit dargestellt, die vielleicht schon zu ihrer zweiten Natur geworden ist. So deutet das Thema dieser Blätter weniger eine Kehrtwendung als vielmehr die nachdrückliche Hinwendung zum alten und eigentlichen Gegenstand der Kunst, zum Menschen in seiner Einmaligkeit an.

Zur Ausstellung einer Bildnisserie in der Galerie Claude Bernard, Paris, 1980,
in: Frankfurter Allgemeine Zeitung, 1980

Graziella Droessler

Mit Arbeiten aus jüngster Zeit, unter ihnen Bilder in Mischtechnik auf Papier, einige Studienblätter und eine Serie thematischer Farbradierungen, bestreitet Graziella Droessler (geb. 1953) eine bemerkenswerte Einzelausstellung. In Wahrung der Fläche, mit zumeist dünnflüssigem Farbauftrag und in der perspektivischen Ordnung der Inhalte respektiert sie die Tradition der reinen Malerei. Ihr Gegenstand ist alles, was sich in den Grenzen des Blickfeldes durch interessante Strukturen oder farbige Reize anbietet. Die größeren, fest und klar komponierten Tafeln setzen sich mit den Überschneidungen in einem Treppenhaus auseinander. Eine Gruppe von kleineren Formaten schildert Eindrücke an der holländischen Küste, Landungsstege also, Warnschilder oder verrottende Metallbehälter.
Ihr Blickfeld ist das Malfeld, in dessen Grenzen Graziella Droessler das Vorgegebene in seiner sinnlich-faßbaren Präsenz aufnimmt. Sie stellt sich den Dingen; ihr Zugriff ist zwar unverkennbar, wahrt aber

Graziella Droessler, »Stuhl/Fluchtweg«, 1988, Acryl/Tempora, 140×100 cm

das identifizierbare Dasein der Gegenstände. Dabei führt die künstlerische Umsetzung der Realkategorien, etwa der Leisten eines Treppengeländers oder der Bohlen eines Landungsstegs, zu vibrierenden Spannungen in der Komposition der Bilder.
Was in dieser Ausstellung anrührt und auch nachwirkt, sind die strukturelle Transparenz des Aufbaus und die Leichtigkeit, mit der die Farben, mit der etwa Orange, Olivgrün, ein sandiges Gelb oder das matte Stahlgrau der Wellen und des Horizontes von Bild zu Bild in leisen Modulationen ihre innere Verwandtschaft andeuten. Diese Malerei mit einem Gespür für impressionistische Valeurs sucht die herben Reize in Natur und Zivilisation.

Zur Ausstellung von 49 Arbeiten der Künstlerin im Von der Heydt-Museum, Wuppertal, 1985,
in: Frankfurter Allgemeine Zeitung, 1985

Rolf Escher

Unter dem Titel »Schauplätze« zeigt Rolf Escher etwa 70 Zeichnungen von unterschiedlichen Formaten. Da er das Reale real sein läßt, es nicht ins Irreale oder Surreale erweitert und es auch nicht als Anlaß für Stimmungen, Auslegungen oder Ausstattungen entwirklicht, scheint er sich auf den ersten Blick mit der Wiedergabe des Faktischen zu begnügen. Doch schon das geschlossene Thema der Ausstellung und die sondierende Auseinandersetzung mit der Architektur des italienischen Barocks deuten ein künstlerisches Konzept an, das nicht in einem unreflektierten Traditionalismus aufgeht.
Die Zivilisation, vor allem die Baukunst, steht im Vordergrund seines Interesses. Natur wird nur in sperrig-spröden Zweigen oder Gräsern angedeutet. Im Anblick von Palästen und menschenleerer Plätze wird die konturierende Zeichnung zwanglos zum Medium, in dem sich die Beschaffenheit der Gegenstände repräsentiert. Das sparsame Instrumentarium von Bleistift und Farbstift entspricht in Ansatz und Ziel einer Vorliebe Eschers für die unpersönliche, geometrische Geradlinigkeit der Architektur. Wenngleich er nicht mit dem »Wesentlichen« oder Hintergründigen spekuliert, sucht er dennoch nach Bestimmungen, die sich, etwa in einem überkommenen Gebäude, als dessen Seinsbedingungen andeuten.
Es läge nahe, das »Menschliche« in dem von Menschen Gemachten aufzuspüren und darzustellen; und in der Tat spielen Hinweise auf das Fremd-Vertraute des Benutzten oder schon Abgenutzten für Escher eine große Rolle. Doch meint er nicht das Ruinöse eines Zustandes, der auf seine Weise wieder einmal vom »Niedergang des Großbürgertums« berichten soll; er verliert sich auch nicht in den ästhetischen, intermediären Reiz des Verwitterten oder Hinfälligen, worauf vor noch

nicht allzu langer Zeit die »Mauerbilder« (etwa Baumeisters) hingewiesen haben; sein Gegenstand ist auch nicht das Strukturelle im Sinne von Abstraktion oder Reduktion; das Wirkliche, wie er es zu fassen versucht, sind die aktuellen Zwischenphasen in der Lebensdauer der Dinge, jener Zustand, der seine Herkunft mit sich trägt und das Kommende, obwohl noch offen, schon ahnen läßt. Es ist das unbestimmbare Jetzt zwischen dem Woher und Wohin.

So ist es letztlich nicht das Aktuell-Reale eines barocken Palastes oder Landhauses, sondern die Zeit, die sich als Grundkategorie des Daseins zeigt. Das Hilflose (einer abgestellten Karre mit Krabben), die stumme Verlassenheit (verhüllter Verkaufsstände in der Mittagszeit), das aus der Aktualität Gefallene (eines brüchigen Barockornaments) oder die Leere (eines Versammlungsraumes) als sichtbare Spuren von Vorgängen in der Zeit sind das Thema dieser Kunst. Da die Zeit nicht unmittelbar gegeben und deswegen auch nicht direkt darstellbar ist, wendet sich Escher an die Phantasie des Betrachters, doch nicht als an eine Neigung zum vagen Schweifen im Unbestimmten, sondern an eine geleitete, schöpferische Vorstellungskraft, die im Anblick des Gegenwärtigen auch das Vergangene wie das Künftige als Bedingungen des Gegenwärtigen einbezieht.

Escher ist weit vom sentimentalen Lamento aus Nostalgie und Optimismus entfernt: Dagegen wird seine Gelassenheit, sogar eine kühle Distanz bis hin zu einem Anflug von Ironie, etwa gegenüber dem rührend-nutzlosen Bemühen der Besitzer, den Verfall von Dingen zu verzögern, fast schon zum Fluidum dieser Blätter. So ist die Dingtreue der Darstellung das Realistische, die Zeitlichkeit des Realen aber der Gegenstand dieser Zeichnungen. Das unterscheidet sie von konventionellen Wirklichkeitsschilderungen.

Zur Ausstellung im Museum Folkwang, Essen, 1985,
in: Frankfurter Allgemeine Zeitung, 1985

Jean-Honoré Fragonard

Nach Watteau und Boucher fesselt nun das Lebenswerk des dritten großen Rokokomalers das breite Interesse der Pariser Öffentlichkeit. Die drei Künstler vergegenwärtigen das 18., das französische Jahrhundert, soweit es die Malerei, also den bevorzugten Kulturbereich der Franzosen betrifft. Ob sie allerdings einem Vergleich mit den französischen Meistern in der zweiten Hälfte des 19. Jahrhunderts standhalten, sei dahingestellt. Unbestritten sind sie für einen Lebensstil charakteristisch, den auch sie mit wechselnden Inhalten und Ansprüchen entwickelt haben, der viel bewundert und nachgeahmt, aber auch nachdrücklich und nachwirkend abgelehnt wurde. Obwohl ihre Kunst die Wertschätzung unter den Zeitgenossen fand, sind sie selbst

nie zu Repräsentanten der damals bestimmenden Öffentlichkeit avanciert. Von ihrem äußeren Lebenslauf ist nur das Faktische, von ihrer inneren Verfassung nur das Vermutliche in die Biographien eingegangen. Doch das eine wie das andere ist heute nicht mehr aktuell; um so gelassener, wenngleich nicht ohne bewegtes Interesse, ist auch diese jüngste, großartige Ausstellung zu bewundern.
Jean-Honoré Fragonard ist 1732 in Grasse geboren. Ihm waren und uns sind seine Vorgänger und Vorbilder noch nahe genug, um ihre divergierende Verwandtschaft zu verstehen. Die jetzige Ausstellung ist die erste Restrospektive Fragonards; die letzte bemerkenswerte Manifestation seiner Malerei fand 1921 in Paris statt. Vollständigkeit, die vielleicht eine verfehlte Idee gewesen wäre, ist auch diesmal deswegen nicht gelungen, weil sich entsprechende Sammlungen in London und New York durch selbst auferlegte »Regelungen« die Beteiligung an fremden Ausstellungen versagen. Immerhin sind die schönsten der erreichbaren Bilder, Zeichnungen und Graphiken zusammengekommen.
Wie Watteau und Boucher, so gewinnt auch Fragonard nach seiner Ausbildung (bei Boucher) den Grand Prix der Akademie (1752); auch er bricht (1756) mit Verzögerung zu seiner ersten Reise nach Rom auf, kehrt 1761 nach Paris zurück, reist 1773 zum zweiten Aufenthalt nach Italien und Deutschland, verbringt dann seine letzten Lebensjahre im Dienste des Louvre und stirbt 1806. Was die wissenschaftliche Forschung vermißt, die sich von dieser Ausstellung neue Einsichten verspricht, ist für den Liebhaber fast ohne Belang. Solange es über Fragonards Lebensweise und Selbstverständnis kaum verläßliche Zeugnisse gibt, bleibt das Werk in seiner thematischen und malerischen Vielfalt der eigentliche Gegenstand des Interesses.
Weder die Unwirklichkeit Watteaus, dessen Lebensbühne wohl das Bühnenleben und so das eigentliche Plateau seines Schaffens gewesen ist, noch der Götterhimmel Bouchers, wohl aber die damaligen Alltäglichkeiten, nicht eben im Sinne ihrer »gesellschaftlichen Realität«, aber die Schönheiten der Natur, die Reize des bäuerlichen Lebens im Wandel der Jahreszeiten sind für Fragonard Gegenstand der Malerei. Man müßte hier von der »Großen Kaskade in Tivoli« sprechen, die einige Jahrzehnte nach Fragonard durch ein Unwetter verwüstet und dann erneuert wurde; man müßte an die Pinien und an die »Zypressenallee der Villa d'Este« denken; hier müßte man auch auf die holländisch rustikaleren Landszenen hinweisen, also auf die Darstellung von Rindern, Stieren und Schafherden, Darstellungen, die durch Gesinnung, Anlage und vor allem durch den Farbauftrag hundert Jahre später die Impressionisten so nachdrücklich angeregt haben.
Eindringlicher noch und nicht nur durch ihre konzentrierte Versammlung im Rondell des Grand Palais begünstigt, sind jene porträthaften Bildnisse, die bis heute hinter der Bezeichnung »Phantasiegestalten«

ihre damalige Bedeutung und Bestimmung verbergen. Diese 15 Tafeln, je sechs Männer und neun Frauen darstellend, sind wohl schon durch das Einheitsformat als Gruppe konzipiert worden. Herrscht über ihre Besonderheit nach wie vor Unklarheit, so nicht darüber, daß sie zu den exemplarischen Meisterwerken ihres Jahrhunderts zählen. Geräte oder Embleme, ein Degenknauf, ein Buch oder ein Notenheft, deuten auf den Gelehrten, auf die Sängerin oder den Krieger hin. Mit augenfälliger Berechtigung vergleicht sie der Katalog mit der Menschendarstellung van Dycks und vor allem Rembrandts. Natürlich schätzen wir gemeinhin den philosophischen Humanismus des Holländers höher ein, doch Fragonard hat sowohl am überschatteten Lebensernst seiner nordischen wie an der barocken Daseinsintensität seiner italienischen Vorbilder Anteil. Das verraten die meisten, vor allem die Männerbildnisse, die er mit Vorliebe in einen inneren Kontrapost einspannt: Sie lassen sich, auf eine bestimmte Tätigkeit konzentriert, durch eine fremde Störung, vielleicht durch einen Anruf, ablenken. Doch was ehedem vielleicht einen Erweckten oder einen Propheten hingerissen hat, das wird hier zur Faszination durch philosophische Lektüre. Diesem Kult einer entfesselten Intelligenz huldigt fast thematisch auch das »Bildnis Diderots«, unter welchem Titel eine der 15 Phantasiegestalten tradiert wird: Helle Augen unter einer lichten Stirn, ein offenes, vitales Gesicht mit einer verhaltenen Andeutung von Ironie um die geschlossenen Lippen, wenden sich, vielleicht vom skeptischen Einwand eines Fremden unterbrochen, für einen Augenblick von der Lektüre in einem alten Folianten ab und dem Frager zu. Daumen und Zeigefinger markieren die Textstelle.
Anders, ganz anders, wenngleich vergleichbar, sind die lesenden Mädchen, ist vor allem die »Junge Leserin« in der Runde der »Phantasie-Porträts«. Auch sie, wie wohl alle Favoritinnen Fragonards von lebhaftem Temperament, sitzt in der Gelassenheit ihres stillen Tuns in einem bequemen Sessel, und ihr Antlitz wird zum geistvollen Spiegel eines Geistes, der sich der Leserin aus dem Büchlein zu bemächtigen scheint. Ihr gegenüber in der Runde des Rondells blättert eine Sängerin in ihren Noten und öffnet beiläufig die linke Hand, als wollte sie uns mit leichtem Verwundern auf die entrückte Leserin hinweisen.
Was für Watteau die besinnliche Sinnlichkeit der Frauen, aber auch die tragische Heiterkeit seiner Harlekins bedeutete; was François Boucher um eine Nuance direkter, routinierter, aber auch gewagter im Geschmacklichen hinterlassen hat, darin ist Fragonard hastiger, rund in seiner zügigen Pinselschrift, vielleicht auch intensiver oder passionierter.
Gewisse Epochen werden durch die Betrachtung der Nachfahren in unzulänglicher oder sogar verfehlter Weise festgelegt. Wer zum Beispiel am Rokoko nur oder vorwiegend eine scheinbare Freiheit im Erotischen schätzt und sich so an unterentwickelten Möglichkeiten des gemeinsamen Lebens orientiert, den könnten gerade die Verfüh-

rungsszenen der Pariser Ausstellung darüber belehren, daß inzwischen nicht nur viel an Geschmack verlorengegangen ist, sondern daß jene anspruchsvollen Jahrzehnte die Ergötzlichkeiten des Lebens keineswegs nur im Sinnlichen gesucht haben. Sie bestanden sowohl in der Pflege bukolischer Landschaften, in der Anlage wohlproportionierter Parks, wie im Lesen oder Musizieren, wie überhaupt in dem, was Rousseau damals den Menschen aller Schichten als das natürliche Leben empfahl; das bestand, wenn man Fragonard folgen will, in der Pflege der Künste und Erkenntnisse und in den gemeinschaftlichen Sommerfesten, an die der Maler noch einmal, wenngleich unter dem nicht gesicherten Titel »In Saint-Cloud«, wie in einer Hommage zwanglos an Watteau und die »Überfahrt nach Kythera« erinnert.

Zur Ausstellung im Grand Palais, Paris, 1988,
in: das kunstwerk, 1988

Günter Fruhtrunk

Auf meist großformatigen Acryl-Leinwänden geht es um Farben und Strukturen. Beide Elemente werden so aufeinander bezogen, daß man von Farbstrukturen oder Strukturalfarben sprechen könnte. Ist das Oval für Fruhtrunk aus guten Gründen wohl nie von Bedeutung gewesen, so wird nun auch auf Kreis und Segment verzichtet. Einzeln wirken die Bilder in ihrer architektonischen Geradlinigkeit starr, in ihrer Ungegenständlichkeit leer und in ihrer ortlosen Allgemeinheit unbestimmt; im Zusammenhang werden sie nicht zu Phasen einer Entwicklung, sondern zu Konstellationen einer experimentellen Kombinatorik. Die horizontale, vertikale und vor allem diagonale Geradlinigkeit bestimmt den Bildaufbau. Die Farbbahnen werden meistens durch schmale Konturen gegeneinander abgesetzt. Die homogene Klarheit der Farben wirkt hermetisch, reaktionslos und manchmal eisig.
Gewiß ist nichts so trostlos wie der zeitgenössische Kult einer dürren Information; denn was nur »informiert«, ohne zu beleben; was nur belehrt (wenn es hoch kommt), ohne zu bewegen, ist nicht nur langweilig, es tötet auch die Phantasie. An nur optischer »Information« stirbt die Phantasie, noch ehe sie sich verwirklicht, schreibt Fruhtrunk. In diesen Bildern aber lebt sie. Zwar sind sie ungegenständlich und allgemein; doch ihre Ungegenständlichkeit ist nicht die Leere der »Abstraktion«; denn sie sind nicht das, was übrig bleibt, was aus den konkreten Besonderheiten abgezogen, also abstrahiert ist. Ihre Allgemeinheit ist von jener Art, wie sie auch den allgemeinen Grundgesetzen des realen Seins eigen ist. Sie erschließt sich nirgendwo dem flüchtigen Hinsehen. Nur dem »aufmerksamen Blick« wird die »Abstrak-

tion, vor der wir uns fürchten, unschädlich« und ihr Resultat »recht lebendig und nützlich« (Goethe in der »Farbenlehre«).
Durch solche Bezogenheit auf Seiendes unterscheiden sich die Bilder Fruhtrunks von den beziehungslosen Formenspielen des Konstruktivismus. Dennoch sind sie sich nicht wiederholende Abbilder der Welt. Eher sind sie wie eine (schmerzliche) Wiederkehr des Gleichen im anderen und im Anderssein (Fruhtrunk). Oder: Die formalen Bedingungen der Kunst sind zugleich die Bedingungen der Realität. Die Allgemeinheit in diesen Bildern vergegenwärtigt also fundamentale Verhältnisse oder Vorgänge der Welt.
Was ihren Eindruck von statischer Starre betrifft, so erwarten diese Bilder, daß der Betrachter ihre »unkommunikative Distanz« überwindet. Betritt er dann ihren Wirkungsbereich, so wird er nicht nur durch ihre unpersönliche Präsenz und ihre energetische Härte ergriffen; er wird nicht nur in die kompromißlose Stringenz ihrer Strukturen genötigt; er wird zugleich von der Faszination der Farben betroffen und von ihnen wie von lichtschnellen Bewegungen fortgerissen; denn diese scheinbar statischen Gebilde vibrieren wie in einer metallischen Spannung; sie ist in den Farben wie in ihren Zuordnungen angelegt; irreguläre, aber kaum bewußte Strukturierungen, Abstufungen in der Intensität und der Räumlichkeit der Farben illusionieren, weit über das schockierende, irisierende und nur irritierende Flimmern der Op-art hinweg, jene rasende Bewegung, worin das »Leben« dieser Bilder besteht. Wie sie (gleichsam) aus dem Nichts in die Bildfläche hineinschießt und ungehindert wieder ins Nichts verschwindet, zielt sie unmittelbar auf die phantasiefähige Vorstellungskraft des Betrachters. Ihre energetische Dynamik ist ein zusätzlicher Hinweis darauf, daß hier Elemente oder Wirkkräfte des realen Seins in den Blick genommen werden.
Dennoch sind diese Bilder keine Kosmologie; sie sind autonome Kunst und nicht die Dokumentation eines Außerkünstlerischen. So kann man auch hier im Sinne des Dargestellten, also ohne Pathos, von der Weite einer kosmischen Welterfahrung sprechen. Es ist wohl kein Zufall, daß schon Hans Arp in einem Gedicht auf seinen Freund Günter Fruhtrunk (1962) von »Trunkenheit« (ivresse) in astronomischen Erfahrungen schreibt. In der deutschen Übertragung würde man das Fremdwort Ekstase bevorzugen; denn diese Kunst setzt Erlebnisse frei, die über das Psychische der Psychologen hinaus auf besondere Weise auch das Intelligible bewegen, vielleicht (und aus mehreren Gründen) im Sinne der platonischen Mania.
Das ist keineswegs eine theoretische Ausstattung unschuldiger Bilder; denn diese Kunst ist in Übereinstimmung mit den Vorstellungen des Künstlers auf eine Selbstüberschreitung angelegt und verweist auf einen Bereich, in dem Bild und Begriff, Ratio und Emotion, Faktum und Theorie und sogar Kunst und Wissenschaft eine innere Einheit anstreben. Diese Vorstellung ist alt; ihre Bedeutung für die Kunst aber

gehört zu den großen Möglichkeiten dieser Zeit. Bei Goethe heißt es dazu: »Das Höchste wäre: zu begreifen, daß alles Faktische schon Theorie ist. Die Bläue des Himmels offenbart uns das Grundgesetz der Chromatik. Man suche nur nichts hinter den Phänomenen; sie selbst sind die Lehre.«

Zur Ausstellung in der Galerie »oben«, Hagen, 1981
in: Frankfurter Allgemeine Zeitung, 1981

Klaus Fußmann

I

Diese Öle, Aquarelle und Graphiken, Arbeiten der letzten zehn Jahre, verdeutlichen sowohl Phasen wie Schwerpunkte einer künstlerischen Entwicklung. Offenbar führt der Weg des Malers vom Interesse an bestimmten Gegenständen seiner engeren Umgebung, an greifbaren Dingen und Geräten seines Ateliers, über die deutlich gegliederten Landschaften einer hügeligen Region bis hin zur Weite von Himmel und Meer. Da sind zunächst die Stühle und Tische, die Schalen, Becher oder Krüge und überhaupt alles, was zu einem Interieur gehört. Dann sind da grau-düstere Landstriche, die sich, von Menschen gemieden, in die Unbestimmtheit eines Herbstabends verlieren. Schließlich die lastenden Wolkenbildungen über der Ostsee, in denen Meer und Himmel einander angleichen. Wenngleich diese Veränderungen der Bildinhalte auch mit der äußeren Biographie des Malers zusammenhängen (er bewohnt seit einiger Zeit ein Domizil an der Schlei), so vollzieht sich an ihnen doch mehr als nur ein Wechsel in den Vorlagen. Natürlich könnte man sich vor den Innenräumen an Corinth und vor den Landschaften an C. D. Friedrich, also an die Romantik erinnern. Doch hätte man den letzten, merkwürdigen Schritt auf diesem Wege nicht hinreichend bedacht, jene Spiegel also, die (wie zufällig) mitten in einem Garten, im Schnee zum Beispiel, stehen und den Maler in Lebensgröße wiedergeben. Auch sie, wie alle Gegenstände, je für sich, sind deutlich und eindeutig bestimmbar. Dennoch wird sich niemand vor solchen Arbeiten auf Realismus oder Neorealismus berufen; denn welcher Realist würde schon im Winter einen Spiegel ins Freie rücken, sich darin betrachten und das Bild im Spiegel zusammen mit dem Spiegel und der Landschaft auf die Leinwand malen? Doch die Wirklichkeit in der Kunst ist mehr als die Wirklichkeit. Sie ist zwar auch das Geahnte in der Gewißheit oder der Horizont, der die Nähe übersteigt; auf diesen Bildern aber ist es wie ein klirrender Hohn auf das, was wir Realität nennen, wenn der Maler mit gerötetem Gesicht und atmendem Munde an sich selber vorbeistarrt. Nicht eine romantische Verlorenheit im Winter, sondern der

Klaus Fußmann, »Astern«, 1982, Aquarell und Gouache auf Papier, 31,5×47,5 cm

Spiegel ist es; diese begrifflos-anschauliche Selbsterfahrung vor dem Spiegel, vor sich selbst und in und durch die Kunst. Denn weder eine empfindungsvolle Stimmung am Waldrand noch die Weite einer Landschaft, sondern diese Begegnung mit sich selbst, diese Selbsterfahrung oder (in der Philosophie) die Selbstdenkung machen das Romantische in originärer Bedeutung aus. Hier wird die Identifizierung mit den Mitteln der Malerei versucht.

Diese Ölbilder von 1979 und 1980, Selbstdarstellungen in der Dämmerung, im Regen oder Schnee lassen im Rückblick vermuten, daß auch auf früheren Arbeiten Fußmanns die Dinge als solche gar nicht gemeint werden. Einerseits entsprechen sie dem, der mit ihnen umgeht, antworten (wenn man so will) auf seine Fragen; andererseits sind sie Elemente der Kunst, außerhalb derer sie nichts, fast nichts sind.

Gemeinsam ist all diesen Arbeiten von der Strichelung der Zeichnungen bis hin zu den breiten Farbbahnen oder pastosen Profilierungen der Ölbilder ein künstlerischer Zug von spürbarer Passion. Auch hier könnte man und hat man im Hinblick auf die innere Unruhe der Motive und ihrer Darstellungsweise nach Entsprechungen gesucht, an van Gogh und auch an Francis Bacon gedacht; doch brächten solche, fast selbstverständlichen Hinweise für die Besonderheit Fußmanns wenig ein.

Im expressiven Zugriff dieses Malers entsteht eine Kunst, die, frei von Spekulationen oder außerkünstlerischen Doktrinen, das erfaßt, was ihm im Blick steht. Sie wird aus einer selbstbewußten Vorstellungskraft gesteuert, in einem freien, fast unbekümmerten oder auch souveränen Umgang mit den Objekten. Doch trotz dieser Freizügigkeit ist selbst in scheinbar flüchtigen Gestaltungsspuren, bis hin zu exzentrischen Kompositionen immer eine Ordnung am Werke, die das innere und äußere Gleichgewicht der Bilder ausmacht. Sie ist zwar nicht die statische oder statuarische Proportionierung der Klassik aller Zeiten, wohl aber jene rhythmisch-harmonische Ausgewogenheit, die ein gelungenes Werk von solcher Grundfassung charakterisiert.

Zur Ausstellung von etwa 100 Arbeiten des Künstlers in der Galerie Baukunst, Köln, 1980,
in: das kunstwerk, 1980

II

Die ausgestellten Ölbilder, Aquarelle und Graphiken vermitteln einen Überblick über Fußmanns Malerei der jüngsten Zeit. Nach wie vor beschäftigt sich der Maler vor allem mit Landschaften, Stilleben und Blumenmotiven. Was die Stilleben betrifft, so veranschaulichen sie neben der griffigen Körperlichkeit der Gefäße, ihrer rustikalen Bestimmtheit und dinglichen Eindeutigkeit, ohne artifizielles Arrangement präsentiert, die Vielfalt von Licht und Schatten und einen verhaltenen Wechsel der Farben auf sprödem Untergrund. Sie gehören zwar zu den relativ konstanten Sujets seines Arbeitsbereichs; doch sind neuerdings rabiate Darstellungsexperimente am Werk, die überraschen. Denn in Düsseldorf gibt es eine Tafel, auf der (wie immer) vor neutralem Hintergrund die Eigenständigkeit der Gefäße von heftigen Pinselschlägen bis zur Unkenntlichkeit überrumpelt und mißhandelt wird, andeutend, wie die Darstellungsmöglichkeiten dieses Jahrhunderts in freier Weise verfügbar sind. Man wird die Entwicklung dieses Ausbruchs, vielleicht mehr als »Gestik«, verfolgen.
Anders steht es um die Blumenbilder. Vielleicht bringen es bereits die Blüten des Fingerhuts, der Zinnien oder Veilchen und bringt es vor allem das beseligte und beseligende Dasein des roten Mohns mit sich, daß niemand und schon gar nicht Klaus Fußmann mit ihm so umzugehen wagte wie mit den tönernen Krügen oder Schalen auf einem bäuerlichen Tisch. Natürlich haben es schöne Blumen nicht erst seit den Stürmern und Drängern der Goethezeit, von unseren Expressionisten und Wilden ganz zu schweigen, hierzulande schwer, schlicht und einfach da zu sein und vollends so zu sein, wie sie nun einmal sind. Aber ein Maler wie Fußmann malt nicht, wie es üblich und deswegen opportun ist; manchmal orientiert er sich, natürlich in freier Handhabung seines Metiers, auch an den schlichten unprätentiösen Gegebenheiten, zum Beispiel an einer Feldblume, selbst auf die Gefahr hin,

daß sie schön ist. Unabhängig von Vorlieben und Abneigungen, von Doktrinen oder Merkversen gilt dann für ihn wie für den Betrachter das alte »interesselose Wohlgefallen« des Kunstfreundes.

Zur Ausstellung in der Galerie Ludorff, Düsseldorf, 1989
in: Weltkunst, 1989

Gérard Garouste

Man würde Dringliches vermissen, wäre bei einer modernen Ausstellung nicht von der Postmoderne die Rede. Die Rede war von ihr, als in der Düsseldorfer Kunsthalle eine Ausstellung des französischen Malers Gérard Garouste eröffnet wurde. Als man ihn fragte, welchem Stil, welcher Richtung oder Gruppe er sich zurechne, nahm er nicht einmal das Prinzip der Prinzipienlosigkeit für sich in Anspruch. Er versicherte schlicht, er sei, wer oder was er sei. Dem entspricht wohl die Feststellung, daß ein erheblicher Teil seiner Bilder den Titel »sans titre« im Schilde führt. Nicht, als fiele nicht einmal ihm etwas zu seinen Arbeiten ein; umgekehrt nährte mancher Besucher den Verdacht, daß hier eine spekulative Vernunft zu den integrierenden Antrieben dieser Kunst gehöre. Doch muß überhaupt jedes Kind, muß jedes Bild einen Namen haben? Diese Frage erwies sich dann als belangvoll für diese Ausstellung.
Gérard Garouste ist 1946 in Paris geboren; er lebt und arbeitet in der französischen Provinz. Seine Malerei findet in Frankreich – wie überhaupt im westlichen Europa – lebhaftes Interesse; das Centre Pompidou und das Stedelijk Museum in Amsterdam haben ihn kürzlich ausgestellt. Wer sich darüber wundert, daß er erst jetzt in der Bundesrepublik gezeigt wird, unterschätzt die Kulturgrenzen zwischen hüben und drüben.
Die zumeist großformatigen Tafeln, die spürbar auf Distanz reagieren, werden durch die hohen, hellen und geräumigen Räume der Kunsthalle begünstigt. Figurative Motive in freier, oft düsterer Natur, Wolken, Baumgruppen oder Gewässer sind in lebhafter, manchmal stürmischer Bewegung. Doch nicht, als wären sie Hinweise auf eine bedrohliche Zeit; denn nichts erinnert da an Psychologie oder Zeitanalyse. Gesichtlose Gestalten auf der Romantiker-Grenze zwischen Natur und Menschenwelt machen sich an unbestimmten Gegenständen zu schaffen; einige lagern da wie Besiegte oder Ermattete, eine Frau signalisiert am Ufer des Eumöes das Land des Glücks; ein Kaiser in der Nachbarschaft zu einem Gehenkten überläßt sich der Meditation, und Manto, die Seherin, reißt beschwörend die Arme hoch wie in der klassischen Finsternis auf den Pharsalischen Feldern; schlanke, oft überschlanke Schatten ziehen vorüber, gehetzt unter nordischen Himmeln oder schaukelnd in einem schmalen Boot, wie es ehedem

die körperlosen Seelen der Unterwelt benutzten. Dies Pandämonium von unwirklicher Wirklichkeit hat mit der Realität so viel zu tun wie Tagesspuren mit Nachtträumen, mit Visionen oder Szenen auf einer Shakespeare-Bühne.

In der Tat hat sich Gérard Garouste als Autor, Regisseur, als Darsteller und Ausstatter auf eigener Bühne betätigt, und er widerspricht dem nicht, daß seine Malerei einer Inszenierung gleiche. Diese Feststellung muß man vielleicht sogar als eine Grunderfahrung des Künstlers verstehen; denn die Nivellierung der Kategorien und die Relativierung der Epochen in der Vergegenwärtigung des Vergangenen oder der Verfremdung des Aktuellen beherrschen fast thematisch diese Bilder. Sie sind anspruchsvoller als die heutige Allerweltsneigung zum »Mythologisieren«, die schon die alten Griechen erfunden und ironisiert haben.

Antiklassische Entgrenzungen ohne Schock und Sensation bestimmen auch den freizügen Umgang mit Farbe und Bildaufbau. Kurz: Intelligenz, ausgewogene Sinnlichkeit und kommunikativer Respekt wahren die humanen und künstlerischen Grundordnungen. So bleiben die Strukturen und alten Kompositionselemente wirksam. Der bewährte Kontrapost im Dastehen und Schreiten des »Klassikers« (wie Garouste eine seiner Figuren nennt) und das alte Dreieck als Bezugsschema für Person und Ding bringen Halt und Verläßlichkeit ins Bild, und Realitätsrelikte weisen sogar perspektivisch den Weg in die Bildtiefe. Sie werden ergänzt durch geometrische Zeichen, die sich (wenngleich verschlüsselt) auf die kosmischen Markierungen der Sternbilder berufen und auf einer Reihe kleinformatiger Ölbilder erörtert werden.

Vergleichbares gilt für die Farben. Sie tradieren im Grunde sogar den seriösen Ton der Venezianer, die gedämpfte Braun-Stimmung eines Rembrandt-Interieurs, aber auch das pathetische Posieren in Szenen à la Delacroix.

Frei von der Beliebigkeit der Unbefangenen, die das Bewährte ablehnen, weil sie es nicht kennen, verfügt Garouste über die alten Inhalte und vor allem über eine kritische Rationalität und damit über die Distanz zu dem, was im Kulturellen noch gilt.

Was also tut er, um Scherz und Schock, um Manier, Artistik und eine problematische Wertschätzung des Dekorativen zu moderieren? Als er 1983 den Auftrag übernahm, die »Heilige Theresa von Avila« zu malen, notierte er in einem Selbstkommentar, der im Katalog abgedruckt und hier gekürzt wiedergegeben wird: »Ich habe versucht, alle falschen Stilmittel zu vermeiden, um jene Malerei zu erreichen, die ich oft als ›ursprünglich‹ bezeichnet habe. Dieser Heiligen gegenüber übernehme ich die Rolle des Spiegels. Ich tue so, als würde ich mich hinter einer Ordnung verstecken, und diese Ordnung ist so komplex, daß ich es nicht vorhabe, sie hier zu analysieren. Ich überlasse Ihnen die Freude, sie zu erahnen.«

Ist der Titel nicht nur ein Stempel oder eine Nummer, sondern das verkürzte, ausdrückliche Signal für das, was auf der Leinwand gilt, so wird es Gérard Garouste auf die Dauer nicht den Betrachtern seiner Bilder überlassen, was er letztlich oder »ursprünglich« meint. Nicht die liberale Einladung zur Selbstbedienung und nicht einmal die substantielle Höflichkeit des Intellektuellen werden es rechtfertigen, sich hinter dem Komplexen zu verstecken. Was ist (zum Beispiel) das Heilige in der Heiligen Theresa? Was also das Ursprüngliche, das der Maler selbst in die Diskussion einbezieht? Oder sollte Garouste nicht mehr malen und nur noch Schach spielen wie Duchamp, auf den er sich manchmal beruft? Es wäre bedauerlich. Denn Gérard Garouste ist Maler und wohl mehr als nur Maler. So wird er sich der Fragwürdigkeit im Metier des Malers stellen. Oder behält Jean-François Lyotard recht, der meint, es seien »Anspielungen auf ein Denkbares zu erfinden, das nicht dargestellt werden kann«?

In: Frankfurter Allgemeine Zeitung, 1989

Rupprecht Geiger

Auch die Ungegenständlichkeit des Malers Rupprecht Geiger ist zu einem Tummelfeld der Begriffsdichtung gemacht oder zu kosmischen Spekulationen dieses Zeitalters in Beziehung gebracht worden. Doch das eine wie das andere hat die Hinsicht auf die Bilder selbst nicht ernsthaft gefördert. Dient aber die Kunst weniger der Auslegung als die Auslegung der Kunst, so wird man feststellen, daß es für Geiger nach wie vor um Farbe als Farbe und im besonderen um Rot und dessen Nuancen geht. In gespritztem Acryl wie im modulierenden Pinselauftrag der Gouachen werden homogene Farbflächen aufsteigend oder fallend von innen heraus bewegt. Sollen verwandte Farbnuancen gegeneinander ausgespielt werden, so wird die Fläche in Kreisen, Ovalen oder Quadraten, neuerdings auch in Rechtecken geordnet. Solch scheinbar nur beiläufige Varianten bedeuten für die Strenge dieser Malerei und ihre kompromißlose Konzentration auf das Elementare schon viel.
So wird weniger in den Wasserfarben als in Acryl zwar eine bemerkenswerte Leuchtkraft, ja eine fast penetrante Aggression der roten Farbe provoziert; doch beweisen die Ausnahmen, daß Geiger sein Thema auch in grau-weißen oder blau-grauen Kompositionen abhandelt und daß sie die Waage zum vorherrschenden Rot halten können. Da wird auf matt schimmerndem Untergrund ein ovales oder kreisrundes Zentrum wie von atmosphärischen Nebeln verdunkelt und zugleich durch hellere Horizonte ringsherum intensiviert. Eine vereinzelte, monumental geschichtete Tafel verweist auf Mark Rothko; sie macht zugleich deutlich, wie weit Geiger darüber hinaus trotz seiner

Modulationen und Vermischungen konsequent auf visuelle Klarheit und Deutlichkeit, um nicht zu sagen, auf das Rationale im Irrational-Anschaulichen bedacht ist. Wenn der Amerikaner die Übergänge zwischen den Farben fast stimmungsvoll versöhnt, verschärft Geiger sie bis zu einer kristallinischen Härte. Wie auch immer man zu solchen Versuchen steht, sie sind seit Kandinsky in der Bildauffassung dieses Jahrhunderts angelegt.

Zur Ausstellung in der Galerie »oben«, Hagen, 1981,
in: Frankfurter Allgemeine Zeitung, 1981

Werner Gilles

Die Bilder von Werner Gilles waren nie aktuell, geschweige denn sensationell. Sie sind allerdings auch nicht vergessen worden. Der Vielgereiste verbrachte in seinen letzten Lebensjahren den Winter in München und die Sommermonate in Sant' Angelo auf Ischia. Da saß er an den Abenden vor seinem kleinen Hotel mit dem Blick auf das Meer und den Felsen im Hafen, den er oft gemalt hat.
Man fördert das Verständnis dieses Malers kaum, wenn man auf die tradierten Elemente, auf expressionistische Reminiszenzen zunächst, dann auf kubistische Verschachtelungen, auf die leichten, fast gehauchten Interieurs in der Art von Matisse oder Dufy und schließlich auf die klassische Konturierung von Männerakten hinweist. Sie alle erinnern gewiß an Kunstpraktiken der zwanziger Jahre, wobei die schattenlosen Umrisse der Fischer wohl eher den antiken Vasenfiguren verwandt sind.
Der Weg über die Stilgeschichte bliebe schon deswegen im Vorbereich, weil Werner Gilles, der 1891 in Rheydt geboren wurde und 1961 in Essen starb, nach zwei kurzen Studienaufenthalten am »Bauhaus« weniger dem Lernbaren als seiner Lebensmelodie vertraute. Das ist keine schönende Floskel; denn diese Malerei ist veranschaulichte Musik, und dies nicht wegen der Violine oder der Hirtenflöte auf späteren Bildern, sondern wegen der melodiösen, schwingenden Parabel, die bald der Kielbogen eines Fischerbootes, bald der Sichelmond, bald der Rand einer Opferschale, der dunkle Flügel eines Totenengels oder das duldsame Oval einer Lebensmaske ist, die der Fremde einem Verstorbenen abnimmt. Das ist auch kein Symbolismus (denn Gilles hat nie in Systemen gemalt); es ist beobachtete Wirklichkeit. Doch wie anders würde die »große Realität, die sich nicht den Augen offenbart«, sichtbar werden, wenn nicht in den Zeichen, die dem Wirklichen gemeinsam sind? Mit Recht hat Carl Linfert die Felseneingänge zur Unterwelt, die minoischen Irrgärten, die terrestrische Schlange und Orpheus und Ödipus als Hinweise auf griechische Mythen erörtert. Doch heute, wo alle Welt mythologisiert, wäre eine sol-

che Annäherung an diese Malerei von Grund auf verfehlt; denn für Gilles war der Mythos kein literarisches Gebilde, kein Konzept, das mitzuteilen und zu malen wäre. Mythisch waren für ihn vielleicht die zögernde Vertrautheit mit der untragischen Natur wie die erfahrbare Einheit von Welt und Leben, die selbst noch in der gelassenen Schönheit einer tätigen Geste anwesend ist. Nichts von Tiefsinn oder romantischer Entrückung, nichts davon in einer Mondnacht über dem Felsen von Sant' Angelo.

Zur Ausstellung in der Galerie Vömel, Düsseldorf, 1987,
in: Frankfurter Allgemeine Zeitung, 1987

Raimund Girke

Wenn sich Girke nicht an der Außenwelt orientiert, die Wirklichkeit nicht spiegelt oder verdoppelt, sondern ungegenständlich oder abstrakt verfährt; wenn also die Rechtfertigung seiner Kunst nicht außerhalb, nicht im Realen, liegt; wenn Girke also kein Realist ist, wo wäre dann der Maßstab zu suchen und zu finden, der es dem Künstler erlaubt, für seine subjektiven Gestaltungen ein übersubjektives Interesse in Anspruch zu nehmen?
Das ist der Punkt, auf den Gottfried Boehm in einem Katalogtext eingeht. Mit Recht weist er auf die tachistischen Anfänge Girkes und ihre Problematik hin. Wie auch immer es um solche Fleckenbilder bestellt ist, ihre atmosphärische Leichtigkeit, ihre durchlichtete Entwirklichung der Farbmaterie gehören zu den besonderen Reizen dieser Ausstellung. Über das Factum brutum, über die geistlose Selbstsicherheit des Nur-Tatsächlichen und über seinen Kult hinaus, an dem wir in unseren Breiten ja keinen Mangel leiden, sollte ihnen, wenn auch nur in den Künsten, hier und jetzt ein wenig mehr Dasein und Wirkung eingeräumt werden. Die Neorealismen, ob popistisch, neoexpressiv oder in Fotodirektheit, können die überzeitliche Bedeutung reiner Malerei im Sinne Girkes gar nicht berühren, geschweige denn in Frage stellen.
Aber selbst das Informel muß nicht nur »gestisch« oder, wie Boehm sagt, subjektiv sein. Wenn er im »gestischen Bilde« eine Steuerung der Hand und durch sie eine Steuerung aus der Mitte des Künstlers sieht und darin den Grund für eine unteilbare Einheit aus dem »Subjektiven und dem Gebauten« zugleich erkennt, so ist diese vorgegebene Einheit zwar ein großartiger Gedanke, aber er kann die »affektiven Momente«, wie Boehm sie nennt, doch nicht aus ihrer individuellen, unverbindlichen Subjektivität lösen. Überzeugt denn ein Girke-Bild schon dadurch, daß es von der Gestimmtheit des Künstlers berichtet?

Was sieht man auf diesen Bildern? Es sind Farbbilder auf einer Graubasis. Sie werden nicht nur durch offene Spuren des Auftrags, nicht nur durch skandierende Farbrippen, wie man sie aus der Tradition der letzten Jahrhunderte kennt, sie werden durch vertikale, horizontale, durch schräge oder diagonale Farblineaturen bis hin zu dichten Wabenmustern geordnet. Das Leben dieser Bilder besteht in einem Spannungsverhältnis von Farbe und Form. In einer unbegrenzten Vielfalt werden sie moduliert. Keine Frage, daß sie dem Fluidum verfeinerter Erfahrungen im Umkreis des Impressionismus verwandt sind, wenngleich die Bauelemente der Fläche oft nur als ambivalente Malspuren, als rhythmische Differenzierung der Farbmasse bis hin zur verdeckten, aber doch klar gegliederten und gliedernden Strukturen aus der Farbe selbst gewonnen sind, wirken sie doch als lineare Elemente, an denen das freie Spiel der Farben seinen Halt findet.
Hier tritt nun das Eigentliche dieser Bilder in den Blick. Immanuel Kant sagt: »In der Malerei und Bildhauerkunst ... ist die Zeichnung das Wesentliche ... Die Farben gehören zum Reiz.« Nach Kant ist der Reiz das Beiläufige der Kunst. Durch die Zeichnung oder Form werden die Farben erhöht. Durch sie wird die »Lust zur Kultur«; denn die Form (oder Zeichnung) stimmt »den Geist zu Ideen«. »Idee« bedeutet hier nicht den unterhaltsamen Einfall; Idee ist für Kant jene Form, die eine Empfindung in der Aufnahme ordnet, übersichtlich und vor allem dauerhaft macht.
Es geht hier nicht um Kant. Anhand seines Textes geht es um das alte Verhältnis von Farbe und Linie, von Inhalt und Form. Für diese Feststellung suche ich nach der Begründung. Das eigenwertige System der Formen ist die Geometrie. Man kann sie als ein festes und doch biegsames Netz auffassen, das in gewisser Weise der wogenden Realität überlegen ist. In der Malerei bändigt sie die sinnlichen, fluktuierenden Farben. Diese Feststellung gilt vor einem uferlosen Seinshorizont. Er ist gleichsam zweischichtig. Ins Auge fällt sofort die Breite des Sinnenfälligen, also all dessen, was wir hören, sehen, fühlen oder schmecken. In der Malerei ist es das Feld der Farben. Der Maler versucht, diese überwältigenden Eindrücke zu stabilisieren und den flüchtigen Augenblick etwa eines farbigen Herbsttages festzuhalten. Solche Ergebnisse sieht man auf diesen Tafeln.
Gleichsam oberhalb der realen Welt, des realen Seins, das sich als solches an die Sinne wendet, gibt es die Welt der Ideen, der Formen oder Werte, die Welt des idealen Seins. Sie ist in jeder menschlichen Tätigkeit, also auch in der großen Kunst, am Werke. Sie festigt das Flüchtige, erhebt das Unverbindliche in die Dignität des Gültigen, macht das Subjektive objektiv, überführt das nur Persönliche in den Rang einer Erfahrung und ermöglicht so die gemeinsame Verständigung über die Kunst.

Eröffnungsrede zu einer Ausstellung im Museum »Quadrat«, Bottrop, 1986

Gisèle

Gisèle van Waterschoot van der Gracht wird von ihren Freunden kurz Gisèle genannt. Gisèle also ist in Den Haag geboren; sie verbrachte ihre frühen Jahre in den USA, studierte an der École des Beaux Arts in Paris, kehrte nach Holland zurück, lernte 1943 in Amsterdam Max Beckmann kennen, erfuhr von ihm Beratung und Zuspruch und lebt und arbeitet heute wie damals in mehreren Etagen ihres schmalen, hohen Hauses mit schönen Ausblicken auf ein stilles Viertel ihrer Stadt.

Da die Grenzen zwischen den europäischen Kulturen hinderlicher sind als die Zollschranken der Staaten, überrascht es nicht, daß Gisèle, in ihrem Lande und in den USA weithin bekannt, erst jetzt in der Bundesrepublik ihre Arbeiten ausstellt.

Die Ölbilder und Aquarelle verleugnen ihre Nähe zu Picasso nicht; denn auch das bestätigt den Rang einer professionellen Malerei in diesem Jahrhundert. Einige Betrachter vermuten in diesen Bildern sur-

Gisèle, »Weiße Trommel«, 1980, Öl auf Leinwand, 91,5×105,5 cm

realistische Andeutungen; doch Inhalt und Anlage dieser Malerei sind weit von den Doktrinen Bretons entfernt; sie sind weder geträumt noch in experimentierender oder schockierender Absicht aus Realitätsfragmenten kombiniert; denn diese Malerei sammelt, ordnet und tradiert visionäre Erfahrungen, die sich an handgreiflichen Funden manifestieren. Das Unwirkliche im Sinne Gisèles ist also nicht von subjektiver Beliebigkeit; es ist ein Zug des Wirklichen selbst, läßt sich an den pittoresken Objekten ablesen, die Gisèle im Atelier aufhebt, und es kehrt vergrößert und modifiziert auf der Leinwand als ein bizarres, verwittertes und in Abnutzung deformiertes Vorbild wieder. Es ist ein Kristall, ein abstruses, blasses Gebein oder die Wachstumsspur in einem Hölzchen.
Da sich diese Kunst an der Wirklichkeit orientiert und sich trotz gewisser Anspielungen auf vorgegebene Kunstpraktiken in einer unverwechselbaren Eigenständigkeit darstellt, wird der Betrachter der leidigen Versuchung enthoben, auch hier nach kategorialen Abhängigkeiten, nach Querverbindungen oder Routinen zu suchen.

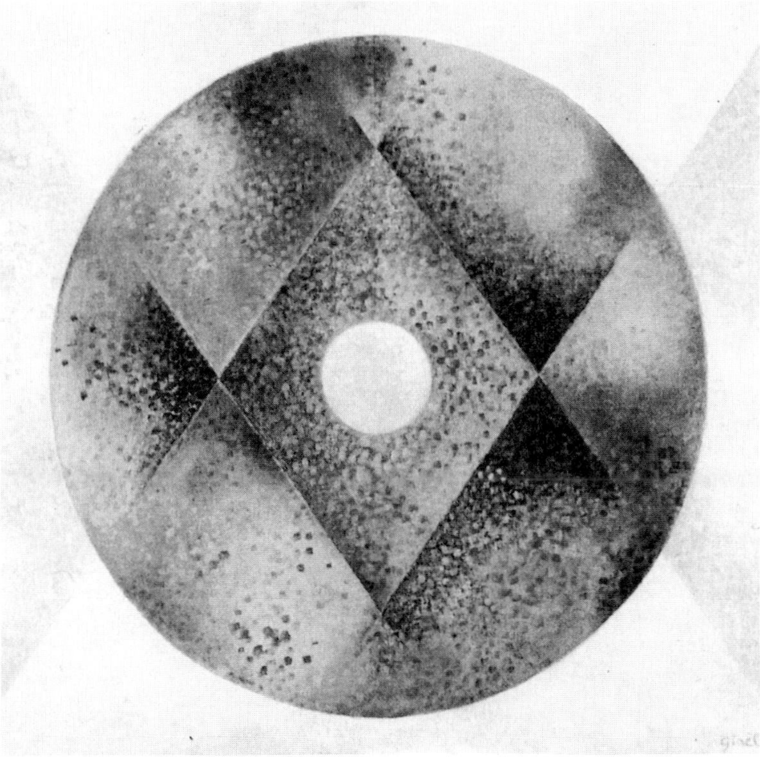

Gisèle, »Blaue Trommel«, 1980, Öl auf Leinwand, 91,5×105,5 cm

Auf einigen, vielleicht auf allen ausgestellten Bildern fällt der hohe Anteil des Linearen, des Geradlinigen oder Geometrischen auf. Doch wie das Groteske hier nichts mit gängigen Surrealismen, so hat die Geradlinigkeit nichts mit dem Schematismus einer Linealabstraktion zu tun; denn sie sind nicht entworfen, sondern geschaut. So ist die »Weiße Trommel«, ein Kreis auf hellblauen Mosaiken, in ein System aus Rechteck, Quadrat, aus Dreiecken und Parallelen einbezogen und vor einem antiken Säulenquerschnitt konzipiert. Das Bild ist also an einem Beispiel der klassischen Architektur ein Gefüge geometrischer Grundfiguren. Diesen spröden Meßeinheiten entsprechen die feinschichtigen, durchlichteten Blautöne, die, als wären sie auf die Leinwand gehaucht, eine Verselbständigung des Lichtes anzustreben scheinen. Solche Vorlieben leuchten ein, wenn man an die zwölf Jahre denkt, die Gisèle auf der ägäischen Insel Paros verbracht und wo sie unter dem mediterranen Licht und im Umgang mit klassischen Mustern ihre künstlerische Gesinnung gefestigt hat.
Doch der Sinn für das Lineare als für die Grundordnung der realen Welt äußert sich nicht nur in der kristallischen oder kubischen Darstellung organischer Gestalten; selbst das Profil eines Nasenrückens oder die Kreisform der Minerva-Augen wie auch das Spiel mit den Masken, mit ihren Überschneidungen und kunstvollen Kombinationen, sind zugleich Hinweise auf die geometrischen Konstanten des Daseins.
Was die Gestimmtheit dieser Bilder betrifft, so wird man das Befremdliche, Komische oder gar das Burleske, etwa in Gestalt und Gehabe eines »Tänzers« oder eines »Strandläufers«, nicht übersehen; aber eindringlicher als dies und anderes ist der leicht versetzte Blick der »Euterpe«, ist die rituelle Einstimmigkeit der Gruppe um einen »Blauen Esel« oder das artifizielle Pathos der »Gefiederten Frauen«. Sie sind und verhalten sich, wie wir nicht sind und uns nicht verhalten, faszinieren uns aber wie ein Fremd-Vertrautes und vielleicht wie ein Archaisches oder Mythisches. Da gibt es keine Symbole oder Allegorien oder »Bedeutungen« überhaupt. Es ist eine Weise von Dasein, die ihrer selbst als einer Gestalt des Wirklichen gewiß ist, eine naturhafte Unbefangenheit an den »Rändern der Zeit«, wie Gisèle sagt, eine Serenität, unberührt von Tiefsinn, Weltverlorenheit oder Schwermut im nordischen Sinne.
Ein Selbstbildnis aus jüngster Zeit, monumental nach klassischer Art, in sich versammelt, gelassen und schmucklos in der Darstellung, läßt sich wie ein Sinnbild lesen: Leben und Kunst sind Auftrag des Menschen; sie sind Gestaltung des Gestaltlosen, Festigung des Flüchtigen und Wille zum Sinn im Sinnfreien.

Zur Ausstellung in der Galerie Utermann, Dortmund, 1988,
in: Weltkunst, 1988

Hubertus Gojowczyk

Die Bücher haben es zwar dem Hubertus Gojowczyk angetan; doch was er ihnen antut, ist hanebüchen. Da hängen an den Wänden und liegen in den Vitrinen aufgespannte Einbände wie ausgeweidete Tierhäute. Ihr Innenleben, herausgerissen, gerollt, gewellt, ausgefranst, zerknittert, verwittert oder angesengt, duldet nun, gerahmt und registriert, still vor sich hin. Da gibt es geschliffene, zersägte oder durchbohrte Bände, Bücher wie Kuhfladen oder einen »Buchlaib« wie einen Schweizer Stuten. Da gibt es müde Scharteken, unter feinen Fäden wie von Spinnen gesponnen, aus der papierenen Tiefe eines voluminösen Folianten starrt ungeheuer das Auge der Unendlichkeit, aus dem Strafgesetzbuch blinzeln gleich zwei Augen des Gesetzes, ihre diabolische Ironie nicht verhehlend. Im gebundenen Bundesversorgungsgesetz stecken Messer und Gabel. Es lädt (wie sich versteht) zum Verspeisen ein, wie früher ein Lehrer gelegentlich von einem Schüler sagte: Nun hat er es endlich gefressen, das Buch. Ein Atlas an der Wand hat sich inzwischen zu einem Faltengebirge gekräuselt. Wie geduldig Papier ist, beweist nicht zuletzt der Wandel, den die Wochenendausgaben einer großen Zeitung mit der Zeit erfahren: Teils gehen sie, schön wie in einem Kastenbild gerahmt, ins ehrwürdige Braun alter, nicht ganz astreiner Hölzer über, teils vergilben sie wie das Laub im Herbst, während andere sich dem zertrampelten und ausgetrockneten Morast um eine Viehtränke anähneln. Lieder ohne Worte hat der Künstler regelrecht vernagelt, sozusagen »ver-ueckert« und ihre Schlußakkorde wie zu einem Nagelcluster geballt: Fermate. Drähtchen wie feine Härchen, in die schwarzen Köpfe der Viertelnoten gepikt, vibrieren, wenn man ans Kästchen klopft; denn dies Drahtliedchen ist für Zither gesetzt.
Hubertus Gojowczyk nimmt seine Wörter wortwörtlich, tut ihnen aber nichts an, woran sie nicht schon vorweg leiden. Manchmal kehrt er ihr Inneres nach außen und macht sichtbar, was gemeinhin nur zu hören oder zu denken ist. Es ist dann der schwarze Humor der Schwarzen Kunst, den er kunstvoll ins Bild rückt; man sieht, wie eng auf einem schmalen Zeitungsblatt politisches Pathos und unpolitische Wirklichkeit, wie Täuschung und Wahrheit, Sinn und Unsinn beieinanderwohnen. Weit voneinander enternt und doch miteinander verwandt sind wirr-zarte Gräser, zwischen Glaswänden und im Schuber lieferbar, reine Poesie, sowohl den Wiesenhalmen im Winde wie dem Rasenstück auf dem Dürerblatt verwandt.
Zwar möchte man wieder einmal das alte Schicksal der Büchlein beklagen, vor allem, wenn sie dem Hubertus Gojowczyk in die Hände fallen. Doch wo im Buche steht geschrieben, daß man Bücher nur lesen und nicht verwandeln darf? Geschrieben steht (wenngleich in dieser Ausstellung nur an versteckter Stelle): »Bildsam ändre der Mensch selbst die bestimmte Gestalt.« War Goethe vom Gestalten-

wandel der Pflanzen, so ist Hubertus Gojowczyk von der nachgiebigen Vielfalt des Papiers und der Bücher entzückt; unter seiner modelnden Hand bleibt kaum noch eine Spur ihrer alten Gestalt.

Zur Ausstellung in der Städtischen Galerie »Quadrat«, Bottrop, 1985, in: Frankfurter Allgemeine Zeitung, 1985

Friedrich Gräsel

Die Arbeiten dieser Retrospektive im reizvollen »Glaskasten«, dem Skulpturenmuseum der Stadt Marl, markieren Wegphasen eines Künstlers in dieser Zeit; das meint, sie erproben und demonstrieren auf originelle Weise an modernen Werkstoffen charakteristische Möglichkeiten einer künstlerischen Entwicklung der jüngsten Jahrzehnte. Friedrich Gräsel benutzt zunächst Gips oder Fayencesubstanz, dann vor allem Rohrkeramik, das Steinzeug also, das für Dränageröhren verwandt wird, und schließlich Schamotte aus der Gießerei. Insofern er sein Material nicht aus der Natur, sondern aus der Chemieproduktion nimmt, läßt sich eine erhellende Formel von Paul Klee variieren, daß diese Kunst nicht mehr parallel zur Natur, sondern parallel zur Welt des Artifiziellen verfährt. Das Verfahren selbst hält Fühlung zu den herrschenden Tendenzen der letzten 30 Jahre.
So hat auch Gräsel nach dem Kriege mit gegenständlichen Figurationen begonnen; sie orientieren sich teils an griechisch-mythologischen, teils an biblischen Themen, und bewegte und sogar verspielte Motive erinnern an die Porzellanmanufaktur des 18. Jahrhunderts. Ihr kommen natürlich die materialimmanenten Möglichkeiten der nachgiebigen Knetmasse sehr entgegen. Dicht an industriell vorgearbeiteten Produkten, spielt Gräsel mit dynamisch-verschlungenen Abflußrohren sogar auf die Metamorphose der Daphne und auf das unglückliche Geschick des Trojaners Laokoon an. Um so bemerkenswerter wird die fortschreitende Zurücknahme des Figurativen und mit ihr die Tendenz zur Einfachheit und Geradlinigkeit. Ihr entspricht das erprobte Industriematerial des Steinzeugs und seine zweckbestimmte Geometrie einer ungegenständlichen Strukturierung. In schier unerschöpflicher Vielfalt werden Hinweise auf Röhrensysteme, auf Hydranten, überhaupt auf Nutzungsgeräte unserer Zeit gleichsam unter der Hand neu kombiniert und in Gruppen verwandelt, die im schmalen Bereich zwischen Freiheit und Zweckmäßigkeit zu schweben oder zu flimmern scheinen. Es liegt auf der Hand, daß hier auch das Wählbare und Meßbare von Fabrikaten für die künstlerische Wirkung seine alte, klassische Rolle spielt, daß die Zahl (etwa in Dreiergruppen) anschaulich wird und sich wieder als das klassische Element der künstlerischen Balance, um nicht zu sagen, der klassischen Harmonie bestätigt. So setzt Friedrich Gräsel auf einem neuen,

Friedrich Gräsel, »Strömungsplastik«, 1975, Schamotte-Fertigteil-Montage, 60×51×51 cm

vielleicht höheren Niveau das alte Wechselspiel zwischen dem freien Spiel der Phantasie und den Stoffen und Präparaten einer zweckbezogenen Technik fort.
Das gilt für die plastische Gestaltung wie für die sinnlich-ästhetische Bearbeitung der Oberflächen. Auch sie hat sich, wie man in Marl ablesen kann, in mehreren Schritten vollzogen. Das volksreligiöse oder folkloristische rosa-graue Dekor früherer Gruppen verschwindet, und bereits die »Lakoon-Gruppe« begnügt sich mit den harten Reflexen der Salzglasur gebrannter Tonmassen; schwarze Pfeile, die manchmal auf Industrieröhren Strömungsrichtungen markieren, illusionieren eine künstlerische Dynamik; neuerdings kehren vor allem auf den Schamottekeramiken Zeichen des Natürlichen wieder; und im scheinbar nur Zweckmäßig-Nützlichen deutet sich wie auf archaischen Idolen Organisches und sogar Humanes an, manchmal in leicht ironisch-witzigen Nuancen. Diese auch im Format handlicheren Stücke sind mit geometrischen Mustern in Rostfarbe auf hellem Untergrund bemalt und gelegentlich auf Holzplatten montiert. Ihre humanisierenden Anspielungen verstehen sich vielleicht auch aus der Verwandtschaft all dessen, was von Menschen für Menschen zur praktischen Nutzung wie zur reinen Anschauung gemacht wird.

In: Frankfurter Allgemeine Zeitung, 1983

Thomas Grochowiak

Eine umfassende Ausstellung im Märkischen Museum der Stadt Witten, mehr als eine der gängigen Retrospektiven, erlaubt einen Überblick über die Lebensarbeit des Malers Thomas Grochowiak. Sie beginnt mit gegenständlichen Bildern, mit Themen der realen »Arbeitswelt« und Stilleben, die sich gelegentlich in den konstruktiven Realismus und sogar ins Surreale vorwagen. Sie sind perfekt in der Anlage, ausgewogen in meist trockenen Farben und immer noch einleuchtend in der desolaten Erinnerung an die Kriegs- und Nachkriegsjahre. Denn konstruktivistische Etüden, transparent ohne Tiefe und im Fluidum von metallischer Kälte, sind nur ein Intermezzo auf dem Wege zur Ungegenständlichkeit und einem verhaltenen Lyrischen Expressionismus.
Heute wird man im dichten Verband dieser fast 200 Ölbilder, Tuschen und Pastelle feststellen, daß die damals gängige Auslegung solcher Bilder als Psychogramme oder als »Aktionen« im Vorbereich des Verstehens hängenbleibt. An ihrer phantasievollen Freizügigkeit, an ihrer Distanz zum Gegenständlichen im Sinne der täglichen Erfahrungen lassen sie zwar keinen Zweifel; ohne Zweifel aber veranschaulichen sie eine innere Geschlossenheit, die um so höher zu bewerten ist, als sie an den Grenzen eines erlebten und vielleicht sogar program-

mierten Chaos gewonnen wird. Gelegentliche Rückblicke, etwa auf Picasso oder die Surrealisten, Hinblicke auf Baumeister, Nay oder Soulages erinnern an die lebendige Auseinandersetzung jener Jahre. Doch sind sie für Grochowiak nicht maßgeblich geworden; denn was ihn um 1960 auszeichnet, ist eine behutsam verfeinerte Vitalität, Verhaltenheit im Zugriff, Klarheit auch in der Vielfalt, Vereinfachung zum Typischen und selbst in wirbelnden Verdichtungen eine durchlichtete Transparenz. Das gipfelt in der »Hommage an Tiepolo«, einer mittelgroßen Tafel von lockerer Struktur und einer Farbkonsistenz, die wie von kristallinischen Splittern vibriert. Kein Wunder, daß Grochowiak gern musikkompositorische Anweisungen als Bildtitel benutzt. Zur Vielfalt der Strukturbefestigung gehören fundierende Horizontale, zarte Gitterformen als Halt und Durchlaß zugleich und gelegentlich, jedoch unübersehbar, jene schlanken, meistens fast isoliert schwebenden Figurationen, die in ihrer Anlage und Wirkung den Stielen spröder Feldpflanzen ähneln. Sie akzentuieren, gliedern oder begrenzen die Fläche, verzichten als alogische Zeichen einerseits darauf, Zubringerdienste für »gesellschaftliche« Bildinhalte jedweder Art zu leisten, und lassen in ihrer Sinnbildlichkeit andererseits den Leerlauf des »Gestischen« wie die Ratlosigkeit des Automatismus weit hinter sich.

Doch selbst die künstlerische Freiheit ist nicht ohne innere Ordnung und ist nicht austauschbar. Diese Einsicht bestätigt sich, was Thomas Grochowiak betrifft, vor einigen »Reminiszenzen« an China. Seine Annäherungen ans Skripturale des Fernen Ostens beunruhigen etwas, weil sie die Eigenständigkeit früherer, nur ähnlicher, expressiver Zeichnungen verunklären. Was drüben in größeren Zusammenhängen auf bestimmte Weise sinnvoll ist, das wird bei uns zur »Kalligraphie«. Wenn vollends nun die ehedem so gelassenen Horizontalen in einem tiefen Schwarz massiv, heftig und fast wild werden und Durchblicke versperren, dem Blau nur noch die Flucht ins Bläuliche und dem Rot ins Rötliche erlauben, so geht der ehedem lyrische in einen nun dramatischen Expressionismus über. Das Zügige dieser neuen Zeichen, in rohen Naturrahmen präsentiert, deutet eine überraschende Intensivierung im bewährten künstlerischen Temperament Grochowiaks an.

In: Frankfurter Allgemeine Zeitung, 1985

Dieter Haack

Dieter Haack zeigt eine strenge Auswahl neuer Arbeiten. Schon die ausgewogenen Hochformate von gleichen Maßen deuten das Konzept einer selbstgewissen, strengen Kunstvorstellung an. Gewiß überrascht es, in einer Zeit, in der allerorten die Neorealismen das Feld beherrschen, Arbeiten anzutreffen, die auf den ersten Blick wie Nachzügler des Konstruktivismus erscheinen; doch zeigt sich, daß hier Möglichkeiten erprobt werden, die auch über sich selbst hinaus noch fruchtbar werden könnten.
Hat Haack vor etwa 15 Jahren mit Kompositionen von heraldischer Strenge begonnen und seine geradlinig-geometrischen Formen mit einem flächigen Farbauftrag zusätzlich distanziert, so werden nun aufsteigende, schmale Bahnen zu den Rändern hin schräg gestellt, in leichter Zickzackführung gebrochen oder auch durch Überschneidungen untereinander in Beziehung gebracht. An die Stelle von Rechtecken oder Quadraten sind Rhomben oder schmale, lanzettförmige Gebilde getreten; und wenn sie schräg oder horizontal die Vertikalen durchdringen, gerät die ganze Komposition in eine innere Bewegung. Die kühle Leblosigkeit der Geometrie erweist sich als ein schwingendes System; und die ehemals fast plakathafte Flächigkeit gewinnt nun (auch durch perspektivische Andeutungen) an Tiefe und Räumlichkeit. Die ungegenständlichen Sujets scheinen in spielerisch-freie Bewegungen überzugehen.

Dieter Haack, »21. 1. 1979«, Öl auf Leinwand, 90×140 cm

Auch die Farben haben neue Nuancen gewonnen. Sie tendieren zwar immer noch zu einer Helle, die auf früheren Bildern manchmal die Vorstellung eines wolkenlosen Frühhimmels über dem Meere erzeugt; doch verdichtet sich nun das Grün und das Blau, und die Bilder wirken fast wie tropische Gräser in einem künstlich erleuchteten Aquarium.
Das Produktive dieser Kunst besteht darin, daß sie innere Bewegungen im scheinbar Bewegungslosen freisetzt. In ihrer Gegenstandslosigkeit können diese Bilder eine Bewegung nicht durch bewegte Gegenstände suggerieren. So wird sie nur durch Komposition und Farben selbst in Szene gesetzt. Diese Dynamisierung des Statischen bedingt wohl neue Möglichkeiten. Verfolgt man die dahinschwebenden Rhomben oder Lanzetten, so könnte man von gemalten Mobiles sprechen. Darüber hinaus ist es vielleicht mehr als ein verdeutlichendes Bild, wenn man von der Musik dieser Bilder spräche: Ihre Melodie ist das feine Sirren eines Gläserspiels.

Zur Ausstellung in der Galerie »Der Spiegel«, Köln, 1979,
in: Frankfurter Allgemeine Zeitung, 1979

Bernhard Heiliger

Diese Retrospektive zum 70. Geburtstag des Künstlers zeigt 60 plastische Arbeiten und in äußerer und innerer Parallele zu ihnen Zeichnungen, Graphiken und Collagen. Die Ausstellung umfaßt die Zeit von etwa 1950 bis 1985. Vielseitig, vielschichtig und wohl auch vieldeutig, provoziert sie geradezu die Frage nach ihrer künstlerischen Einheit. Christoph Brockhaus beschreibt im Katalog die Schwerpunkte und Übergänge dreier Werkphasen.
Darüber hinaus bleibt die Frage, wieweit sie Zeugnis eines homogenen Ansatzes und wieweit sie Spiegel eines Zeitstils sind. Daß auch Heiliger zwischen den archaisierenden Figuren Moores, den Hohlformen Arps und den abstrakt-fahrigen Spurenzeichen der Informellen nach einem eigenen Ausdruck sucht, ist verständlich. Doch hätte man in einer Retrospektive gern das eine oder andere (Heiliger war 1950 immerhin schon 35 Jahre alt) aus jener Zeit gesehen, als ihm, wie er sagt, ein Aufenthalt in Paris »gelang« und er sich bei Maillol und Despiau umtat, ein Gelingen übrigens, das nicht problemlos war, wie jeder weiß, der es erlebt und nicht nur davon gehört hat. Heiliger weist darauf hin, daß auch er unter jenen Jahren gelitten hat, er war allerdings kein Verfolgter. Um 1950 beteiligte er sich aber an einem Wettbewerb für ein Denkmal des unbekannten politischen Gefangenen und machte damit nach seinen Worten »ungeheuer Furore«; denn viele innerhalb und außerhalb der Bundesrepublik sträubten sich dagegen. Zwei Entwürfe veranschaulichen die etwas fade gewordene

Polarität zwischen inhaltlichen Anspielungen und dem damaligen Abstraktionsstil. Zu dieser Vorphase Heiligers gehört der von Anfang an sehr geschätzte »Kopf Karl Hofer«. Die harte, männlich entschlossene Passion im Ausdruck, der kritisch-klare Blick und der etwas irreguläre Aufbau im grob-düsteren Steinguß lassen keinen Zweifel, daß Bernhard Heiliger auch in Fortsetzung dieses Ansatzes seine künstlerische Zukunft gefunden hätte.

Nun fragt man sich in Doppelausstellungen, welche Rolle das eine vor dem anderen spiele. Was seine Objekte betrifft, so hat Heiliger nicht nur das damals Gängige in kleinen, großen und seit einigen Jahren in übergroßen Dimensionen und unterschiedlichen Materialien ausprobiert. Doch wenn ihr Wesenszug, nach dem eingangs gefragt wird, in einer Tendenz zur Leichtigkeit, zu informeller Offenheit und Auflokkerung des Materials bestünde, würde man den Zeichnungen deswegen den Vorrang einräumen, weil sie in ihrem fügsameren Material dem Stil einer nicht eben »expressiven«, wohl aber konzentrierten Sensibilität zwangloser nachgeben als Eisen, Holz oder Bronze. Wenn Heiliger anmerkt, daß er zeichnend atme (und gesetzt, solch innere, natürliche Freiheit entspräche dem natürlichen Duktus der zeichnenden Hand), so wäre das Graphische trotz seines leichteren Phänotyps gewichtiger als die Plastiken.

Da spielt auch Heiligers verhaltene Neigung zur Farbe ihre Rolle. Unter den Zeichnungen gibt es ein kleines Triptychon, zentral gehängt, aus Bleistift und rotem und blauem Kugelschreiber (1968), auf dem in lockeren Varianten und subtiler Ausführung fast alles beisammen ist, was in dieser Retrospektive wirksam wird. Da ist jenes Rechteck, das als Fläche wie eine farbige Standarte, als Raster sowohl grundierend wie transparent wirkt und das, schräg und auf schlankem Fuß in die Komposition gestellt, den Abschwung zu einem Flug in die Ferne illusioniert.

Die Collagen aus jüngster Zeit kann man als Synthese dieser Doppelausstellung verstehen: Es gibt das Rad, den Kreis und ihre Segmente, die Geraden und Kurven in Parallelen und einander überschneidend, die Roste und akzentuierenden Vernietungen, die schlanken »Fühler« natürlich und die andeutenden Farbtöne, mit Vorzug in Braun und Blau.

Zur Ausstellung im Lehmbruck-Museum, Duisburg, 1985,
in: Frankfurter Allgemeine Zeitung, 1985

Antonius Höckelmann

Der Bildhauer und Zeichner Antonius Höckelmann, 1937 in Westfalen geboren, lebt seit 1970 in Köln. Er arbeitet gegenständlich, aber nicht realistisch; denn seine Serien zu Nero und Ahasver, zu Judith und Holofernes zum Beispiel schildern nicht, wie es damals wirklich war, sondern wie es heute möglich ist, obwohl schon damals niemand genau wußte, was sich im Lager des Holofernes tatsächlich abgespielt und wie und warum die heroische Judith den Belagerer ihrer Stadt erschlagen hat. Allerdings erfährt man es auch nicht aus den Bildern Höckelmanns. Woher sollte er es auch wissen! Von Nero, dem letzten Sprößling des geschichtsträchtigen Juliergeschlechts, steht immerhin fest, daß er nie in Köln gewesen ist. Eben da aber hat ihn Höckelmann hinter dem Hauptbahnhof am Eigelstein beobachtet, ihn in Person natürlich nicht, wohl aber ihn als den Typ eines verfetteten Wüstlings, wie er sich damals in Rom und heute in Köln zu schaffen macht.
Anders als Nero ist Ahasver, der zur Rastlosigkeit Verdammte, von jeher eine Schattengestalt gewesen. Seinem Kumpanen, dem Kaiser, wächst wie einem Rocker ein roter Hahnenkamm aus dem Schädel, während ihm, dem ortlosen Gesellen, der Wind das schüttere Haar zerzaust. Ihnen entspricht (nach Höckelmann) im heutigen Köln das Milieu, die Umwelt, die Gemeinschaft oder Gesellschaft. Als die Römer die Kolonie Köln gründeten, gab es den Hauptbahnhof noch nicht. Hätte es ihn und die Mietshäuser schon gegeben, so würden sie beim Stand der Verhältnisse ebenso schräg und leck vor sich hin dümpeln wie heute auf den Blättern Höckelmanns.
Obwohl sich der Zeichner ausdrücklich auf jene vergangenen Vorgänge beruft, ist er kein Illustrator. Er erzählt keine Märchen, weder Geschichte noch Geschichten und macht keine Späße. Er hat Ernsthafteres im Sinn. Zwar sind Kölner keine Römer und umgekehrt. Aber sie sind keineswegs so einmalig und unvergleichlich, wie selbst Verfallszeiten nicht zeitenspezifisch sind. Ob Nero oder Judith, ob Mord oder Totschlag, im Grunde gedeihen sie aus ein und demselben Verhängnis, meint wohl Antonius Höckelmann. Das »Menschliche« ist der Nährboden des Menschen. Doch das Neronische ist nicht unbesehen das Menschliche. Immerhin verzichtet der Künstler darauf, mit seinen Überlegungen oder Spiegelungen handfest zu moralisieren. Auch hebt seine Vergegenwärtigung des Vergangenen (entgegen seinen Interpreten) nicht deswegen die Grundkategorien von Raum und Zeit auf, weil er seine unräumlichen Vorstellungen von Räumen und Zeiten kombiniert oder verschachtelt.
Nimmt man Höckelmann beim Wort, so müßte man gegen ihn einwenden, daß er eine zu enge und einseitige Anthropologie vorträgt, daß weder ein dümmliches Schmarotzertum noch ein entsprechender Sex, nicht einmal am Eigelstein in Köln, so typisch und total sind, wie es Theorie, Praxis und Kunst manchmal nahelegen. Es wäre zu banal.

Doch Höckelmann ist Gestalter genug, um über seine Doktrinen hinaus zu fesseln. Da ist ein urtümliches Behagen im Kneten und Wringen am Werke. Die Fülle der Gesichte läßt sich kaum von den Bildrändern bändigen. Den monumentalen oder gar fundamentalen Ansprüchen entsprechen die Anlage der meist großformatigen Bilder, ihre drängenden Schichtungen und die breite, aber transparente Dichte der farbigen Wachskreiden. Der künstlerische Vortrag schwelgt in Kreisen, in Wirbeln, in Schnecken- und Schlangenfiguren. Hier gibt es keine Gerade.
Wollte man nach Stilverwandtschaften ausschauen, so könnte man vor den Grimassen und ihren schrillen Effekten an Ensor und vor den flatternden Rädern der Trabrenner an den Kult der Raserei denken, den die italienischen Futuristen zugleich mit ihrer Lebensphilosophie überflüssigerweise ins »Kunstgeschehen eingebracht« haben. Die vergessene Poesie des österreichischen Autors Hamerling aber, auf die sich Antonius Höckelmann so nachdrücklich beruft, bleibt hier im Interesse aller auf sich beruhen.
Allerdings gibt es da neben mehreren Skulpturen in bemaltem Styropor unter dem Titel »Traber« ein durchbrochenes Lindenholzrelief, farbig vor der offenen, weißen Wand montiert. Die schlanken Profile, von blockiger Massigkeit entlastet und sogar vom Anflug einer distanzierten Ironie begünstigt, legen nahe, welche künstlerische Möglichkeiten in dieser Manier enthalten sind. Sie werden deutlicher vor zwei großformatigen »Strandblumen«. Da verzichtet Höckelmann auf spekulative Historismen, orientiert sich nicht am Möglichen, sondern am Wirklichen, nicht an Legenden, sondern am Augenfälligen. So auf das Natürliche der Natur bedacht, macht er vor dem flammenden Gelb des Hintergrunds, im Grün der Blätter und im Rot der großen Blüte unter einem schmalen Streifen blauen Himmels das Sperrige, Widerstrebende einer spröden Daseinskraft spürbar.

Zur Ausstellung im Leopold-Hoesch-Museum, Düren, 1989,
in: Frankfurter Allgemeine Zeitung, 1989

Ferdinand Hodler

In fast 200 Porträtstudien hat Ferdinand Hodler die schöne und intelligente Valentine Godé-Darel dargestellt. Er hat sie, wie man damals so sagte, bis in den Tod geliebt. Von ihrem Tod, ihrem Sterben, berichten die Zeichnungen und Ölbilder. Jedes Blatt veranschaulicht einen Zustand dieses Vorgangs. Blatt um Blatt schildert, wie Valentine kurz nach der Geburt ihrer Tochter von Krebs befallen wird, wie sich ihre Gesichtszüge in Schmerz und Leid verhärten und schließlich im Tode erstarren.

Maler malen, und alle Menschen sterben; und von jeher haben Maler auch den Tod gemalt und ihn als das Erhabene oder das Schreckliche, als Ende des Lebens oder als Durchgang in ein anderes Leben gedeutet. Und wenn sie weniger auf das Sterben als auf den Sterbenden sahen, so haben sie sich meistens (wie Käthe Kollwitz vor dem Totenlager Barlachs) mit einer Skizze wie mit einem Erinnerungszeichen begnügt. Hodler aber war auf den Prozeß des Sterbens bedacht und hat ihn von innen heraus in allen Veränderungen beobachtet und gezeichnet. So ist es zu dieser merkwürdigen Bilderfolge gekommen.
Nun könnte man einwenden und hat auch schon damals eingewandt, daß die Hilflosigkeit eines Sterbenden kein Gegenstand der Beobachtung sei; und jede Hinwendung, die nicht auf selbstlose Hilfe bedacht ist, sei ein unreiner Mißbrauch des anderen. Das Sterben sei von solcher Art, daß es nicht einmal zum Anlaß der Kunst werden dürfe; und selbst wenn man ihr einräumt, daß sie allein unter allen menschlichen Betätigungen frei von subjektiven Spekulationen ist oder sein kann, so sollte dennoch das Sterben in seiner Einmaligkeit und Endgültigkeit von jedem, wie auch immer gearteten Zugriff ausgenommen sein. Rilke bekanntlich hat immer wieder daran erinnert, daß der Tod nicht nur das Ende des Lebens, sondern daß der eigene Tod das Eigentliche, im genauen Sinne die Eigentlichkeit unseres Lebens bedeutet. Sie aber wird durch andere auch dann noch gefährdet, wenn sich das Interesse durch wohlmeinende Absicht zu rechtfertigen versucht.
Wenn man das Ganze bedenkt, so könnte man es Hodler verübeln, daß er die letzten Wochen und Tage der geliebten Frau nicht nur aufgezeichnet, sondern sie auch zum Gegenstand von Ausstellungen und Diskussionen gemacht hat. In der Tat treten hier auf eine grundsätzliche Weise die Grenzen der Kunst in den Blick.
Daß es für Hodler nicht um Neugier oder gar um Sensationen ging, versteht sich von selbst. Sein verzweifeltes Bemühen um die Sterbende ist selbst noch in den künstlerischen Nuancen der Darstellung spürbar. Und auch diese Spannung zwischen der kühlen Sachlichkeit der Kunst und der persönlichen Ergriffenheit des Künstlers begründet vielleicht mit die beunruhigende Nachwirkung dieser Skizzen. Das eine durchdringt das andere in einem unendlichen Prozeß. Was jedoch hier für das Verhältnis von Kunst und Leben besonders aufschlußreich ist, das haben frühere Überlegungen zu diesem Zyklus wohl übersehen. Sie haben nicht berücksichtigt, daß Valentine, bevor sie sterbend in sich selbst versinkt, den Maler mit klarem Blick ansieht, ihn beim Zeichnen beobachtet und ihm offenbar zustimmt. Wann auch immer die Ölbilder ausgearbeitet worden sind; ob erst nach oder noch vor ihrem Tod, die Skizzen jedenfalls sind am Krankenlager und mit Zustimmung Valentines entstanden. Sie aber, die ursprünglichen Blätter dieser Geschichte, sind schon nicht mehr geeignet, nach Kunstart einer Frau zu schmeicheln; denn sie zeigen bereits das Sterben als die Wahrheit des Lebens.

Doch ihr Thema ist nicht nur der Tod der Valentine Godé-Darel; es ist im weiteren Sinne auch ein Stück des Malers selbst. Wenngleich das Biographische für ein gelungenes Werk fast nichts bedeutet, so müssen vor diesen Skizzen, die das Künstlerische zu übersteigen scheinen, doch auch die Erfahrungen Hodlers erwähnt werden. In einem eindrucksvollen Katalogaufsatz berichtet Jura Brüschweiler, wie der Maler schon früh seine Eltern und schließlich fünf Brüder und seine Schwester verloren hat. Sie sind an der Schwindsucht gestorben. Früh gestorben sind ihm auch ein Jugendfreund und die Mutter seines Sohnes Hector. So hat Hodler von jung auf mit Sterbenden gelebt; und so hat der nie Geschonte kurz vor seinem eigenen Tod noch die Kraft und vielleicht sogar das Recht zu dieser schonungslosen Darstellung gefunden. In seiner Unmittelbarkeit zum Leben ist ihm (anders als seinen Schweizer Zeitgenossen) keine Philosophie zu Hilfe gekommen. Es ist nicht die tragische Gelassenheit Kellers und schon gar nicht die empfindsame Schwermut Böcklins; es sind die dichten Erfahrungen eines Mannes, der sich noch diesseits von Weisheit und Lebensstimmung auf den schmerzvollen Grundbestand des Daseins eingelassen hat. So hat er nicht nur das Sterben der Valentine Godé-Darel als ihr eigenes, frühes Geschick, er hat es zugleich als seinen grundeigenen Lebensbestand dargestellt. Im Tod dieser Frau sieht er sich selbst. In ihrem Schmerz wird ihm das eigene Elend sichtbar. In diesem Sinne sind wohl auch die drei großen Selbstbildnisse zu verstehen, in denen der Maler dann die zunehmende Verdüsterung seiner Welthinsicht spiegelt.
Die Valentine-Skizzen sind keine Sinnbilder; sie sind weder symbolisch noch allegorisch gemeint; denn sie sind zunächst nichts als genaue Berichte oder Dokumente vom Leben und Sterben eines Menschen. Und dennoch spürt man, daß ihr Realismus mehr ist als wiedergegebene Wirklichkeit. Er übersteigt die Wirklichkeit aber nicht im Sinne einer gedanklichen Verallgemeinerung, wie man etwa sagt: Das ist oder so ist das Leben; denn Hodler lehrt und belehrt uns nicht. Diese Darstellungen, die jede Einzelheit ernst nehmen, bezeichnen nicht nur diese Frau und diesen Maler; jeder, der auf diese Blätter sieht, sieht mehr als sie: Er wird vom Grund her in die Vorgänge miteinbezogen. Der Betrachter, er, der zum Tode Bestimmte, sieht sich selbst. So wird das Subjektive des Erlebens über die Objektivität der Kunst hinaus in die Gemeinsamkeit des Menschengeschicks aufgenommen und in ihr gerechtfertigt.
Rein ist im heiteren Geist, was an uns selber geschieht.

Zur Ausstellung in der Villa Stuck, München, 1976,
in: Christ in der Gegenwart, 1976

Gerhard Hoehme

Gerhard Hoehme, seit 1960 Professor an der Düsseldorfer Kunstakademie, ist 1920 bei Dessau (in der DDR) geboren. 1951 siedelte er nach Düsseldorf über. 1952 kam er in Paris mit führenden Künstlern und Kunstkritikern zusammen und erfuhr bleibende Anregungen für seine Arbeit.

Bereits auf Skizzen zu Landschaftseindrücken aus den frühen fünfziger Jahren ist Hoehmes freizügige Geste ausgeprägter als ein Sachbericht über Beobachtungen. Nach Experimenten mit Bildformaten, mit den umgedrehten Farbpartikeln der »Borkenbilder« und nach der lettristischen Ausweitung von Sinngehalten sprengte schließlich seine schöpferische Energie auch die traditionelle Bildfläche. In den zarten, ausgreifenden Gebilden, die von nun an immer wiederkehren, wird man wohl nicht nur eine räumliche Verselbständigung der Linie, sondern auch einen Wesenszug des Malers sehen.

Auch Gerhard Hoehme geht bewußt von der nicht immer bewußten, nicht einmal immer erkannten, geschweige denn anerkannten Tatsache aus, daß die bildende Kunst zwar auf die vorgefundene Realität angewiesen ist und daß Stein, Holz, Leinwand, Papier und Farbe für sie eine handfeste Rolle spielen; doch weiß er, daß alles, was real ist, was man anfassen, unter Umständen kaufen und verkaufen kann, nicht die Kunst in der Kunst, sondern nur eine ihrer notwendigen, aber nicht hinreichenden Bedingungen ist; denn auch die bildende Kunst ereignet sich, wie die Kunst des Wortes oder der Töne, trotz ihrer Materialien »drinnen«.

Wenngleich »drinnen«, ist sie keine Sache der Anthropologie und schon gar nicht der Psychologie. Denn ihr Medium ist die anschauungsfähige Vorstellungskraft, die Phantasie. Zwar hat auch sie viel mit dem Seelischen, aber nicht mehr mit ihm zu tun als alles andere, was Menschen beschäftigt. Ohne diese Einsicht wird man vor den Arbeiten Hoehmes ratlos bleiben. Als Bildmaterial benutzt Hoehme seit etwa 20 Jahren jene Fäden, Schnüre oder Röhrchen, die für ihn selbst ebenso charakteristisch wie für den Betrachter problemreich oder gar problematisch geworden sind. Von ihnen im besonderen ist jetzt die Rede. Diese merkwürdigen Materialien haben auf vielfache Weise und im weitesten Sinne strukturelle Bedeutung für das Werk Hoehmes gewonnen. Manchmal sind sie sehr dicht gespannt, fast wie Gespinste, und den Schnittmustern verwandt, die Hoehme gelegentlich als Bildgrund benutzt; teils schweben sie in kaum merklicher Distanz zum Bildgrund, teils durchdringen sie ihn, verschwinden in ihm und kehren an anderer Stelle wieder, stille, ambivalente Bewegungen zwischen Innen- und Außenwelt. Einige streben auch aus den Bildern hinaus, geben dann (wie Weidenzweige) ihrer Schwerkraft nach und verlieren sich schließlich am Boden in verspielten Spiralen oder hören einfach auf, zu sein. Andere übersteigen den Bildrand und greifen ins

Weite, als wollten sie den Umraum umarmen oder ihn ins Bild aufnehmen; dann wirken sie fast wie ein imaginärer Rahmen, doch weniger die Tafel begrenzend als sie hegend und hütend oder ihren Wirkbereich ausmessend. Im ganzen könnte man sagen, daß sie die Zweidimensionalität der Malerei in die dritte Dimension, ins Räumliche also, überführen und daß sich auch Gerhard Hoehme, wie andere deutsche Maler der fünfziger Jahre, mit dem freien Spiel des Informel nicht mehr begnügt.

Dieser Schnüre-Raum ist offen und durchlässig. In seiner Andeutlichkeit vertraut er zwar auf die Phantasie des Betrachters, nötigt sie aber nicht. In ihrer reduzierten Materialität geben diese Gespinste bereits einem leichten Windhauch oder dem Vibrieren eines Schrittes auf den Dielen nach. Im Lichte werfen sie Schatten auf die Grundfläche, sie auf solche Weise (gleichsam aus sich selbst) im Wechsel der Vorgänge modifizierend.

Zu den Schnüren gehören auch Röhrchen. Diese oft sperrigen, schmalen, festen und doch durchlässigen Stäbchen deuten auf etwas Unsichtbares hin. Sie sind wie blinde Fühler, die sich an etwas anderes, an ein Fremdes, herantasten, als wollten sie es erkunden und sich seiner vergewissern. So bringt die Hinfälligkeit ihrer behutsamen, fast scheuen Bewegungen einen Zug von unbestimmter Schwermut ins Bild. Doch sie berichtet weder von müder Resignation des Denkens, noch von existentieller Ohnmacht, wohl aber von der Verhaltenheit eines verletzlichen Daseins. Diese Fühler bewegen sich in jenem unbestimmten Zwischenbereich, in dem sich der Bildstoff dem nur noch Gedachten oder Vorgestellten annähert. Dann oder da verlieren sie ihr natürliches Gewicht und vor allem ihre Bedeutung für ein tätiges Leben; Dinge aus Plastik oder Nylon, nützlich für dies oder das, gehen in die zweckfreie Eigenwelt der Kunst über. Ihre Verwertbarkeit verschwindet in der inneren Offenheit des Aleatorischen, jener Vieldeutigkeit der veranlaßten Zufälligkeit, die heute in allen Kunstsparten eine so bedeutende Rolle spielt.

Manchmal scheint auch eine feine Flüssigkeit durch die Röhrchen zu fließen und sich auf ihrem Wege in unterschiedlichen Farben zu stauen. Indem diese Farben in den Röhrchen den Farben auf der Grundfläche antworten, wird ihre künstlerische Bedeutung und Wirkung augenfällig. Sie sind meistens hell und durchlichtet, hellgelb, hellgrün oder auch hellrot; sie signalisieren aber nicht (im Sinne der Farbensymbolik) eine gefällige Heiterkeit, sondern scheinen auf dem Wege zur Unfarbe Weiß zu zerstrahlen (so könnte man sagen), vergleichbar den Schnüren und Fäden, die auf diesem Wege ihre vorgegebene Konsistenz einbüßen.

Wer sie dennoch nur oder vorwiegend in ihrer Materialität betrachtete, Schnüre also als Schnüre, Röhrchen als Röhrchen und Farbe als chemische Materie, wäre gehemmt, die künstlerische Wandlung nachzuvollziehen.

Nicht minder abwegig wäre es, in den Bildern Hoehmes Hinweise auf terrestrische oder kosmische Zustände oder Abläufe zu vermuten, sie also, wie es gelegentlich geschieht, ins Spekulative zu entrücken; denn was solche Bilder unter solchen Gesichtspunkten an meditativem Anspruch gewännen, verlören sie an Kunst, wie eben Kunst in ihrer Eigenständigkeit durch das Außerkünstlerische (wie und woher auch immer) nicht erhöht, sondern verunklärt wird.
Das gilt auch für die Kunst Hoehmes. Denn der Betrachter erfährt hier keine übergreifenden Hinweise aus dem Gegenstand, aus dem Strukturellen oder aus den Farben. Bildinstrumentarien erinnern in ihrer schwingenden Leichtigkeit und ihren hellen, durchlässigen Farben zwar zum Beispiel an atmosphärische Vorgänge, meinen sie aber nicht.
Hoehmes Bilder sind nicht nur unverwechselbar; sie haben einen Stil entwickelt, dessen Bestimmtheit und Sicherheit sich selbst noch in extremen Versuchen behauptet. Als anschauliche Zeugnisse einer Grundkraft sind sie auf unmittelbare Anschauung oder Sinnenfälligkeit angelegt und angewiesen. Sie sind also Sehbilder und entgegen einer wiederholten Auslegung keine Denkbilder; man sollte sie also sehen oder anschauen und nicht klügelnd befragen; gewiß könnte man versucht sein, den elastischen Fäden, wie spröden Ritzungen in einer Glaskugel, nachzutasten, dies aber nicht hin- oder gar zugreifend, sondern nur andeutend, wie die wortlosen Bewegungen eines Dirigenten das stumme Leben einer Partitur hörbar machen.
Nicht, als wäre diese sinnliche Kunstwelt ohne Reflexion. Diese sehr erfahrene und ihrer selbst gewisse Weltkunst wird letztlich sogar nur in einer intelligiblen Imagination, in der besinnlichen Sinnlichkeit des schöpferischen Bildes gegenwärtig und wirksam. Weit also von Doktrinen und Dogmen, von Postulaten oder Informationen entfernt, würden schon beiläufige Assoziationen, würde selbst die Behutsamkeit einer dichterischen Anspielung ihr Eigendasein beeinträchtigen. Und man versteht, warum der Versuch Hoehmes, seine bildnerischen Vorstellungen den Versen Paul Celans anzunähern, nicht nachvollziehbar ist.
So sind diese Bilder freie Hervorbringung einer künstlerischen Freiheit. Es gibt in oder vor ihnen auch keinen bestimmten Standpunkt. Sie reagieren schon auf das Licht, das vor allem auf den Bildgründen aus glänzendem Damast, wie ihn Hoehme seit einigen Jahren benutzt, schwingende Spiegelungen hinterläßt, und verändern sich mit der wechselnden Hinsicht des Betrachters. Die Wirklichkeit dieser Kunst ist nicht fixiert, weder in Motiven, noch im Gegenständlichen und schon gar nicht im Material, aus dem sie besteht. Sie verwirklicht sich erst und nur im schöpferischen Nachvollzug des Betrachters.
Aufschlußreich ist für Gerhard Hoehme (wie schon aus vergleichbaren Gründen für Kandinsky) der Versuch, zur Verständigung über Bilder neue Sprachmittel zu bilden. Auch das ist zwar, wie alles Belang-

volle, nicht von heute; es ist heute aber aktuell geworden. In seinem »Künstlerischen Manifest« spricht also Gerhard Hoehme von der »Relation« zwischen einem »Farbfeld« und dem »Bewußtsein« des Betrachters. Er spricht da vom Vektor, vom Tensor und Sensor. Die Wörter sind dem Latein, nicht alle dem klassischen Latein, entnommen; obwohl »Fremdwörter«, sollen sie nicht die »Bild-Assoziation« verwissenschaftlichen oder sie mystifizieren, sondern wohl Mißverständnisse eingrenzen, die mit deutschen Bezeichnungen ins Spiel kämen. Wenngleich Vektor und Tensor in die Mathematik gehören, sind sie hier aus dem lateinischen Ursprung her zu verstehen. Durch solche Wendungen werden Bilder zu Vektoren, zu Fahrzeugen (zu Schiffen etwa), die etwas anderes als nur sich selbst von irgendwoher nach irgendwohin befördern. Oder Bilder sind »Gleichungen«, die das eine dem anderen angleichen. Oder sie sind Tensoren, wenn Tensor ein Spannungserreger ist. Die Spannung der Bilder geht vom Sinnlich-Anschaulichen aus und erregt die Sinnlichkeit, den Sensus, eines Betrachters. In diesem Sinne ist das Bild ein Sensor; es »signalisiert«, gibt also Zeichen aus bildender Kraft, die ihm (wie einem lebendigen Organismus) innewohnen.
Auch Gerhard Hoehme ist also kein naiver Künstler, der nur »bildet«. Seine Versuche mit der Sprache sind nicht Selbstdeutungen oder Bilddeutungen; im komplexen, umfassenden Wirkungsbereich seiner Arbeiten spielt das bewußte Bewußtsein für die Bilder selbst eine integrierende Rolle. Es ist nicht mehr nur die Anschauung, es ist auch die Reflexion, der ständige Rückgriff des Betrachters auf sich selbst. So sind Fäden oder Röhrchen, wenngleich im Dinglichen wie in der Sprache dem Bezirk alltäglicher Verwendung entnommen, im Bilde keine Röhrchen oder Fäden, sondern Vektoren, die etwas anderes mit sich führen oder es transportieren, oder sie sind Tensoren, die eine Spannung zwischen zwei Polen freisetzen oder erzeugen; diese Spannungen erregen die Sensoren im Medium künstlerischer Sinnlichkeit. So sind Bildaufnahmen zwar »Beziehungen«, doch nicht Beziehungen im vagen Sinne gesellschaftlicher Fluktuationen, sondern »Relationen« in den künstlerischen Prozessen einer Sendung wie ihrer Vernehmung.

In: Weltkunst, 1986

Edgar Hofschen

I

Dieser Ausstellung liegt ein besonderes Konzept zu Grunde. Zwar geht es auch hier um Kunstwerke und im besonderen um Arbeiten eines bestimmten Künstlers; doch werden sie nicht um ihrer selbst willen gezeigt. Die Arbeiten von Edgar Hofschen, Ölbilder und Gouachen von unterschiedlicher Größe, hängen in unterschiedlichen Räumen vor unterschiedlichen Wänden und vor allem in unterschiedlicher Umgebung. Das ist beabsichtigt. Doch wenn eine Leinwand von Hofschen mit einer Venus von Cranach konfrontiert wird, so ist es am Platze, einem möglichen Mißverständnis zu begegnen: Nicht der Renaissancemeister, wohl aber der Betrachter wird herausgefordert. Dies Beispiel veranschaulicht zwar das Prinzip der ganzen Ausstellung, die ein Geschichtliches mit einem Gegenwärtig-Aktuellen anschaulich in Beziehung bringt; doch soll nicht schon wieder daran erinnert werden, daß das Vergangene dem Gegenwärtigen oder dieses jenem überlegen ist. Wie herrlich weit sie es damals oder wir es heute gebracht haben, solch müßige Denkspiele bleiben den spekulativen Müßiggängern aller Zeiten überlassen. Natürlich sind sie damals, etwa ein Lucas Cranach, anders als wir heute; doch müssen wir sie und uns kennen, um zu wissen, wie verschieden sie und wir sind. Wahrscheinlich ist aber die Absicht dieser Ausstellung unproblematischer. Bekanntlich werden Kunstwerke nach Sachgruppen oder, seitdem sie aus dem Zusammenhang ihrer sinnvollen Nutzung, etwa im Kultischen oder Repräsentativen, herausgefallen sind, mit Vorliebe am Faden ihrer Geschichte geordnet, etwa von Cranach und Dürer über Rubens und van Dyck weiter über Delacroix und Monet bis hin zu Braque und Picasso.

Das ist gut und schön, förderlich und unterhaltsam, ermüdet aber unter Umständen zu einer spannungslosen Routine und führt dann weniger zur Einsicht in das jeweils Wesentliche als zur Kenntnis oder Bestätigung des schon Gewußten. So wird Kunst zu einer Sache der Bildung, die man allerdings nicht hoch genug einschätzen kann, wenn die sogenannten Verhältnisse dazu nötigen, sie an Unbildung zu messen. Doch das Unverhoffte neben dem Erwarteten, ein Cranach neben einem Bilde von Hofschen, die Ungegenständlichkeit neben deutlich identifizierbaren Inhalten, eine antike Göttin neben einer modernen Struktur, das unterbricht nicht nur eine gängige Reihung, schockiert oder schockt nicht nur, wie man so sagt, und verwirrt die sogenannte Erwartungshaltung; es könnte über solche Reaktionen hinaus auch neue Einsichten ins Alte und scheinbar Gesicherte wie das Verständnis für vielleicht noch Unverstandenes bewirken. Wem es weniger um sich selber und seine Gewohnheiten als um die Kunst und deren Eigenwert geht, wird solchen Ausstellungen zustimmen und sie schätzen.

Edgar Hofschen, »Modifikation k6«, 1984, Öl auf Segeltuch, Ponal, Papier, 124×170 cm

Förderliche Kontrastierungen oder bewegende Herausforderungen sind also eine ihrer Absichten. Doch sie bewirkt nicht nur das Verständnis für Beziehungen, sondern vertieft auch die Hinsicht auf das je Einzelne.
Bereits das schöne Gemäuer der Kartäuserkapelle fordert für sich, so wie es ist, Respekt und Bewunderung, diese feste Fügung der Blöcke, diese selbstgewisse Sicherheit des Bewährten in den fundierenden Horizontalen und den gotischen Vertikalen, und nicht zuletzt ihre spröde, rostbraune oder olivgraue Patina reizt die Aufmerksamkeit, wenn sie als Hintergrund ungewohnter Bilder wirksam wird. Ihr Eigendasein wird gleichsam bedrängt und zur neuerlichen Selbstbehauptung veranlaßt; ihr Geäder scheint von innen heraus in Bewegung zu geraten, wenn Edgar Hofschen es mit seinen verhaltenen Leinwänden und ihren kräftigen und doch so ausgewogenen Strukturen zum Wechselspiel anregt. Doch nicht nur die harmonische Kraft der Mauern, auch das Fundamentale dieser Malerei wird augenfällig, das Ursprüngliche ihrer Anlage, das Gleichgewicht im Strukturellen und ihre trockene Farbigkeit, die mit effektvollen Anreizen nicht viel im Sinn hat. Im bedachten Widerspiel der Aussteller kommt die zweckbestimmte, mächtige Architektur der vielfältigen Einfachheit dieser Bilder entgegen. Vor den zwar gleichmäßigen, doch sehr unterschiedlichen Schichtungen des Gemäuers sieht man auch die Senkrechten auf den Hofschen-Bildern neu; leichte, angedeutete Segmente auf der Leinwand gewinnen an Spannung und Härte, wenn sie die Steinquadern zu sprengen scheinen. Anders und gewiß auch verwickelter verhalten sich die Bildtafeln untereinander, wenn sich zum Beispiel die kokette Venus des Lucas Cranach auf die fast graphisch schlanke Lineatur bei Hofschen einläßt. Und wie von Cranach suggeriert, glaubt man nun auch bei Hofschen feine und doch deutliche Andeutungen eines Aktes zu erkennen.
So werden über die Unterschiede in Zeit und Bestimmung hinaus im konfrontierenden Vergleich auch die Gemeinsamkeiten bewußt. Was auf Anhieb getrennt zu sein scheint, das Damals und das Heute, tritt dann zueinander in Fühlung. Dabei verschieben sich auch liebgewordene Hinsichten, und es erweist sich zum Beispiel das so sehr geschätzte Sozioschema, hier etwa nach feudaler, bürgerlicher oder irgendwie moderner Kunst, als ein vielleicht verstellender oder sogar als entstellender Vordergrund; denn die Wahrheit, wenn es für Cranach und Hofschen um sie geht, wohnt wohl, wie die Griechen sagten, in der Tiefe.
Das liegt in der Sache von Kunst selbst begründet. Zwar hörten wir früher aus einem lateinischen Paradigma die blasse Weisheit, daß sich die Zeiten und wir uns in ihnen ändern. Zumindest dieser Satz hatte bis vor kurzem unveränderlichen Bestand; und er meinte die Ordnung des Daseins, die Bedingungen seines Entstehens und Bestehens und auch das angemessene Begreifen solcher Grundbestände. Als das

Gemeinsame der Künste hat es, wofern überhaupt, die erhöhten Möglichkeiten, durch solche Konfrontationen augenfällig zu werden. Doch ist es nicht nur das Gemeinsame der Künste, der Architektur und ihrer Wände, der Malerei und ihrer Farben, es ist mehr noch die Seinsweise des Menschen, wofern sie sich als ein Gründendes auch in den Künsten ausspricht. Als Zeitlose in den Zeiten, in der Zeit Cranachs wie heute, spricht es aus, was wir nicht verstünden, wenn es nicht im Grunde das Gemeinsame wäre, also das, was uns heute mit den Malern von 1500 und den Baumeistern des hohen Mittelalters verbindet. Über die Divergenzen in Themen und Handwerk hinaus ist sie das Gemeinsame; sie ist die Kunstgesinnung, die nicht nur das Werk als ein einzelnes erhöht, sondern es über die Zeiten hinweg vor sich und den anderen bestätigt. Wenngleich es nicht in einer Formel aufgeht, so ist es doch das andauernde Bemühen, in zweckfreien Schöpfungen das Natürliche zu übersteigen und im Bilde das zugleich Vorbildliche darzustellen.
So ist das Konzept dieser Ausstellung nicht nur der lockere Einfall, durch scheinbar Inkommensurables den Betrachter zu verwirren, nicht nur die Gelegenheit, Mittelalter, Renaissance und Gegenwart gleichsam quer durch die Zeiten in Eines zu verschränken; es begünstigt auch die Möglichkeit, das Hintergründige im Vordergründigen, das Gemeinsame im Unterschiedlichen zu erfassen und zu verstehen.

Eröffnungsrede zur Ausstellung im Germanischen Museum, Nürnberg, 1983

II

Edgar Hofschens Malerei spielt sich ausschließlich in der Farbe ab. Wenngleich er und seine Interpreten die gezeigten Bilder von Landschaftsentsprechungen her sehen möchten, wird man diesen Anspruch doch nicht überschätzen; denn auch hier ist »Landschaft« (wie in der »Theater-« oder »Kulturlandschaft«) wohl nicht mehr als eine metaphorische Wendung. Das beweist nicht nur der Augenschein; das beweisen auch die Anmerkungen, mit denen Hofschen seine frühen Blätter (um 1972) erläutert. Danach geht es ihm um Studien zu Konvergenzen oder Divergenzen von Flächen und Farben. Es ist also keine Rede von irgendwelchen »Wirklichkeiten« der Natur oder gar der »Gesellschaft«, wohl aber von materialspezifischen Spannungen, die im Zusammenwirken von Leinwand und Farbschichtungen entstehen.
Diese Blätter stellen insofern besondere Anforderungen an den Betrachter, als sie darauf vertrauen, daß das Auge ohne gegenständliche Hilfen den überaus verhaltenen und doch so wirksamen Modifikationen der Farben folgt, die manchmal auf einem einzelnen Blatt, meistens aber von Tafel zu Tafel ein Grundthema variieren.

Aus Farbe oder Farben entstehen dann Ordnungsandeutungen (gerade, ovale oder kreisförmige Figuren) oder im Wechselspiel der Farbschwellungen ungewöhnliche und fast unerschöpfliche Variationen. Weit von einem impressionistischen Flimmern entfernt, sind es Bewegungen, die sich meistens im Wirkungsbereich bestimmter, dunkler Farben abspielen. Diese Reduktion hat mit Monochromie nichts zu tun. Zwar gibt es in der Ausstellung auch ein tiefschwarzes Rechteck; doch ist es nichts als das Thema für Veränderungen über vier weitere Blätter. Auf den jüngsten Arbeiten nach einem Studienaufenthalt in den USA werden Grundflächen mit wenigen, scheinbar willkürlichen Ritzungen akzentuiert. Ihre schöpferische Bedeutung für das Ganze des ausgestellten Werkes läßt sich noch nicht abschätzen.

Zur Ausstellung in Schloß Morsbroich, Leverkusen,
in: Frankfurter Allgemeine Zeitung, 1979

Johannes Itten

Johannes Itten, der 1888 im Berner Oberland geboren wurde, bei Adolf Hölzel in Stuttgart studierte, zunächst in Wien, dann für drei Jahre am »Bauhaus« in Weimar und seit 1926 in einem eigenen Institut in Berlin unterrichtete, war, als ihm 1934 die Berliner Schule geschlossen wurde, noch vier Jahre in Krefeld tätig, bevor er die Leitung der Textilfachschule in Zürich übernahm, wo er 1967 gestorben ist. Itten, der sich als gelernter Sekundarlehrer auch in der mathematischen Naturwissenschaft auskannte, galt und gilt zwar unter den »Ungegenständlichen« als der Systematiker, der in Orientierung an Goethe und Runge eine Farbentheorie und für seine Tätigkeit am »Bauhaus« eine Gestaltungs- und Formenlehre konzipierte; doch als Künstler und Philosoph geht er weit über seine Lehrsysteme hinaus. Das bestätigt schon der unmittelbare Augenschein. Die Farbigkeit der Hochformate, ihr strenger Rhythmus im Strukturellen und nicht zuletzt ihr bewegender Ausdruck wirken ohne reflektierende Vermittlung auf den Betrachter ein. Über Hölzel und über Passagen in kubistischer Manier hinaus erinnert diese Malerei auch an ihr großes Vorbild Cézanne. Es ist nicht nur dessen so fruchtbare Mahnung, im Gegenständlichen der realen Welt die formalen Grundordnungen im Auge zu behalten; vor allem der »Barmherzige Samariter« (1915) ist wohl durch eine frühe Greco-Studie Cézannes angeregt worden. Wie sich diese Kunst auch die Farbensymbolik Goethes zunutze macht, erfährt man an der lichten Strenge des »Bachsängers«, am bunten Vibrato des »Ländlichen Festes« und besonders vor den passionierten Erinnerungsbildern »Letzte Wache« und »Komposition in Blau« (1918).

Natürlich spielen in dieser Ausstellung auch die kunstphilosophischen Beziehungen zwischen Itten und dem Komponisten J. M. Hauer eine Rolle. Beide haben in bewußter Zusammenarbeit mit Hinblick auf Pythagoras eine hör- und sichtbare Entsprechung von Ton und Farbe angestrebt. Hauer hat einige Jahre vor Schönberg in seinen Kompositionen eine Ordnung der »absoluten Töne« versucht, die Itten mit praktischen Bildbeispielen veranschaulichte. So haben sich beide bewußt und programmatisch um eine Ordnung bemüht, in der sich das expressive Chaos ihrer Zeit wenigstens künstlerisch bändigen ließ. Das ist weder die »heile«, schon gar nicht die heillose, wohl aber eine geheilte Welt, die an praktischen Beispielen dargestellt wird. Dies Bemühen fußt weniger in Mathematik, wie es gelegentlich heißt, also nicht in einer Wissenschaft, sondern im Mathematischen als der Eigenschaft einer höheren, formalen Einheit des »Seins«. Da dies absolute Ideal mit den betont funktionalistisch-industriellen Stilisierungen des »Bauhauses« nicht korrespondierte, nahm Itten 1923 seinen Abschied. Der kalligraphische Brief an Gropius ist erhalten. In solchen Vorstellungen, die den Ansatz Cézannes universal ausbreiten, unterschied sich Itten auch von der schweifenden Anthroposophie eines Rudolf Steiner, auf den die Ausstellung hinweist.
Obwohl die »Ungegenständlichkeit« ihren beherrschenden Einfluß in den Nachkriegsjahren nicht behaupten konnte, ist von Itten, wie sich auch an den Ausstellungen ablesen läßt, heute mehr die Rede als zu seinen Lebzeiten. Das ist zu begrüßen; denn nur durch bewußte Objektivität, worauf er kompromißlos bestanden hat, lassen sich zum Frommen der Kunst begründbare Grenzen gegen die Beliebigkeiten dieser Zeit ziehen. Ihnen gegenüber ist die humane Klarheit der Itten-Bilder eine Wohltat.

Zur Ausstellung im Museum Folkwang, Essen, 1989,
in: Weltkunst, 1989

Klaus Jürgen-Fischer

Klaus Jürgen-Fischer zeigt (vorwiegend) Gemälde seit 1952. Seine Kunst verzichtet auf ein Engagement im engeren Sinne. Wenngleich alles andere eher als atheoretisch, ist ihre Theorie restlos ins Bild eingegangen und anschaulich geworden. Da sich diese Ausstellung als Retrospektive versteht, fragt man sich nach einem Grundzug des Bestandes.
Auf den ersten Blick überrascht die Vielzahl der Motive und Formate und vor allem ein tiefer Unterschied zwischen den Arbeiten der fünfziger und siebziger Jahre; wenngleich auch Jürgen-Fischer wie viele deutsche Maler der Nachkriegszeit informell begonnen hat, so zeigt sich doch bei näherem Hinsehen, wie schon in der fahrigen Gestik

von damals deutlich ein steuerndes Prinzip am Werke ist. Sein Ziel ist das behutsam ausgewogene, augenfällige Bild. Bereits hier ist das Resultat wichtiger als der Prozeß; das Werk, die »Kreation«, das Objektive ist belangvoller als das Werken, die »Kreativität« oder überhaupt das Subjektive. So wirkt selbst der damals so gefeierte »schründige« Reliefeffekt flächiger, verarbeiteter und unpastoser; er wird weniger durch Überhöhungen als durch geritzte Vertiefungen erzielt. Die Zweidimensionalität wird von Anfang an respektiert. So sind wohl in der Vielfalt des Informels auch seine Weiterentwicklungen schon vorgezeichnet.

Der zweite bestimmende Eindruck dieser Ausstellung ist die fast klassische Kühle der jüngsten Werkphase. Doch auch sie überrascht nur auf den ersten Blick. Die großformatigen Bilder im Hauptsaal des Museums distanzieren sich zwar fühlbar vom Betrachter; doch ihre Kühle und Distanz ist nicht leblos, ihre Strenge nicht starr, wie man umgekehrt das Expressive oder gar Exzessive nicht unbesehen mit Vitalität oder Bekennermut verwechselt.

Noch diesseits ihres künstlerischen Rangs bezeugen sie in ihrer behutsamen Zurücknahme auf die »reine« Kunst viel Entschlossenheit und Einsicht in die Verhältnisse von Kunst und Öffentlichkeit. In ihrer produktiven Auseinandersetzung mit Herkunft und Zukunft stehen sie vor einer bedeutenden Aufgabe. Die heraldische Festigkeit ihrer Komposition, ihre anschauliche Klarheit und Offenheit und nicht zuletzt ihre Neigung zum Kostbaren in Themen, Farben und Einfassungen verschließen sich von vornherein den Abenteuern eines Radikalismus.

Gerade die inneren und äußeren Rahmungen, auf die Jürgen-Fischer kompositionellen Wert legt, unterscheiden nicht nur die Tafeln gegen die Raumkunst; sie unterstreichen zugleich und nachdrücklich die Abgeschlossenheit und Eigenwertigkeit der Kunst gegen die Ansprüche des »Lebens«, der »Zeit« oder der »Gesellschaft«. Gemäß einer Maxime der klassischen Ästhetik, daß die Verwischung der Grundkategorien die Einsicht nicht vermehrt, sondern verunklärt, provoziert die lineare Strenge dieser Bilder und ihr Verzicht auf die Magie des Unbestimmten (in Zustimmung oder Widerspruch) eine geheime Sehnsucht unserer Zeit.

Zu Ausstellungen im Märkischen Museum, Witten, und in der Galerie Klang, Köln, 1977,
in: Frankfurter Allgemeine Zeitung, 1977

Ilja Kabakow, »Der Knabe«, 1965, Emailfarbe auf Holz, 160×120×12 cm

Ilja Kabakow

Der Künstler ist 1933 in der Ukraine geboren, hat in Leningrad studiert und lebt in Moskau. Seinen Themen und Gegenständen, seinen Techniken und Bildformaten von verwirrender Vielfalt ist in unverwechselbarer Weise eine Gesinnung, vielleicht sogar der Versuch einer Weltdeutung gemeinsam, die aus geheimen Energien den Betrachter so anrührt, als wollte oder könnte sie ihn für Augenblicke fast lähmen. Er spürt in Betrachtung der Blätter, Bilder und Objekte die widersprüchliche Macht des Unmächtigen, den sanften Druck der Gewaltlosigkeit oder den unmerklichen Sog, der manchmal von den Rändern ausgeht, die Lebensmitte anrührt und sie am Ende unterspült. So wird das Hinfällige, Abfällige, belanglos Zufällige mit leichter Hand in die Mitte der Betrachtung gerückt, Schnitzel und Fetzen,

von Kabakow eingefangen und an vielen Fäden quer durch den Raum aufgereiht, nötigen uns, während wir uns da umtun, zu einer gebückten Haltung.
»Wo ist Adamow?« fragt ein Suchzettel an der Wand; und uns geht, obwohl sie gar nicht gestellt ist, die Frage »Wo ist dein Bruder Abel?« durch den Sinn. Was sollen wir antworten? Wir wissen nicht, wo sich Adamow aufhält. »Wem gehört diese Fliege?« will Kabakow wissen, die, von ihm sorgfältig aufs Blatt gekritzelt, an den Rändern des Blattes langkrabbelt. Wohin, woher, warum? Sie selbst und der Künstler wissen es nicht, von uns ganz zu schweigen. Ist die Frage sinnlos, wo doch alle und alles irgend jemandem gehört oder zu gehören scheint? Oder das übergroße Gesicht eines Knaben, als wäre es in Lebkuchen gebacken, mit dem vergnüglich zitternden Lächeln der Unwissenden? Er, noch am Anfang des Lebens, am Rande gleichsam, was wird aus ihm werden, wenn er schon so anfängt, als wäre er ein Lebkuchen?
Vor allem bei schönem Wetter schweben die Menschen gern über der Stadt, wie man auf den Blättern sieht, oder über dem Wasser, wo sie nach Lachsen fischen. Die »Ehrgeizigen«, wie Kabakow sie nennt, fliegen am liebsten allein. Einige fliegen so weit weg, »daß sie überhaupt nicht mehr zu sehen sind«. Anna Prochowna Sobina fragte schon 1981 »Wem gehört dieses Bürstchen?« Obwohl es weithin sichtbar in Emailfarben auf Holz an der Wand hängt, ist diese Frage bis heute nicht beantwortet.
Überhaupt dieses Schweben über Städten und Meeren, diese offenen Fragen, diese fragende Offenheit! Und plötzlich: »Wo sind Sie?« fragt mich eine Frage an der Wand, auf die ich mich wohl allzu sorglos eingelassen habe. Nun treibe ich mit ihr an den Rändern dahin, im Vertrauen darauf, den Punkt im Satz unter die Füße zu bekommen. Fragen, gewiß in wohlwollender Meinung gestellt, Fragen von heiterer Unbefangenheit, wie es scheint, sie sind vielleicht der gemeinsame Grund, der Abgrund dieser Blätter.

Zur Ausstellung von über 50 Arbeiten in der Kunsthalle Düsseldorf, 1986,
in: Westermann's Monatshefte, 1986

Allan Kaprow

Wer damals, vor etwa 20 Jahren, dabei gewesen ist, wundert sich heute oder vielleicht auch nicht, wie blaß und gewichtlos das geworden ist, was sich zu seiner Zeit so provozierend, aber auch unterhaltsam in Szene setzte. Was damals als Kunst (wahrscheinlich im verfehlten Medium) und nach eigenem Anspruch als progressiv oder avantgardistisch auftrumpfte, erregt nicht einmal mehr die historische Neu-

gier, wo eine Tabatière des Alten Fritz inzwischen mehr interessiert als ein Filzhut von Joseph Beuys.
Wenn nun das Dortmunder Museum am Ostwall, das sich seit Jahr und Tag so tätig und nachdrücklich für das Aktuelle in der »Kunstszene« einsetzt, den Amerikaner Allan Kaprow einlädt und er in der Eingangshalle noch einmal sein New Yorker Environment »Yard« (1961) aufbaut und die Inszenierung der Berliner Mauer den Dortmundern für 120000 Mark offeriert, so kommen zwar immer noch erstaunlich viele Zuhörer, lächeln und applaudieren dem sympathischen Mann; doch schon bald geht eine ratlose Langeweile um, weniger vor diesen Arbeiten als im Bewußtsein, wie willig doch so mancher solchen Betriebsamkeiten zu ihrer Zeit erliegt. Niemand erwartet hier noch das Unerwartete, denn es ist längst eingetreten und schon deswegen nicht mehr, was es war; niemand läßt sich mehr durch die hinderlichen Kisten im Wege oder durch die flatternden Hemden im Winde schockieren. So möchte man eher weinen als fröhlich sein, ist doch nirgendwo das Geistlose dieses Zeitgeistes so eindringlich anwesend wie in den verspielten und doch so anspruchsvollen Hinterlassenschaften der Neuerer von gestern.
Allan Kaprow möchte auch in Dortmund nicht nur als der Initiator der Happenings, sondern auch als Maler von Bildern in Erinnerung bleiben; denn für ihn sind die »Geschehnisse« nicht etwas neben der Kunst, sondern die Konsequenz aus dem damaligen Kunstverständnis. Er sieht sich als ein progressiver Überwinder der Fläche. Doch die Dortmunder Auswahl seiner alten Flächenkunst war schon damals zweite Wahl: Collagen, ein halbes Jahrhundert nach Picasso und Jahrzehnte nach Schwitters, Proteste einer Antikunst, der niemand mehr ansieht, wogegen sie protestiert, wie eben Proteste gegen Mißstände von ihren Mißständen leben und mit ihnen sterben. So bestätigt die Dortmunder Ausstellung die alte Einsicht, daß wirksame Auseinandersetzungen mit der Gegenwart sinnvoller und deswegen ernsthafter sind als Spekulationen auf eine Zukunft, die, bevor sie auch nur einen Anflug von Gegenwart erfährt, bereits Vergangenheit ist.

In: Frankfurter Allgemeine Zeitung, 1988

Hans Kaiser

Der Maler Hans Kaiser, 1914 in Bochum geboren und 1982 in Soest gestorben, hat erst nach dem Zweiten Weltkrieg in Paris seinen Stil gefunden, den er dann, unter Kennern zwar bekannt, doch abseits vom Betrieb, entwickelt hat. So konnte er seit seiner Beteiligung am »jungen westen« (Recklinghausen) auf belangvolle Ausstellungen, auf Preisverleihungen und die Zustimmung der professionellen Kritik hinweisen.

Hans Kaiser, Ohne Titel, 1960, Mischtechnik auf Pappe auf Holz, 105×80 cm

Die Bilder aus den sechziger Jahren erinnern an naturhafte Gewebe, manchmal wie durch offene Rahmen gesehen. Vor hellem Hintergrund illusionieren sie weniger eine räumliche Tiefe als den Schimmer eines unruhigen Lichtes. Transparente Farbspuren scheinen zu fallen wie der flüssige Schnee an einem winterlichen Fenster. Abgelöst von realen Dingen und damit von den räumlichen und zeitlichen Grund-

ordnungen, den Schemata körperlicher Gegenstände, schweben sie in der Balance von Farben und Zeichen, in der Spannung von leeren Flächen und Farbverdichtungen. Frei von äußeren Einwirkungen, gewinnen sie ihr Gleichgewicht wie aus inneren Energien.
Hier ist nichts von konstruktiver Geradlinigkeit, aber viel von einer gelassenen Dynamik, wie sie die unterschiedliche Intensität des Pinselstrichs mit sich bringt, viel auch von einem heiteren Spiel der Farben, das sich vor allem zwischen Blau, Grün und einem Braun mit Neigung zu einem helleren Gelb bewegt. Da ist nichts von Automatismus oder unmotivierter Geste, wohl aber wird in den Bildern eine nachvollziehbare Organisation von Vorstellungen und Rhythmen spürbar, die den leichtfüßigen Vorgängen einer fast raumlosen Atmosphäre entspricht, einer Wirklichkeit also, die über das Persönlich-Unverbindliche hinaus wie durch ein Fenster sichtbar wird. In dieser Wirklichkeit wird das Fremde der Bilder vertraut.

Zur Ausstellung von Arbeiten aus dem Nachlaß in der Galerie Utermann, Dortmund, 1987,
in: Frankfurter Allgemeine Zeitung, 1987

Peter Klasen

I
Die etwa 20 Arbeiten von Peter Klasen (Paris) befassen sich mit Gegenständen des technischen Zeitalters, mit Lastwagen, Gittern, Fensterverschlüssen oder hygienischen Installationen und setzen sie isoliert, direkt und knallhart ohne Verschiebungen oder Anspielungen ins Blickfeld des Betrachters. Entgegen dem ersten Eindruck und trotz benutzter Fotovorlagen kann man, was ihre Themen betrifft, nicht von einem Fotografismus, und was ihre Tendenz angeht, schon gar nicht von einem kulturpolitischen Lamento über ein veräußerlichtes Leben sprechen.
Insofern Bilder und Apparate gemacht werden, sind sie von innen heraus verwandt. Diese Verwandtschaft von Kunst und Künstlichkeit, die oft nicht gesehen und noch öfter übersehen wird, ist eine anschauliche Erfahrung dieser Ausstellung. In diesem Sinne benutzt Peter Klasen die Strukturen der Apparate zugleich als die Strukturen seiner Bilder: Die Diagonale eines Maschendrahtes ist zugleich die Diagonale einer Bildkomposition, die Senkrechte eines Fensterverschlusses wird zur Mittellinie ihrer Darstellung, und Bildrand und Dingausmaß sind identisch. Harte Metallreflexe sind zugleich die Farbeffekte der Malerei; so wird das rote Alarmzeichen auf einem Transformator zum farbigen Akzent der Darstellung.
Die Menschenleere des von Menschen Gemachten stellt besondere Ansprüche an den Betrachter; er muß die Anwesenheit des Abwesen-

den mitsehen, wenn er die Doppelbödigkeit dieser scheinbaren Oberflächenkunst erfassen will. In den Spuren der Nutzung und Abnutzung ist das Humane des künstlich Gemachten und dann künstlerisch Dargestellten enthalten oder aufgehoben. Es ist anwesend in den Gittern als ein Vergitterndes oder Vergittertes, in Blitzsignalen als Bedrohung oder Warnung oder als trübe Abnutzung an den Becken und Röhren einer Waschanlage. Wie das Technisch-Dingliche nicht aufschreit, nicht weint oder sich empört, so ist das Humane in ihm stumm, hart und kalt, zwar hermetisch verschlossen, aber doch spürbar für den Betrachter am Werke.
Diese Bilder haben fast nichts mit Neorealismus, sehr viel aber noch mit den Nachwirkungen aus Mondrian oder Albers zu tun. Während diese jedoch die Natur auf das Geometrisch-Abstrakte in ihr reduzierten, geht Klasen diesen Weg von der Abstraktion wieder zurück, zwar nicht zurück in die Natur, die für ihn spurlos verschwunden ist, wohl aber ins Technische als in das Anschauliche des Geometrisch-Abstrakten. So wird auf diesen Bildern das Künstliche der Technik künstlerisch gegenständlich. Ihrer »Natur« gemäß sind sie nicht vollkommen, sondern perfekt.

Zur Ausstellung in der Neuen Galerie Sammlung Ludwig, Aachen, 1979,
in: Frankfurter Allgemeine Zeitung, 1979

II

In Paris hat sich Peter Klasen vom lyrischen Informel seiner Berliner Jahre gelöst. Er setzt sich seitdem in kritischer Direktheit mit der Realität auseinander. Real ist für ihn nicht das Gewordene, sondern das Gemachte, allerdings nicht mehr Dome und Paläste, sondern Garagen und Werkstätten mit ihren Röhren, Drähten, Meßuhren und metallisch glitzernden Kurbeln.
Seine Bilder provozieren weniger die Empfindungen als die Erfahrungen und berichten weniger aus einem still-vertrauten als von einem praktikabel organisierten Dasein. Der Inhalt dieser Kunst ist die Technik dieser Zeit. Trotz engagierter Sachbezogenheit und der Präzision seiner Darstellung verdoppelt oder illustriert Peter Klasen die Tatbestände nicht. Seine frühen Collagen erläuterte er zwar als Hinweise auf die brüchige »Gesellschaft«; doch solche inzwischen zeitversetzte Fiktionen werden dem Anspruch seiner Kunst nicht mehr gerecht.
Zwei Ausstellungen in Paris bei Louis Carré und Fanny Guillon-Laffaille vermitteln einen Einblick in den jetzigen Stand seiner Vorstellungen. Früher fälschlich dem amerikanischen Fotorealismus beigeordnet, reflektiert er nicht den sensitiven Glimmer glitzernder Oberflächen, sondern macht, an ihm oder in ihnen, ihre und die Probleme ihres Wirkfeldes bewußt. Die Motive, isolierte Realitätsausschnitte,

Peter Klasen, »Wagon citerne gris / Bâche«, 1984, Acryl auf Leinwand, 162×130 cm

fallen mit dem Bildrand zusammen. So entsprechen die Montagen der Techniker den Collagen des Malers. Gelegentlich integriert er die technischen Geräte wie Zitate in den Bildkomplex.
Die Konturen dieser bewußten Peinture werden straffer, und die Eindringlichkeit von Blau, Rot und Orange, von Weiß und Schwarz wird intensiver. Von jeher bevorzugt Peter Klasen Acrylfarbe, die er mit der Spritzpistole aufträgt. Dabei bedient er sich auch überlieferter Ef-

fekte. Die technische Konzeption seiner Gegenstände gibt die Strukturen des Bildaufbaus vor, und die ästhetische Bildstimmung profitiert vom manieristischen Spiel der Raumschatten wie von der kalkulierten Spontaneität tropfender Malspuren.
Doch schon durch den Transfer der technischen Gegenstände ins Bild, durch ihre Isolierung auf der Bildfläche, verändert sich im Blickfeld des Betrachters ihre Funktion. Ein Richtungspfeil zielt ins Leere, Zahlen und Buchstaben verlieren ihren Halt, die Meßuhren ihre Zeit, und Blitz und Totenschädel warnen nicht mehr vor der Hochspannung. Die Kunst hebt ihre Aktualität auf, und rüde Apparate werden zum schönen Schein. Ihr Lärm verstummt in den stillen Räumen einer Galerie. Die alte Zeitlosigkeit der Kunst und die Unzeit der Apparate nähern sich einander. In diesem Zwielicht könnte man entgegen dem Katalogtext auf dialektische Kunststücke verzichten, könnte aber feststellen, daß der Betrachter in dieser Konfrontation mit der organisierten Dingwelt an Distanz und Freiheit gewinnt. Werkstätten sind keine Idylle. Doch was ehedem die üppigen Blumengebinde und gedeckten Tafeln der Barockmaler waren, das sind heute die glitzernden Geräte und ist die brillante Logik ihrer Funktionen. Jene wie diese waren und sind Stilleben in Galerien oder Museen. Die Totenschädel der vanitas wie schon damals die spielerische Perfektion der Apparate bleiben dieselben.
Von Anfang an hat Peter Klasen Beachtung und Zuspruch gefunden. Heute rangiert er auch auf den Märkten in der Spitzengruppe.

In: Frankfurter Allgemeine Zeitung, 1989

Yves Klein

Für den einen gilt (oder galt) Yves Klein als Überwinder des Informel, als Initiator des Monochromen oder auch als ein Wegbereiter von Pop und Neorealismus; andere haben diesem »konzeptionellen Kunstmacher« schlicht und einfach die Fähigkeit zur Kunst abgesprochen und ihn nur als einen ebenso rastlosen wie gewichtlosen Anreger oder gar als eine »unglückliche Figur« zur Kenntnis genommen. Doch wenn er nun nach wenigen Jahren fast schon vergessen ist, so muß man das nicht nur aus der »Hektik« dieser Zeit und ihrer Sucht nach modischem Verschleiß von Kunst und Kunsttheorien verstehen; im gewissen Sinne entspräche es sogar den Grundvorstellungen Kleins, diesem romantischen Verherrlicher der Instabilität und des Werdens, wenn mit ihm auch das Gewordene, von ihm Gemachte wieder verschwände und vergessen würde. Auch diese alte, uralte Lebensvorstellung haben ihm andere nachgeredet und haben die »Aktion«, die Geste, das »mobile Bild« propagiert, wenngleich in der Regel ohne

Kraft zur Selbstaufhebung: Das Gemachte soll verschwinden oder gar nicht sein; die Macher selbst aber möchten übrigbleiben und ästimiert werden.
Entgegen solchen Spielereien ergibt sich vor den Feuerbildern Kleins die merkwürdige Beobachtung, daß gerade sie, die in einem wortwörtlich glühenden Prozeß entstanden sind, sich zu einem oder in einem eindrucksvollen Bildbestand gefestigt haben. Dieses Flüchtigste vom Flüchtigen ist sogar galeriefähig geworden. Die großflächigen Bilder sind nicht zufällig, sondern in mehrfacher Hinsicht für Klein sogar charakteristisch. Wenngleich nicht eben monochrom, erfüllen sie die Ausstellungsräume mit einer einheitlichen, intensiven Goldtonigkeit, wie sie der Bronze gedämpfter Flammen, etwa den Sonnenuntergängen, eigen ist.
Zum erstenmal hat sich Klein auf diese Weise in Krefeld versucht. Dann haben ihm 1961 die Pariser Gaswerke eine Art von Flammenwerfer, wie man sie gegen Unkraut anwenden kann, zur Verfügung gestellt. Auf gepreßte und bearbeitete, vorher oder nachher gewässerte Kartons hat er die Flammen geschleudert. Sie haben den Untergrund in unterschiedlicher Intensität ins Farbige verändert und bis zu krustigen Verbrennungen angesengt. Auch hier sind wieder die Umrisse unbekleideter Frauenköprer im Spiel. Wie die Schatten auf Röntgenaufnahmen artikulieren sie die Fläche im alten Sinne von Malerei. Das ist trotz des großzügigen Verfahrens weder Automatismus noch Eigenentwicklung des Materials; denn die wehenden und verwehenden Motive, die gemäß ihrer Entstehung aus Feuer und Wasser keine deutlichen Begrenzungen zulassen, sind, dem künstlerischen Willen und Konzept Kleins entsprechend, wie mit einem überdimensionalen Pinsel auf das Papier gebracht.
Nun läge es nahe, im Sinne Kleins mit den Grundelementen von Feuer und Wasser philosophisch oder scheinphilosophisch zu spekulieren und zum Beispiel vom Kosmischen zu raunen; doch während nur zu oft auch der aufwendigste Gedankenanspruch nicht mehr hinreicht, um eine Hervorbringung in diesen Jahren auch nur in etwa zu rechtfertigen, hat sich hier, wie es scheint, eine tiefsinnige, vorsokratische Spekulation in Kunst verfestigt und manifestiert. Was auch immer sich Klein bei seinen Feuerrosen, wie sie heißen, gedacht hat, das Gedachte erübrigt sich vor diesen Bildern. Sie leuchten (im Wortsinne) unmittelbar ein.

Zur Ausstellung in der Galerie Flinker, Paris, 1976,
in: Frankfurter Allgemeine Zeitung, 1976

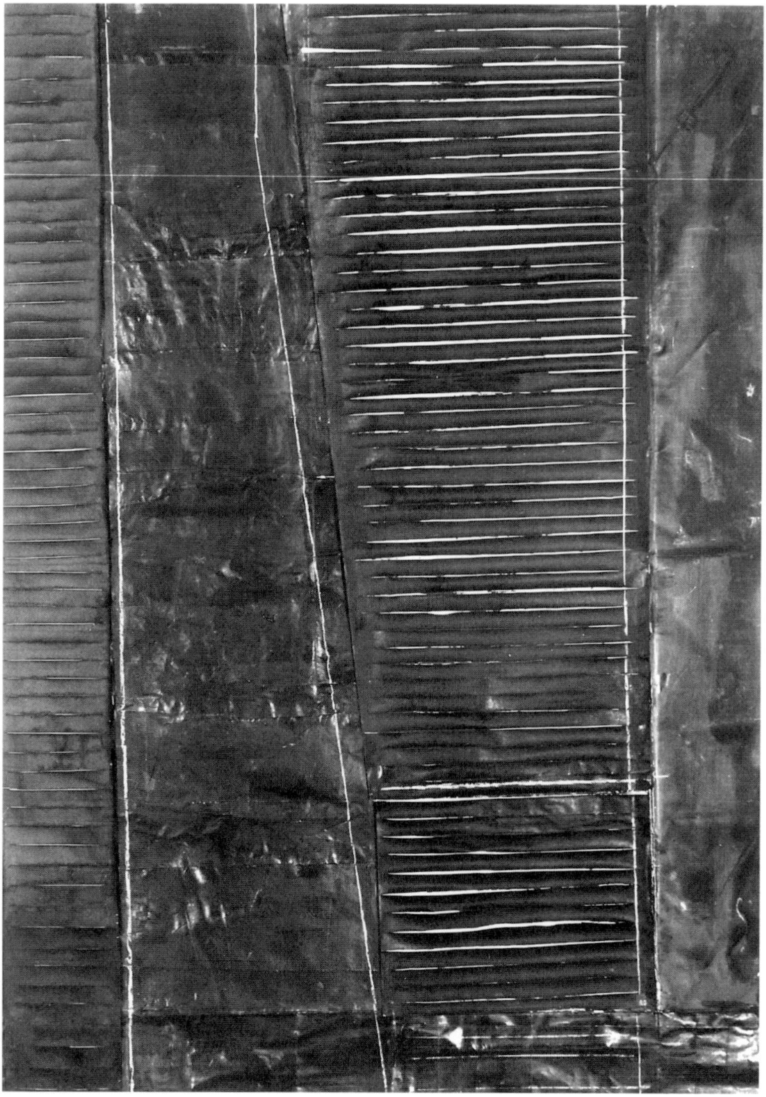

Fritz Klemm, Ohne Titel, 1978, Zeichnung, Collage

Fritz Klemm

Fritz Klemm wurde am 14. August 1902 in Mannheim geboren. Nach Ausbildung und Lehrzeit als Kunsterzieher wurde er 1953 Akademieprofessor in Karlsruhe, wo er heute noch lebt. Der Maler wahrt zwar die Gegenständlichkeit seiner Motive, führt aber den Augenschein von Strukturen auf spröde Umrisse und die sinnliche Energie der Farben auf fast ätherische Tönungen oder auch auf ein stumpfes, kalkiges Weiß zurück. In dieser Tendenz zum Wesentlichen nähert er sich nur scheinbar der Abstraktion; denn indem er das Abstrakte nicht als Kunstprinzip, sondern als den äußersten Grenzbereich der Erfahrung ansieht, ihn zwar anstrebt, aber nicht überschreitet; indem er so das handfeste Dasein einer Zimmerwand, eines Tisches, einer Kanne oder einer Schale ausdrücklich respektiert, es aber von den allgemeinen Prinzipien her auffaßt, ordnet und darstellt, schafft er zwischen dem Konkreten und dem Abstrakten, dem Tatsächlichen und seiner Idee, zwischen dem Nicht-Mehr und dem Noch-Nicht ein künstlerisches Spannungsfeld von asketischer Intensität. Und selbst da, wo die Form wie aus dem Material gewonnen und das Material nur noch in sich selbst modifziert wird; wo (zum Beispiel) durch Faltungen oder Verletzungen des Papiers das Gegenständliche ins Abstrakte, das Materielle in die reine Form überzugehen scheint, werden die Spuren der Erfahrung oder des Erfahrbaren gewahrt, wie eben ein Rechteck auch der Grundriß eines Fensters und Parallelen auf dem Blatt zugleich die Ritzen in den Planken eines Fußbodens sind oder sein können. In solchen Reduktionen, die manchmal nur noch in leichten Verschiebungen des Augenscheins bestehen, hat Fritz Klemm Grundzüge der Malerei dieses Jahrhunderts bis zum äußersten getrieben.

Zum 80. Geburtstag des Künstlers, 1982,
in: Frankfurter Allgemeine Zeitung, 1982

Melchior Lechter

Lechter war gelernter Glasmaler. Nach seiner Lehrzeit in der Malklasse der Berliner Kunstakademie erzielte er mit seiner ersten Ausstellung gleichsam über Nacht einen bemerkenswerten Erfolg. Von 1897 an entwarf er die Bücher für Stefan George und den Georgekreis. In seiner Berliner Wohnung versammelten sich die Freunde, und nur noch hier stellte er für geladene Gäste seine Bilder aus. Bereits in den zwanziger Jahren verblaßte die Wirkung Georges und Lechters in der Öffentlichkeit. Das ist menschlich und in der Sache zu bedauern. Um so belangvoller ist es, daß das Westfälische Landesmuseum in Münster den 50. Todestag Lechters zum Anlaß nimmt, um seine Bestände zu ordnen und zugänglich zu machen.

Melchior Lechter, Buchillustration zu: »Stefan George. Das Jahr der Seele « Berlin 1897

Man hatte am Orte zwar Bedenken wegen der Kunstauffassung Lechters und konnte und wollte sich auch keine rechte Vorstellung von der öffentlichen »Rezeption« machen; doch ist es nicht Sache eines Museums, was die Öffentlichkeit mit der Lebens- und Kunstgesinnung eines Künstlers anfängt, der nicht nur unzeitgemäß, sondern bewußt

zeitwidrig gewesen ist, sich aber von so mancher Zumutung unserer Tage dadurch unterscheidet, daß er nicht durch Provokation wirkte, sondern durch Wirkung provozierte.
In diesem Sinne wird man zustimmen, wenn Jürgen Krause die übersichtlich und durchsichtig arrangierte Ausstellung mit dem zentral gehängten Temperabild »Panis Angelorum« (von 1906) eröffnet. Es ist weniger die strenge Komposition; es sind weniger der originale Rahmen und Binnenrahmen und die schlanken Kerzenständer; es ist nicht nur die steile, gotische Mandorla mit der Monstranz und dem strahlenden »Brot der Engel«; es sind auch nicht die geschwungenen Flügel der betenden Engel, die wie die pflanzlichen Maserungen des Hintergrundes an Stilelemente jenes damaligen Modernismus erinnern, der zunächst die Betrachter entzückte, sie bald danach verwirrte und ihnen heute, wenngleich in anderer Weise, wieder einzuleuchten scheint; es ist also wohl weniger der sogenannte Jugendstil als vor allem das Thema, die Feier der Eucharistie, die selbst in Münster, vor allem in Lechters verhalten-emphatischer Darstellung, irritieren könnte. Doch das Religiös-Metaphysische war eben das Lebensthema des Künstlers, das er nach den lyrisch-realistischen Bildinhalten seiner Lehrzeit wieder aufnahm und weiterentwickelte. Die mittelalterliche Mystik, die Lechter in seinen Jugendjahren erfahren hat, spielt also auf den frühen, meistens kleinformatigen Bildern, die einen bemerkenswerten Anteil der Ausstellung ausmachen, keine Rolle. Dinglich in den Gegenständen, verraten sie aber im Auftrag der Farben bereits expressiv-expressionistische Züge.
Bestimmend für Lechter wurden Sprache, Dichtung und Habitus Stefan Georges. Worin beide, aus Herkunft und Gesinnung so verwandte Männer übereinkamen, war ihre zwanglose Eigenständigkeit. Das Religiöse, in Distanz zum Konfessionellen, umfaßte für sie das Mittelalter, die Antike und Frühantike und für Lechter sogar in Annäherung das Fernöstliche. Es sind die Engel oder Engelgleichen, wie der Orgelspieler auf dem Titelblatt zum »Jahr der Seele« (1897), womit die Zusammenarbeit der beiden Freunde begann. Doch überrascht hier auch Orpheus nicht. Er, der Gott der rhythmischen Kunst, wird auf einem Ölbild von 1906 in einer fast schwebenden Komposition dargestellt. Sein Umriß ist dem Profil Georges in einer Zeichnung von 1900 verwandt. Lechter, ein Mann von umfassender Kenntnis und Erfahrung, hat um die Rechtfertigung der Kunst durch Kunst gerungen. Dieses Bemühen ist nicht deswegen überholt oder müßig, weil es unmodern geworden ist. Solange Kunst kein Sozialprodukt ist und nicht hergestellt wird, bleibt ihr Ursprung wie ihre Geltung rätselhaft, vielleicht sogar geheimnisvoll. Wer, wenn nicht Orpheus oder der Engel, sollte die Botschaft der Künste vermitteln? Ihre Darstellung wird man den Künstlern, also auch Lechter, überlassen.
Je einseitiger die Bedeutung Lechters von seinen Buchentwürfen her gesehen und tradiert wird, um so belangvoller für die sachgerechte

Beurteilung seines Rangs ist seine Malerei. Die meisten Entwürfe für die Wand- und Glasarbeiten waren bereits in Den Haag ausgelegt. In Münster ist es neben zwei Fenstern aus der Berliner Wohnung das 5 m hohe bunte Glasbild, das Lechter unter dem Titel »Lumen de lumine« als Auftragsarbeit für Münster (1910) gearbeitet hat. Es ist für die Ausstellung im offenen Treppenaufgang des Hauses installiert worden. Ausgelagert, hat es den Krieg überdauert. Es ist ein Triptychon, ein Format, das der Künstler bis zu seinem letzten großen Bild vom Grabe Rilkes bevorzugt hat. Kunst ist für ihn Licht vom Lichte, menschliches vom göttlichen Licht. In diesem Sinne ist das Thema über die drei Flächen verteilt. Über den Köpfen der Künstler im Mittelfenster zittern kleine Flammen wie beim Pfingstfest oder als hätte sich der so passionierte Leser und Kenner Lechter an den »Knaben Wagenlenker« erinnert. Er sagt von sich: »Bin die Verschwendung, bin die Poesie«, von denen, die seines Geistes oder Lichtes sind: »Auf diesem oder jenem Kopfe glüht ein Flämmchen, das ich angesprüht« (Faust II).

Wer solche Szenen auf dem Lechter-Fenster wiedererkennt, sollte sich ihnen nicht als »moderner Mensch« künstlich verweigern. Was Lechter darstellt, ist älter als er und Goethe. Es war »aktuell«, als Aktualität noch nichts galt. Es ist schon eine Frage der griechischen Antike.

In: Weltkunst, 1988

Claude Lorrain

Das Kunstproblem heute ist nicht die große Malerei von damals. Sie leuchtet unmittelbar ein. Das Elend ist vielmehr der Historismus, der bis zur Jahrhundertwende die öffentlichen Vorstellungen und Erwartungen terrorisierte, dann zwar, wie es schien, aus der Aktualität verschwand, doch nach dem Zweiten Weltkrieg wie eine Offenbarung wieder das Feld beherrscht. So läßt sich der Zeitgenosse vom Mißverhältnis zwischen künstlerischer Faszination und historischer oder soziologischer Kategorisierung peinigen. Was hat die arkadische Welt Lorrains, was hat die Landschaft um Rom, was hat jene ferne Zeit und was haben die Menschen auf diesen Bildern mit uns, hier und heute, noch zu tun? Selbstverständlich nichts, fast nichts. Es war schon damals nicht seine eigene Welt, als Lorrain, in Lothringen geboren, nach Rom kam und Maler wurde.

Damals, im 17. Jahrhundert, waren Paläste und Häfen wohl ungefähr noch so, wie Lorrain sie gemalt hat. Sogar das Forum war noch die »Kuhweide«, und man hatte kaum begonnen, die Griechen und Römer statt in der historischen Phantasie im Erdboden zu suchen, sie ans Licht zu zerren und museal zu sterilisieren. Sein Bild von den Alten

hat Lorrain auf seinen Bildern dargestellt: das Verhalten und Tun der Menschen, die Ausfahrt oder Heimkehr eines Schiffes, das Hüten der Schafe oder die gemeinsamen Gespräche über praktische Belange. Historisierende Überlegungen bestehen darauf, solche Zustände oder Vorgänge zu identifizieren, sie auf mittelalterliche Legenden oder auf Sagen der Antike zurückzuführen. Dem wird niemand widersprechen, der die Ikonographie als das nimmt, was sie ist: als ein Betätigungsfeld für künstlerische Darstellung. Auch für Lorrain geht es weniger um das Gegenständliche einer Landschaft, einer klassischen Architektur oder bestimmter, bestimmbarer Figurinen. Es geht um eine räumliche und zeitliche Entgrenzung, um die Offenheit eines weiten Meeres, in die ein Segelschiff aufbricht, um Horizonte, von denen her die Sonne den wolkigen, dunklen Vordergrund der Bilder durchlichtet; und es sind schließlich auch die Paläste, die alten Tempel und Basiliken, doch nicht als reale Architekturzeugnisse, sondern als anschauliche Medien, in denen das Gegenwärtige mit alten, entrückten Zeiten übereinkommt.
Schwerlich wird man, wie es versucht wird, in der geschäftigen Gelassenheit der Menschen auf diesen Bildern eine barocke Todesnähe vermuten dürfen. Da gibt es weder Sanduhr noch Totengerippe, wohl aber viel von der stillen Wirkung der Zeit, wie sie vor allem in den Zwischenphasen der Frühe und des Abends spürbar ist. Es gehört zum Wortlos-Ergreifenden dieser Kunst, daß ihre Menschen wie Fremde in ihrer Welt zu leben scheinen. Aber nicht Angst oder Verdüsterung, es ist vielmehr jener Lebensernst, der sich im Bewußtsein ausbreitet, daß nicht nur alles Schöne vergänglich, sondern auch das Vergängliche schön ist. So hat Goethe noch die Romagna gesehen und das so Erfahrene in seinen Zeichnungen und Italien-Dichtungen angedeutet. Eben das berührt auch heute noch den Betrachter Lorrains, unabhängig davon, wie es mit uns heute und mit ihm damals bestellt ist. Der Maler meinte nicht Natur und Architektur, nicht Realismus oder gar Naturalismus, auch nicht in einer sensualistischen Kodifizierung, wie man so sagt; für ihn sind die antiken Paläste weniger die Zeugnisse einer vergangenen Pracht als das Vollkommene auf seinem Weg in die Vergänglichkeit. Da auch das Schöne und Vollendete in seinem Wesen hinfällig ist, besteht für den, der es so sieht, zwar Grund zur Trauer, aber nicht zur Klage.
Wenn Claude Lorrain in diesem Jahrhundert nicht mehr eine ungeteilte Wertschätzung genießt, so versteht sich das weniger aus seinen Inhalten und seiner Malweise, vielleicht mehr aber aus jener Grundgestimmtheit, die nicht das Merkmal einer bestimmten Epoche, etwa des Barocks, wohl aber des reflexiven Menschen überhaupt ist. Sie ist heute vielleicht nicht mehr so nachdrücklich anwesend wie zu anderen Zeiten; versucht man jedoch, durch das Epochale hindurch den Grund aufzuspüren, der sich dem Maler damals öffnete, so kehrt auch die bestimmende Wirkung seiner Hinsicht wieder.

Paris hat zum 300. Todestag des Malers eine umfassende Ausstellung von Washington übernommen, mit 50 Ölen, 75 Zeichnungen und mehr als 50 Gravuren; in München zeigt man, ausgehend von 27 Gemälden, etwa 50 Zeichnungen und einigen Radierungen, vor allem die Nachwirkung Lorrains in Amerika und besonders in Europa. Beide Ausstellungen sind im Rückblick belehrend und vor allem eindrucksvoll; sie sind überwältigend, wenn man sie als das nimmt, was diese Bilder sind, als die Veranschaulichung einer unverwechselbaren, künstlerischen Welterfahrung. Hält man sie sich mit außerkünstlerischen Reflexionen künstlich auf Distanz, so verzichtet man auf das, was sie sind. Aber selbst dann ist die Wirkung Lorrains mit Monet wohl nicht zu Ende; denn was Lorrain ausmacht, sind eben nicht nur Landschaft, Freiluftmalerei, nicht einmal das Licht und die Bildgehalte; sie gab es wohl schon zuvor wie auch heute noch; es ist jenes Fluidum des Schönen, von dem Dürer sagt, daß er nicht wisse, was es im Grunde ist.
Im übrigen hat die Wirkung Lorrains bereits mit Lorrain selbst begonnen, insofern er, von vielen Gönnern geschätzt, seine Arbeiten auf Bestellung wiederholte. Wie man es vor allem in München beobachten kann, sind es aber keine Repliken, auch keine Skizzen oder Studien, sondern Variationen über jene Grundgestimmtheit, die sich aus dem menschlichen Dasein ergibt. Sie ist, auch in den Wiederholungen, das Einmalige, das Zeitlose in der Lebenszeit. Daß heute die historischen und sozialen Besonderheiten, daß die reale Natur am Orte, in Rom und um Rom, so kaum noch anzutreffen ist, besagt für die Bilder wenig; denn was sie ausmacht, ist nicht dies oder das, nicht Topographie oder Zeitpunkt, sondern ein Wesensausdruck, der sich in allen Zeiten, allerorten und in allen Lebenslagen entzünden kann.

Zu den Ausstellungen im Grand Palais, Paris, und im Haus der Kunst, München, 1983,
in: das kunstwerk, 1983

August Macke

Der Maler August Macke ist am 3. Januar 1887 in Meschede (Westfalen) geboren; schon bald zog die Familie nach Köln und später nach Bonn. Obwohl weder Westfalen noch das Rheinland für die Person wie für das Werk des Künstlers belangvoll geworden sind, wird der Wettstreit der Provinzen um ihn bis in seriöse Abhandlungen hinein fortgesetzt. So möchte Werner Haftmann die farbige Malerei Mackes aus ihrer »rheinischen Menschlichkeit« verstehen. In der Tat will es aus mehreren Gründen nicht recht gelingen, die Offenheit und Weite dieses unruhigen, tätigen und auch vielgereisten Mannes hinreichend zu beschreiben. Trotz unterschiedlicher Einflüsse aus der Kunstgeschichte, mit der er sich vielerorts und gründlich auseinandergesetzt

hat, und trotz seiner künstlerischen, publizistischen und organisatorischen Teilnahme an den ungewöhnlichen Bewegungen der damals aktuellen Malerei sind im besonderen seine Meisterwerke von so unverwechselbarer Eigenart, daß sich ihre wissenschaftliche Rubrizierung und öffentliche Wertschätzung bemerkenswert lange verzögert haben.
Die überwältigende Retrospektive des Westfälischen Landesmuseums in Münster bringt die Voraussetzungen mit sich, die das Verständnis für diesen Mann und seine Kunst in angemessene Proportionen rücken. Die anspruchsvolle Absicht dieses Unternehmens geht weit über eine Gedächtnisausstellung hinaus. Die unglücklichen Lebensumstände Mackes haben es immerhin mit sich gebracht, daß die Studienblätter und biographischen Dokumente, gleichsam abseits von einem zerstreuenden Interesse, fast vollständig erhalten geblieben sind. Auch sie werden in Münster ausgelegt.
Der Maler ist bereits 1914, also mit 27 Jahren, in Frankreich gefallen. Anderen, seinen Weggefährten, wie vor allem Paul Klee und Wassily Kandinsky, standen ungleich günstigere Bedingungen zu Gebote; und selbst die künstlerische Grundvorstellung Mackes war nicht geeignet, eine stärkere Aufmerksamkeit zu provozieren, bedeutete sie doch die fast unbeachtete Gegenwelt zu den bewegten zwanziger Jahren und der Zeit danach bis 1945 und (wenn man so will) bis heute. Nach dem Zweiten Weltkrieg hat Meschede, die Geburtsstadt Mackes, die Möglichkeit vertan, sich wenigstens im eigenen Interesse mit dem »großen Sohn« zu befassen. So waren die Bilderpreise damals noch so modest, daß es für die Stadt kein ernsthaftes Problem bedeutet hätte, eine angemessene Macke-Sammlung anzulegen. Doch man begnügte sich, bei hilfreichem Interesse der Familie, mit einer kleinen, eher privaten Ausstellung (1951) und später mit einer Plakette am Geburtshaus des Malers. Ein Bild, das die Familie damals der Stadt geschenkt hat, wird heute im Rathaus nicht ohne Selbstbewußtsein vorgezeigt. Auch Bonn hat versäumt, trotz des Entgegenkommens der Erben, die fast ein Jahrhundert am Orte wohnten und wohnen, sich frühzeitig zu engagieren. So wurde das Hauptwerk Mackes über die großen Museen verstreut.
Selbst in den fünfziger Jahren stand der Maler noch für geraume Zeit im Schatten seiner Freunde; doch in Münster hat man schon damals die Verpflichtung und die Möglichkeiten erkannt, hat große Bilder erworben oder Leihgaben ins Haus geholt und mit Hilfe der Familie eine Stätte eingerichtet, in der das Museum die Macke-Forschung betreibt.
Nach zwei großen Ausstellungen von 1957 und 1982 sind diesmal von den mehr als 500 erhaltenen Gemälden, von den etwa 500 Aquarellen und über 900 Zeichnungen und Skizzen 138 Bilder, 69 Aquarelle und 158 Zeichnungen für die Ausstellung ausgewählt worden.

Da Macke im eigentlichen Sinne wohl keine Phasen und schon gar nicht abrupte Einbrüche seiner künstlerischen Entwicklung erfahren hat; da er sich zwar mit belangvollen Anregungen, besonders in München und Paris, auseinandersetzte und diese auch, vor allem im Bereich des Impressionismus, des Kubismus und der konstruktiven Ungegenständlichkeit, in seinen Arbeiten ihre Spuren hinterlassen haben, solche Spuren aber zeitlich und künstlerisch nur bestimmte Stellen im Gesamtwerk einnehmen und schon dadurch bestätigen, daß der Maler sie gleichsam nur zur Kenntnis genommen und ausprobiert, aber nicht integriert hat, gliedert man in Münster das Werk innerhalb des Lebensablaufs nach Arten und nach inhaltlichen und stilistischen Gruppen. Dadurch läßt man die Einzelstücke, vor allem die großen Ölbilder, untereinander in Beziehung treten und sich wechselseitig in ihrer verschiedenartigen Verwandtschaft steigern.
Zu Beginn wird der Betrachter mit dem Selbstbildnis (1906) und der Porträtstudie »Elisabeth Gerhardt« (1907), der späteren Frau des Künstlers, konfrontiert. Da äußert sich in dem Selbstbildnis, über die künstlerische Anlage hinaus, schon jene interessierte und doch gelassene Beobachtung der Welt, die für Macke so bezeichnend wurde. Elisabeth Gerhardt dagegen, in rätselhafter Andersartigkeit des Personalen und der Bildausstattung, sinniert ins Unbestimmte, wie unberührt von den symbolisch-symbolistischen Vorgängen am Horizont und auf einem Fluß, den ein Mann im Kahn überquert.
Es sind die Impressionisten, es ist zunächst Manet, dann besonders Gauguin, die nicht nur in der Machart, sondern vor allem im Weltbewußtsein den vielleicht stärksten, vielleicht einzigen Einschnitt im Leben Mackes markieren; ihre und seine Welt wird nicht mehr nur vorgestellt, ihre Wirklichkeit wird erspürt, anerkannt und dargestellt, wodurch (auf den Bildern) das Seinsgewicht der Menschen und Dinge unmittelbar gegenwärtig wird. Macke selbst hat dieses neue Verständnis des Gegebenen als eine große Veränderung seines Lebens beschrieben. Die Blumen in den Vasen und die Früchte auf den Schalen werden als solche und nicht mehr als Hinweis auf etwas anderes gesehen. Allerdings, und das gehört in die großartige Dichte dieser Bilder, wird in ihnen ein sehr bestimmter Zug, eine unverwechselbare Daseinsweise bevorzugt. Im Sinne des Künstlers ist es das Schöne, und zwar weniger das Schöne in formalen, graphischen Proportionen; es ist das Schöne im Augenfälligen, wie es sich vor allem in der Farbe manifestiert.
Beim Stand unserer Verhältnisse ist die Kunst Mackes nicht nur hinzunehmen, sondern sie ist auch in ihrer damals wohl noch nicht bewußten Bedeutung für das außerkünstlerische Leben in der Öffentlichkeit richtig abzuschätzen. Denn es gibt nicht nur die »Arbeitswelt«, nicht nur das Deformierte und das demonstrativ Ordinäre, es gibt auch die Gegenwelt, deren verständige Betrachtung mehr ist als eine passive Hinnahme, die auch in großer Kunst wirkt und tätig verändert. Wer

den Gesamtbestand des menschlichen Seins nach Epochen, Gesellschaften oder Vorlieben aufteilt, verfälscht die Welt, die Kunst und betrügt sich selbst.
Zwar ist oft und gern, wenn man über Macke spricht, besonders vor dem Wandbild des Bonner Ateliers, das Marc und Macke gemeinsam gemalt haben und das heute dem Landesmuseum in Münster gehört, von der Vorstellung eines »Paradieses« die Rede. Aber solche Visionen waren für Macke keine transzendierenden Träume; er meinte die Wirklichkeit des natürlich und künstlerisch Schönen, zum Beispiel die Schönheit eines »Sonnigen Weges« (1913) oder die Anmut von Tieren in zoologischen Gärten. Mit Recht hat man das großformatige und großartige Triptychon des Dortmunder Museums am Ostwall, das solche Tierszenen darstellt, in den Blick der Besucher gerückt. Es ist aber nicht nur die Schönheit der Natur, es ist auch die Schönheit einer anspruchsvollen Zivilisation, und diese nicht zuletzt in den Moden, die zum Beispiel in den Vitrinen einer Geschäftspassage ausgestellt sind. Doch selbst sie und selbst die Gelassenheit der betrachtenden und schreitenden Frauen und Männer, selbst sie hat Macke im Grunde wohl nicht gemeint. Er, der Maler, meint das still wirkende Leben im ausgewogenen Spiel der Farben.

In: Weltkunst, 1987

Edouard Manet

Die Manet-Ausstellung in Paris, diese große, großzügige Bilderversammlung zum 100. Todestag des Malers, ist ein Ereignis in dieser Zeit. Das ist so, weil diese Malerei, obwohl nur sie selbst, mehr ist als Malerei. Nichts ist hier gewollt oder abrupt, nichts programmiert oder übersteigert, nichts, was nicht durch Erfahrung und Beobachtung ausgewiesen oder ausweisbar wäre. Das ist so, weil diese Kunst (wie Natur) aus einer bewußten Überlieferung herauswächst und schließlich eine neue stiftet. Doch ihre Anfänge sind nicht hörige Hinnahme von Überkommenem; schon ihre frühen Meisterwerke sind eigene Erprobungen an fremder Größe, zunächst an der italienischen Renaissance, dann an den Spaniern und Holländern; die kontinuierliche Weiterentwicklung der eigenen Möglichkeiten steigert sich dann bis hin zu den farbig-erregten Ausgängen der letzten Werke, zum »Haus von Rueil«, zu den roten Rosen in »Mein Garten« und den glitzernden Gläsern der »Folies-Bergère«. Dem homogenen Grundbestand dieser Malerei widersprechen nicht die berühmten Skandale des »Frühstück im Freien« und vor allem der »Olympia«; sie bestätigen das Gesagte; denn sie waren nicht die Skandale des Malers, sondern die der Betrachter, die sich auch diesmal wieder mehr über den

Gegenstand als über die Malerei selbst erhitzten. Auf die Malerei aber kam es dem Maler und kommt es uns heute an.
Das Panorama der Pariser Ausstellung beginnt (am Faden der Biographie) mit den spanischen Motiven. Noch ist es mehr die farbige Drapierung, mehr die Folklore oder der dramatische Wirbel der Arenen als das originär Spanische. Durch alle Werkphasen sind und bleiben es die Blumen, ob im Strauß der »Olympia«, im Gewand des Barmädchens, an den Sträuchern der Gärten oder auf dem Brief an Méry Laurent; und es sind die Dinge der Stilleben, die Krüge, die Früchte und Schalen, wie eh und je; doch ist es vor allem die menschliche Gestalt; es ist die Person, nur selten die eigene in Selbstdarstellung; in der Regel ist es das Bildnis anderer, aber nie in posierenden Porträts; denn Manet ist kein Gesellschaftsmaler, sondern ein Menschendarsteller. So wird, was er beobachtet, auf den Bildern in besonderer Weise belangvoll. Daß diese Feststellung auch der Selbsteinschätzung des Malers entspricht, legt ein Bildnis von 1879 nahe, auf dem er sich gewiß nicht wie einen Dandy (so meint der Katalog), sondern als einen Mann von klarer, aber gelassener Eindringlichkeit sieht, der in Weltsympathie auf Erkenntnis und Darstellung des Erkannten bedacht ist.
Natürlich kann und wird man sagen, das sei die bürgerliche Malerei des 19. Jahrhunderts, es sei Kult der unpolitischen Intimität, ein Luxus in Müßiggang. Dies und anderes ist ebenso zutreffend wie belanglos; denn wenn Manet in einem sensiblen Realismus das Damalige darstellt, so läßt er sich zwar auf die Reize seiner Zeit ein, sucht aber über die Akzessorien hinaus den Zugang zu seinen Zeitgenossen in einem sinnvoll begründeten Ausdruck ihres Verhaltens; so fällt auf, wie er das Menschenantlitz und vor allem den Blick der Personen ins Bild stellt. Das gilt nicht nur für die Großen damals, für Mallarmé, für Monet, für Zola oder für die beiden Porträts von Clemenceau, die in dieser Ausstellung zusammengekommen sind; selbst noch auf beiläufigen Skizzen äußert sich dieses humane Grundinteresse des Malers. Es spiegelt aber keineswegs nur ein gegebenes, vielleicht beziehungsloses Dasein von Personen, im Rahmen isoliert. Da für Manet das Wesentliche des Menschen nicht in einer gesellschaftlichen Repräsentanz, sondern in einer intelligiblen Erregbarkeit, etwa im zwischenmenschlichen Vollzug des Sprechens oder Besprechens, des Lesens oder Vorlesens, also im gemeinsamen Verstehen von etwas besteht, wird es zum Fluidum seiner Bilder. Es scheint dann auf Anhieb nichts als eine verträumte Leere oder ein leeres Träumen, vielleicht auch ein innerlich gebanntes Überantworten an die Leere, also ein passives Schauen ins Nichts zu sein. Wer es so sieht, spricht von einem Nihilismus als Lebensstimmung dieser Kunst. Doch es ist jene stille, fast wortlose Übereinkunft, die sich zwar manchmal in Gesprächen ergibt, sich aber, da sie Wesentliches berührt, nicht handgreiflich manifestiert. Sie hat der Maler gelegentlich bis zur Entrückung gesteigert,

wie im Blick jenes rätselhaften jungen Mannes, der auf dem Münchener Bild »Im Atelier« wohl den Hinweisen seines Vaters am Nebentisch zuzuhören scheint.
Diese Kommunikation ist das eigentliche, wenngleich gleichsam geheime Thema Manets und demgemäß auch der Pariser Ausstellung. Es berichtet von einer fernen, aber keineswegs unwirksamen, einer uns wesentlichen, aber entfremdeten Gegenwelt. Dennoch wird über Biographisches, spezifisch Kunsthistorisches oder gar über die Maltechnik hinaus für viele Besucher das Impressionistische der natürliche Zugang einer solchen Ausstellung bleiben. Da sieht man dann nach den großen Tafeln »Frühstück«, »Olympia« (1863) und »Balkon« (1869), wie die Natur (als Blumenstrauß, als Zimmerausstattung und schließlich als Wintergarten) ins »Interieur« eindringt, dann die Innenräume zu sprengen und zu öffnen scheint und die Malerei gleichsam in Gegenbewegung hinaus ins Freie tritt und die Natur zu ihrem Ambiente macht. Natur ist jetzt nicht mehr Ausstattung, aber auch nicht Metaphysik, nicht Sprache eines Gottes oder des »Lebens«, sondern farbige Vielfalt als gegenständliche Entsprechung einer farbigen Palette. Wie sehr sich aber Édouard Manet, selbst in der Offenheit seiner Welterfahrung, um das klassische Gleichgewicht bemüht, offenbart sich nirgendwo so eindringlich wie in den Farben, wo er auf das Grelle verzichtet, das Rot zum lichten Rosa und das Blau zu einem dunkel getönten Weiß mäßigt. Es wird dann zu jener »douceur blanche«, die immer noch das Auge des Betrachters betört. Das, was man als das Impressionistische kennt, ist hier frei vom Arrangement, frei von wissenschaftlicher Herleitung oder Rechtfertigung und frei von theoretischer, kunsttheoretischer Demonstration. Der Impressionismus Manets ist noch keine Richtung, sondern die malerische Darstellung des erfahrbaren, natürlichen Daseins der Gärten, der sommerlichen Straßen oder Gewässer. Diese stille Übereinkunft mit dem sinnlich Gegebenen verharrt aber nicht im Problemlos-Naturhaften, ist weder selbstverschuldete Unmündigkeit noch »heile Welt« und ist schon gar nicht jener »frivole Optimismus«, der die kleinbürgerliche Spätaufklärung damals wie heute enthusiasmiert. Sie ist vielmehr die anschauliche Bekundung einer wissentlichen Gelassenheit, die man drüben als »tristesse« bezeichnet. Ihr Zauber ist auch die Wirkung Manets; ihre Klarheit ist Latinität und ihre Gestimmtheit jene schwebende, heitere Schwermut der Régence, die Chardin und Corot aufnehmen, aus der auch Manet und selbst noch Matisse leben und wirken.

Zur Ausstellung im Grand Palais, Paris, 1983,
in: das kunstwerk, 1983

Hans von Marées

Der Maler Hans von Marées wurde 1837 in Wuppertal (Elberfeld) geboren. Dieser Umstand blieb zwar für beide Teile ohne spürbare Spuren; doch hat sich das Von der Heydt-Museum schon früh und umsichtig um den Ausbau einer Marées-Sammlung bemüht, so daß sich ein bemerkenswerter Teil der Zeichnungen in seinem Besitz befindet. Hier sind über 200 Blätter nach Themen jener Marées-Bilder geordnet, für die sie als Skizzen oder Vorstudien gedient haben. So fördern Gruppierungen nach dem »Orangenbild«, den »Hesperiden« (München) oder dem »Goldenen Zeitalter« (München) ein zwangloses Verständnis der Inhalte. Gemäß ihrer beiläufigen Funktion im Atelier sind sie in gefährdeter Verfassung und werden in einer gedämpften Beleuchtung präsentiert, die die arkadische Entrückung der Szenen begünstigt.

Diese unzeitgemäßen Zeichnungen haben schon in ihrer Zeit einen Interpretationswirbel provoziert, in dem sie selbst fast aus dem Blick verschwanden. Ob sie überhaupt qualifizierte Kunst sind oder nicht; ob und wie sie antike Reminiszenzen durch die Renaissance und den Klassizismus im 19. Jahrhundert tradieren; ob sich in ihrer Geometrie bereits die Abstraktion und in ihrer Bildauffassung sogar die Kunstautonomie des 20. Jahrhunderts andeutet; ob Marées mehr einem tragischen Weltgefühl oder den dekorativen Tendenzen seiner Zeit zuneigte: Diese und andere Fragen werden vor den Blättern selbst schon deswegen ärgerlich, weil sich die Zeichnungen in ihrer unprätentiösen Einfachheit gegen spekulative Überhöhung sogar zu sperren scheinen.

Ihr Gegenstand ist ausnahmslos die menschliche Gestalt. Nicht einmal die Orangen des »Orangenbildes«, das Arnold Böcklin so bewunderte, noch die »goldenen Früchte« der »Hesperiden« erlauben Anspielungen auf die Natur. Und was die Männer und Frauen betrifft, so geht es, von wenigen Porträtstudien abgesehen, weder um Realität noch um Individualität. Sie sind Menschen oder Götter oder Götter und Menschen zugleich; und ob eine großartige Pinsel-Bleistift-Zeichnung auf braunem Papier den Zeichner selbst und seinen Freund Adolf Hildebrand oder andere aus anderen Zeiten darstellt, ist in Betrachtung des Blattes fast belanglos.

Marées sieht in der zwanglosen Gelassenheit von Menschen, die im Dastehen oder Schreiten, allein oder gemeinsam, den Gegebenheiten des natürlichen Daseins folgen, das »Hauptsächliche«. Wenn ein vernunftgemäßes, also wesentliches Verhalten vielleicht in einem sinnträchtigen Gespräch gipfelt, so wird man in dem ersten von sieben Blättern, auf denen sich der weise Zentaur Chiron mit seinem Schüler Achill bespricht, einen charakteristischen Höhepunkt dieser Ausstellung sehen. Dann wäre das Wesen dieser Zeichnungen ihre Gesinnung. Vielleicht ist Marées unter dieser Voraussetzung sogar ein

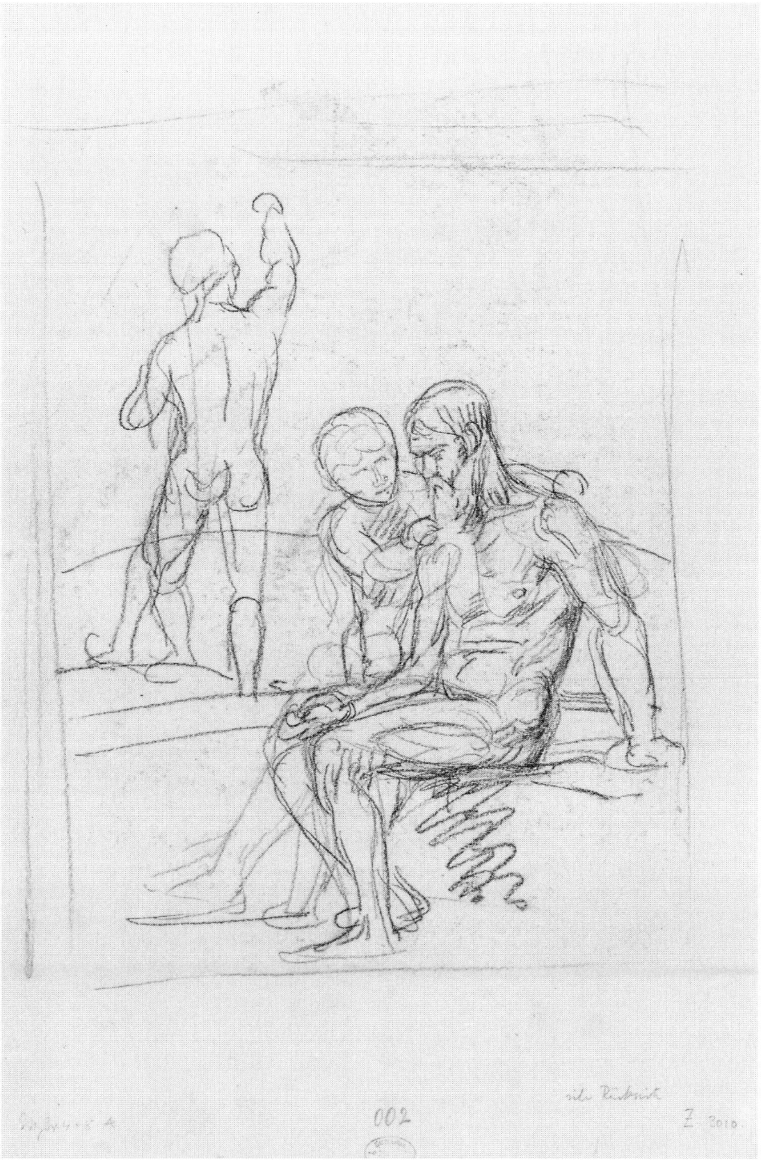

Hans von Marées, »Entwurf für das goldene Zeitalter I«, ohne Jahr, Rötel, 60×44,5 cm

Bahnbrecher. Doch er meinte wohl nicht die Gegenwart einer Zukunft, die morgen schon vergeht, sondern eine Gegenwart, die zu allen Zeiten gegenwärtig ist.

In: Frankfurter Allgemeine Zeitung, 1987

Ewald Mataré

Talente allein genügen nicht zu ihrer Verwirklichung. Sind ihnen die »Zeitläufte« ungünstig, so verkommen sie, werden nicht das, was sie versprechen, oder enden sogar in einer Tragödie. Diese bedauerliche Einsicht bestätigte auch die ebenso überraschende wie eindrucksvolle Ausstellung, die das Folkwang-Museum in Essen den hinterlassenen Aquarellen des rheinischen Malers, Graphikers und Bildhauers Ewald Mataré eingeräumt hatte. Mataré, ein Mann von Reputation über seine engere Heimat hinaus, hat sie zeit seines Lebens bewußt vor der Öffentlichkeit zurückgehalten. Die Gründe, die nicht nur mit seiner Person, sondern auch mit den allgemeinen Zuständen, die er antraf, zusammenhingen, sind aufschlußreich.
Ewald Mataré wurde am 25. Februar 1887 in Aachen geboren. Nach Studien am Orte und dann an an der Hochschule für Bildende Künste in Berlin, wo er, ausgezeichnet mit der Silbernen Medaille der Akademie, Schüler von Lovis Corinth wurde, wandte er sich nach dem Ersten Weltkrieg stärker dem Holzschnitt und der Bildhauerei zu. Ansässig in Berlin, bevorzugte er für die Sommermonate, von einem gelegentlichen Aufenthalt in Positano und St. Tropez (1925/1926) abgesehen, die Inseln und Küsten der Nord- und Ostsee bis hinauf nach Lettland, Estland und Finnland. Das ist heute noch aufschlußreich für ihn und seine Arbeit.
1932 wurde er an die Staatliche Kunstakademie in Düsseldorf berufen, schon ein Jahr später aus kunstpolitischen Gründen entlassen und 1945 in sein Amt zurückberufen. 1965 ist er in Büderich bei Düsseldorf gestorben. In seiner letzten Lebenszeit hat er sich nicht zuletzt mit religiösen Themen befaßt, hat Bronze-Türen für das Südportal des Kölner Doms, für die Weltfriedenskirche in Hiroshima und den Salzburger Dom und Fenster für das Aachener Münster und den Kaisersaal des Rathauses entworfen.
Die kontinuierliche religiöse Gesinnung dieses Katholiken tritt jedoch, wenn man von den erwähnten Zweckbauten absieht, nicht unmittelbar in Erscheinung. Um so spürbarer bestimmt sie seine Abneigung gegen die Verabsolutierung aktueller Ereignisse, überhaupt gegen die Wertschätzung des Tages, um statt dessen um so bewußter das Beständige in der Natur und im Dasein und Tun des Menschen aufzuspüren. So sind die Gesichter auf seinen Holzschnitten von innerer

Gelassenheit und nur da, wo sie formalen Darstellungsproblemen unterworfen werden, von einer strengen, essentiellen Konzentration. Wenn Mataré darauf verzichtet, das Menschliche für ideologische Provokationen zu verzerren, so ist er doch ebenso weit von Schönkünstelei wie vom Kult des Häßlichen entfernt, und seine religiösen Motive haben von Anfang an weder etwas mit Sentimentalität noch mit einer unreflektierten Tradierung zu tun, wie überhaupt schon zu Beginn der zwanziger Jahre das Expressive beginnt, die »Kunstszene« zu räumen und statt dessen die Tendenz zur Form, zur Geradlinigkeit bis hin zur Geometrie wieder Klarheit, Übersicht und vor allem Zusammenhang in die Vereinzelung des Daseienden zu bringen versucht; und das läßt sich auch an der Graphik Matarés ablesen.
Zwar kann man im Sinne der Vorbemerkungen sagen, daß sich Mataré schon vor dem Ersten Weltkrieg im Schnittpunkt von Impressionismus, Expressionismus und Abstraktion in Fühlung zum rheinischen Expressionismus, im besonderen zur Vorstellungswelt August Mackes bewegte; aber anders als dieser oder als Franz Marc hatte er damals noch nicht die Sicherheit eines eigenen Stils gefunden. Nach dem Kriege, also ab 1920, nimmt er die Auseinandersetzung mit jenen Grundtendenzen wieder auf, folgt aber auf die Dauer weder dem Expressiven noch der Ungegenständlichkeit. Als die Hitlerzeit einen volkstümelnden oder auch idealisierenden Realismus zur Staatskunst erklärte, war auch Mataré mit vielen anderen wieder auf sich selbst verwiesen; doch als sich nach 1945 die politischen Verhältnisse zwar änderten, nun aber in der bildenden Kunst die Abstrakten als Konstruktivisten oder als Tachisten das Feld beherrschten und das Reale, die Wirklichkeit, in der Kunst als banal oder phantasielos ablehnten, waren die Umstände, wenn auch aus anderen Motiven als zuvor, für Mataré wieder gegenläufig. Kein Wunder also, daß er sich stärker sakralen Themen, das heißt thematisch gebundenen Aufträgen widmete, die im Grunde auch seinen eigenen Ansichten und Wertungen entsprachen, wie sich eben das materielle Material in Glas, Stein oder Metall schon von sich aus gegen Experimente und Beliebigkeiten sträubt.
Parallel zu solch äußeren und inneren Vorgängen ist nun in der Zeit von 1920 bis 1956 ein Bestand von mehr als 200 Aquarellen entstanden, den Mataré selbst als ein Nebenwerk nie en bloc öffentlich gezeigt hat. An ihrem Rang konnte er nicht zweifeln, vielleicht aber an der Repräsentanz seiner künstlerischen Grundabsicht. Heute, wo im Wirbel der Tendenzen »alle Kühe schwarz« geworden sind, aber eben deswegen und dennoch beanspruchen, weiß zu sein, besteht keine Veranlassung, diese großartigen Zeugnisse einer ebenso produktiven wie vielseitigen Künstlerschaft zurückzuhalten. Im Gegenteil, es ist zu bedauern, daß nicht auch sie schon längst in den Blick getreten sind, um auch auf ihre Weise an einer seriösen Klärung im Interessenwirrwarr unserer Zeit mitzuwirken.

Anders als seine Holzschnitte, die in einigen experimentellen Einzelstücken sogar das Menschlich-Figürliche in Formen oder auch in Formeln bis hin zur verselbständigten Form des Ornaments aufheben, hat Mataré in den Aquarellen die Identifizierbarkeit der dargestellten Gegenstände gewahrt. Doch unterscheiden sich solche Formtendenzen, die in gewisser Weise ein Wesenszug von Kunst überhaupt sind, grundsätzlich von der Abstraktion jener Jahre, wie sie etwa Piet Mondrian vorgedacht und vorgemacht hat. Während aber der Holländer bekanntlich die individuelle Vereinzelung in der Realität (die Äste, Blätter, Bäume, Flüsse und Flußufer) auf das Lineare hin »abzieht«, wie in vergleichbarer Art ein (wissenschaftliches) Denken über das Individuelle hinaus das Generelle sucht und formuliert, hat Mataré das Allgemeine in den Dingen selbst, in den Dünen, den Kühen, den Häusern oder Bäumen erfaßt und im Bilde veranschaulicht. Mit einem Wort: Ewald Mataré läßt sich in ontologischer Hinsicht durch Grundfiguren bestimmen, also durch die formulierbare und formalisierbare Ordnung des Gegebenen, die den geometrischen Mustern der Linie, des Dreiecks, der Parallelen oder dem Segment entspricht. Das käme vielleicht mit dem überein, was Cézanne bereits viele Jahrzehnte zuvor erkannt und empfohlen hat.
Diese Hinsicht auf die Realität und ihre Darstellung im Aquarell überzeugt deswegen sofort, weil sie die identifzierbare Wirklichkeit respektiert, sich aber nicht damit begnügt, den blassen Augenschein zu reflektieren, sondern darüber hinaus die Grundgestalten schauend zu erfassen und ihre Gestalt zugleich als Gestaltungsprinzip der künstlerischen Repräsentanz zu verstehen sucht.
Auch Mataré unterstellt, daß Kunst weder »abzieht« oder abstrahiert noch »hinter« der Realität mit Irrealem oder Surrealem spekuliert, sondern die geometrische Ordnung im Grunde als das Stabile und zugleich Gliedernde, um nicht zu sagen, als das Wesen des jeweils Realen aufnimmt und darstellt.
Zwar gibt es unter den Aquarellen Blätter, die, fast topographisch genau ein Beobachtetes auf dem Blatt wiederholen, und ein beigelegtes Lichtbild in der Essener Ausstellung scheint die künstlerische Spiegelung sogar dokumentieren zu sollen; doch die stärksten Blätter (es sind nordische Küstenmotive und vor allem flache Silhouetten von Büderich) veranschaulichen das angedeutete Formprinzip in vollkommener Weise. Verhalten undemonstrativ antworten sie zugleich auf künstlerische Einsichten ihrer Zeit und überzeugen nicht zuletzt schon durch ihre Themenwahl, durch die geometrische Ordnung von Booten in Mast, Kiel und Takelage oder durch die parallele Reihung von Bäumen und natürlich von Dächern in ihren ebenso einfachen wie zweckmäßigen Lineaturen.
Vergleicht man dieses Verfahren mit dem berühmten Versuch Franz Marcs, die Tiere in Gestalt und Farbe so in die Natur einzubeziehen, daß sie gemäß einer vorgedachten Naturmetaphysik die innere und

äußere Einheit des Organischen veranschaulichen, so wird man nicht zuletzt auch deswegen das Kunst- und Weltverständnis Matarés respektieren, weil er Dingen, Tieren und Pflanzen ihre natürliche Daseinsweise läßt, sie aber dennoch in ihrer umfassenden, prüfbaren Gesetzlichkeit des Daseins bestätigt. Das zeigt sich im einzelnen, wenn sich die Rückenlinie einer »Kuh am Meer« in die Linie der Dünen fortsetzt und ein weißer Fleck auf ihrer Flanke zwar im spitzen Winkel jene Linie schneidet, doch zugleich eine andere Linie der Sandhügel aufnimmt und fortsetzt, und schließlich der Hintergrund am Horizont dieses Liniensystem schon fast wie in einem Raster verabsolutiert. Da versteht es sich, daß auch Mataré unter dem künstlerischen Gesichtspunkt der Form sogar von der Formel der »Fensterbilder« Gebrauch macht.
Diesen Strukturproblemen entspricht der Umgang mit den Farben. Auch sie werden dem Augenschein entlehnt, dann aber nicht schulgerecht auf die Grundfarben reduziert, sondern die natürlichen Kontraste zwischen Holz und Schnee, zwischen Schwarz und Weiß, oder zwischen Ziegel und Lehm, also zwischen Rot und Gelb, werden gegeneinander ausgespielt.
Schließlich sind es nicht nur die Motive und ist es nicht nur das klare, verständliche Instrumentarium der Darstellung; es ist wohl nicht zuletzt jene Lebensstille, die sich zu bestimmten Zeiten und an bestimmten Orten wie zwischen Aktualität und Verfall einstellt und wo die Dinge, gleichsam sich selbst überlassen, von ihrer Nutzung ausruhen. Da sind dann dic matt erleuchteten Bauernhäuser an einem niederrheinischen Winterabend, schlanke Fischerboote vor Anker am Ufer eines nordischen Sees oder Bäume, die, zweckfrei, an einer Waldlichtung stehen. Da ist nicht die Worpsweder Düsternis, nicht romantische Einsamkeit, vielleicht aber jene Lebensgewißheit, die ihre Rechtfertigung in ihrem Dasein findet.

In: Weltkunst, 1984

Willy Meyer-Osburg

Ohne die Bilder Meyer-Osburgs aus psychologischen oder anthropologischen Vorgegebenheiten herleiten zu wollen (sie wären nicht mehr, was sie sind), kann man sagen, daß der Maler trotz seiner beweglichen und vielseitigen Umsicht in Distanz zur gängigen »Kunstszene« dieser Jahrzehnte in bewußter Kontinuität seine Vorstellungen von Leben und Kunst entwickelt. Seine jüngsten Bilder deuten eine Synthese aus zwei vorangegangenen Phasen an. Nach der transparenten, schwebenden Farbigkeit früherer Tafeln, der späteren Zurücknahme des Gegenständlichen wie hinter mattweiße Farbschleier, werden nun Profilierung und Palette kräftig und in der Farbqualität

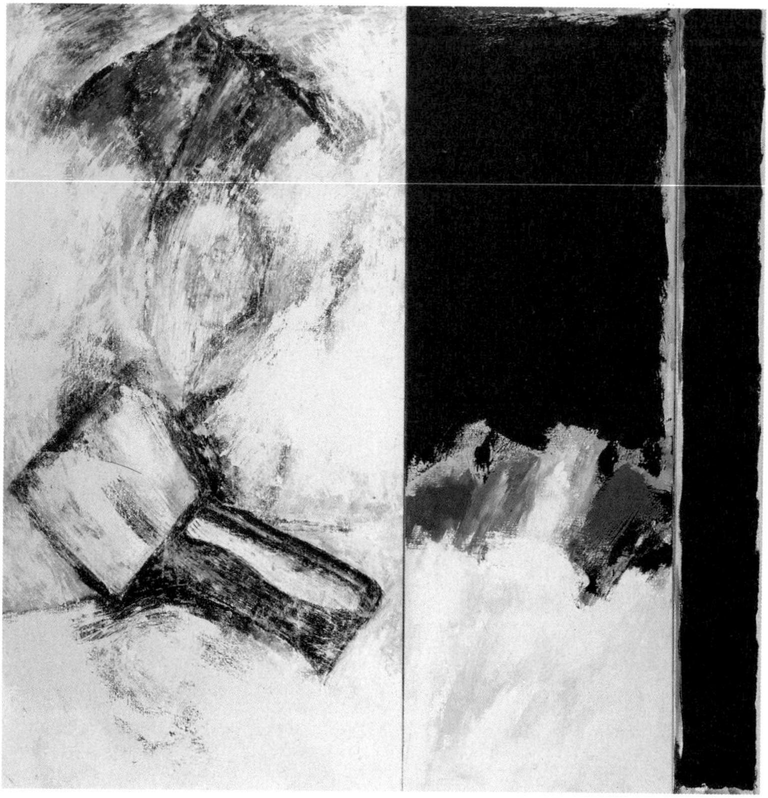

Willy Meyer-Osburg, Ohne Titel, 1988/89, Öl auf Leinwand, 170×180 cm

deutlich. Der identifizierbare Gegenstand, vor drei Jahrzehnten, als Meyer-Osburg begann, verpönt und heute längst wieder aktuell, ist für ihn damals wie heute weder überholt noch modern; er ist gegeben. Waren es anfangs vor allem Dinge des alltäglichen Gebrauchs, Teller, Tische, Stühle oder Kartons, also Produkte der städtischen Zivilisation, so rückt seit einigen Jahren die Darstellung von Menschen in den Vordergrund. Durch leichte Übermalungen, Verundeutlichungen oder Aussparungen werden sie zwar leicht verfremdet, aber nicht überrumpelt oder deformiert. Dem widerspräche die Daseinsgelassenheit der Dargestellten wie das distanzierte Wohlwollen, unter dem Meyer-Osburg sie betrachtet.
Das wachsende Interesse an seinen Arbeiten ist aufschlußreich für die Bilder wie für die Betrachter. Die Bilder suchen den Zuspruch nicht; sie finden ihn durch ihre zwanglose Sicherheit. Sie veranschaulichen

eine Gegenwelt zu jenen expressiven und manchmal sogar brutalen Subjektivismen, die vielerorts wieder so viele beschäftigen. Wie auch immer hier Komposition und Farbe, Tradition und Eigenständigkeit zu verstehen sind, die dargestellten Dinge vergegenwärtigen die Geschlossenheit eines sinnvollen Daseins. In den Personnagen, die sich vom Betrachter abwenden und sich, etwa lesend, auf sich selbst zu versammeln scheinen, deutet sich vollends eine wache, aber abwartende Bereitschaft für das noch Offene an. Dem entsprächen sowohl die Eigenart des Malers wie seine anspruchsvolle Menschendeutung aus der Mitte dieser Zeit.

Zur Ausstellung in der Galerie Wentzel, Köln, 1984,
in: Frankfurter Allgemeine Zeitung, 1984

Henri Michaux

I

Henri Michaux, 1899 in Namur geboren, bricht nach unruhigen Schülerjahren sein Medizinstudium ab und fährt für einige Monate zur See. Nach Brüssel zurückgekehrt, eröffnet ihm die Lektüre Lautréamonts neue und nachhaltige Vorstellungen. In Paris sind es vor allem die Arbeiten von Paul Klee, Max Ernst und de Chirico, die ihm den eingeschlagenen Weg bestätigen. Tiefe Veränderungen in seinen Vorstellungen und Wertungen mißt er seinen Reisen durch Südamerika und den Fernen Osten zu. Während des Zweiten Weltkrieges lebt er in Frankreich, wo er arbeitet und ausstellt. In den Jahren danach läßt er sich unter ärztlicher Beratung auf Drogenexperimente ein, die seitdem in der Öffentlichkeit zu einem anscheinend unentbehrlichen Element seiner Biographie geworden sind. In der Tat waren sie für ihn mehr als extravagante Episoden. Den Umriß und die grimassierende Vielfalt der Gesichte und Gesichter hat er wie die Spuren einer Expedition in den »menschlichen Innenraum« auf Bildern und in Zeichnungen festgehalten.
Auf Grund seiner malerischen und schriftstellerischen Erfolge wird er zwar als Doppeltalent registriert. Doch zeigt sich bereits in dieser Phase seiner Entwicklung, daß er im Grunde kein Künstler im professionellen Sinne, weder Schriftsteller noch Maler, und auch kein spekulativer Experimentator mit parapsychologischen Phänomenen gewesen ist; seine Versuche sind weder Selbstzweck noch Stimulantien; sie sind Stationen immer neuer Grunderfahrungen. Obwohl er auch seine Reisen in den Fernen Osten in diesem Sinne verstanden hat, ist er, wie so mancher im europäischen Westen, wohl nur einer Selbsttäuschung anheimgefallen, wenn er vermutet, daß seine Meditationen, die alogischen Zeichen seiner Tuschen und Aquarelle und auch das,

was er mit den Mitteln der Wortkunst zu dokumentieren versucht, der spirituellen Welt Buddhas entspräche; denn was aus der Tiefe der Zeiten hüben wie drüben entstanden und geworden ist, läßt sich bewundern, aber weder vergleichen noch angleichen. Die kürzeste Formel dieser Feststellung ist der Michaux-Titel »Ein Barbar in Asien« (1933). Barbarisch ist die Taube, die Lärm macht mit ihren Flügeln; sie »paddelt, schlägt ins Wasser«; die Fledermaus aber hört keiner, die »stille Verstörte, mit ihren Flügeln, die kein Gewicht haben und der Luft nicht einmal einen Seufzer entlocken. Einen Kolibri hört man: eine Fledermaus nie. Sie streicht an den Decken, den Korridoren entlang«, hängt sich an einen Ast, als »wollte sie schlafen. Und der stille Mond beleuchtet sie«. Ist sie asiatisch und die Taube barbarisch? Bei Rilke heißt es in der achten Elegie: »Wie wenn ein Sprung durch eine Tasse geht. So reißt die Spur der Fledermaus durchs Porzellan des Abends.« Was er in Ägypten und was Michaux in Asien beobachtete und was beide empfinden, ist, wenngleich nicht alltäglich, doch auch von genuin westlicher Art; denn auch Henri Michaux ist kein Zivilisationsflüchtiger, der eine Hütte hinter den Bergen bevorzugt; er bewohnt, allerdings bewußt auf Distanz, eine Etage in einem Pariser Hochhaus und lebt und arbeitet in fast schmucklosen Räumen.

Gewiß ist der »menschliche Innenraum«, von dem Michaux spricht, kein Wohnraum. Man wird ihn und seine Veranschaulichung weder der Wissenschaft noch der Kunst und schon gar nicht bestimmten Kunstrichtungen oder Doktrinen überlassen. Seine neuen Weltzugänge sind auch nicht durch organisierte oder manipulierte Räusche oder kontrollierte Experimente nachzuvollziehen. Er meint nicht die Minderung der Bewußtheit, nicht die negative Selbstauflösung in Toxomanie, nicht chemisch gelähmte Perzeptionen, sondern Bilder über dem Horizont der Vorstellungskraft. Es sind mehr als subjektive Fehlleistungen, sie sind objektiv ausweisbare Erfahrungen: Michaux setzt ihre ontische Dignität voraus und bezeichnet sie als das Sein, als Bild oder Idee, als das »Unendliche außerhalb der Welt«. Er meint nicht nur das schwarze Atrium, nicht nur die Nachtträume des Unterbewußtseins, sondern umgekehrt die Öffnung und Erhellung des Überrationalen, wie es die Mystik geahnt und deren Weg Spinoza als den »amor intellectualis« angedeutet hat. Doch was unterscheidet das eine vom anderen? War es »eine Vision oder eine Halluzination«? »Es hat sich ereignet, das ist alles«. Die Grimasse der Dämonie ist »eine Erfahrungstatsache«. Darüber vergewissert er sich bei Katharina von Siena in ihrem »Traktat über die Verschwiegenheit«.

Betreibt die Chemie die Auflösung, den Selbstverlust und das Vergessen, so strebt die visionäre Erkundung nach äußerster Selbstvergewisserung im »Übermenschlichen«. Da sie zugleich äußerste Selbstgefährdung ist, seien wir »wachsam, daß wir nicht stürzen«. Doch: »Ich, inmitten eines neuartigen Feuers unverbrennbar, als wäre ich aus Asbest.« Das Ungenügen an sich selbst ist der Antrieb zu dieser Selbst-

übersteigerung; und während sich toxische Selbstaufgabe in die Leere der Subjektivität verliert, manifestiert sich Selbstüberhöhung in den Zeugnissen der Religionen oder großer Kunst. Kunst und Religion sind manchmal Opium, Opium ist niemals Religion oder Kunst.
Was Michaux gesucht hat, wenn er sich den Drogen aussetzte, in der Vermutung, er sähe durch sie das Wesen der Dinge anders und vielleicht sogar klarer, hat er in der kleinen Schrift »Le jardin exalté« von 1983 fast protokollarisch beschrieben. Im Anblick eines Gartens richtet er sich auf provozierte Ekstasen ein. Doch anders und stärker als Drogen, die nur seinen Pulsschlag strapazieren, erweist sich zwar zunächst die Melodie eines »Liedes« (das Wort ist im Französischen bekanntlich ein Fremdwort, vor allem im Sinne Schuberts), dann aber (von Schallplatten) die »unpersönliche Leidenschaft« nie zuvor vernommener Rhythmen. Sie werden nicht wie Musik genossen oder wie Geräusche nur perzipiert, sondern in einer inneren Angleichung bewirken sie eine grenzenlose Fluktuation zwischen ihm und dem, was ist. »Die Unendlichkeit ist da.« Der Garten wird zum Garten Eden, zum Paradies. Rhythmus ist Weltfigur und humane Lebensordnung zugleich. Durch die Gifte hindurch, jenseits, erfährt Michaux sie als das hämmernde, monotype Metrum, das ihn aus der Verlorenheit ans Beliebige in das Weltwesen zurückreißt.
Weniger das Werk, das Aquarell, die Tuschezeichnung oder das Wort, der Satz, weniger das Ergebnis als der Weg zum Ergebnis, fesselt also seine Aufmerksamkeit; was ihm, etwa in der exaltierten Vision des Gartens, erscheint und was er in Gestalten und Farben spiegelt, steht weder in der Kausalordnung der Natur noch im System des Logischen. Daraus erklären sich das Befremdlich-Dämonische wie die rhythmische Monotonie vieler seiner Zeichnungen; den prähumanen Visionen, außerhalb der menschlichen Erfahrungskategorien, entspricht es, daß es auf den Blättern keine Komposition, keine Perspektive, keine Analogie und nicht einmal Anspielungen auf Vergleichbares, natürlich keine »Aussagen« und schon gar nicht Programme oder Konzepte gibt. Es gibt weder Belehrung noch Resignation, es gibt nur die anschauliche Repräsentanz des Geschauten.
Dem korrespondiert auch der Stil des Schriftstellers. Man hat gesagt, Michaux verzichte auf Füllsel jedweder Art, bevorzuge also den knappen, schmucklosen Satz. Doch wer, wie es geschieht, unter Füllseln auch Konjunktionen versteht, der verkennt mit einer solchen, etwas dürftigen Feststellung die Gründe. Die knappe Diktion ist für Michaux kein Stilprinzip, keine Tacitus-Devise, sondern die angemessene Entsprechung, um ein erfahrenes Phänomen unmittelbar in der Vorstellungsfähigkeit eines Wortes darzustellen. Deswegen distanziert sich Michaux überhaupt von der Macht der Logik, der Grammatik, der Systeme; nicht, weil er das Vage, Ungefähre schätzte (Klarheit und Genauigkeit sind für ihn unerläßlich); doch das Dasein und die Vorgänge in Außenbereichen entziehen sich dem »korrekten Ich«

und seiner Sprache. Bei Gelegenheit hat Michaux auf seine Vorliebe für Montaigne hingewiesen. Doch während dieser bewußt in seiner handfesten Umwelt dachte und lebte, sie sich verfügbar machte und das »Jenseitige« einer ritualisierten Religiosität überließ, hat sich jener auf die Dämonen der »Realität« eingelassen. Beide aber, Montaigne wie Michaux, stellen sich dem unmittelbaren, unvermittelten Eindruck und versuchen, ihn ohne Herleitungen, Ergänzungen, Divergenzen oder Konvergenzen in den Blick zu bringen. Denn für beide geht es nicht um eine »Bearbeitung«, etwa im Sinne der Wissenschaft, der Kunst oder der Philosophie; es geht um eine intelligible Annäherung, um das Berühren oder Anrühren des Fremden.
Doch schon ein zögerndes Tasten, Ausgreifen und Hingreifen gefährdet das Lebendige, Eigensinnige oder Eigenwertige, nötigt, lähmt und tötet es vielleicht sogar. In seinem Buche »saisir« von 1980 beschreibt und erörtert Michaux die Tragödie der Kulturen, die an ihren Rändern das in sich Unfaßbare zu fassen, zu begrenzen, zu definieren und sogar mitzuteilen versuchen. Gelingt oder gelänge es, so geriete jenes zwar in die Verfügung des Künstlers, des Denkers oder überhaupt des Menschen, bewirkte da vielleicht sogar jene Ergriffenheit, die solchen Versuchen über den registrierbaren Kulturbestand hinaus eigen sind; doch das so Eingefangene verkümmerte, käme wehrlos um wie eine Fliege in den Spinngeweben Spinozas.
So ist die Kunst Michaux' eine Kunst im Medium von Welterfahrung oder Welterfahrung im Bilde der Kunst. »Ich liebe den Weg, der hinausführt«, notiert er. Ist aber dieses Hinausschreiten und das Hingreifen schon im Bemühen eine Wesensverletzung des Fremden, was auch immer es ist, so wäre der liebende Verzicht darauf, das Schweigen, vielleicht zuvor sogar schon das Verschweigen, die allein angemessene Weise des Menschen. Es könnte sein, daß das Schweigen des Todes schließlich die Anwesenheit des immer Gesuchten bedeutete.

In: Weltkunst, 1984

II

Henri Michaux ist im Alter von 85 Jahren in Paris gestorben. Aus seiner Lebensarbeit versteht man, warum er sich schon früh auf russische Literatur und auch auf die Schriften der Heiligen und Mystiker des Mittelalters einließ. Seit 1924 lebte er in Paris, 1955 wurde er französischer Staatsbürger. Schon früh als Schriftsteller erfolgreich, wandte er sich der Malerei, im besonderen dem Aquarell und dann der Tuschetechnik zu. Seine phantasievollen, manchmal ironisch-dämonischen Figurationen schienen eine Verwandtschaft zu den Surrealisten und seine scheinbar freie Gestik eine Nähe zu den Tachisten anzudeuten; doch der Augenschein täuschte; denn Michaux ist weder als Maler noch als Schriftsteller einer Richtung zuzuordnen, nicht weil er ein Einzelgänger gewesen wäre, sondern weil sich die Gegenstände seiner Darstellung nicht kategorisieren lassen. Er war auch kein »Doppeltalent«, wie man gelegentlich liest; denn Wort oder Farbe dienen, fast austauschbar, ein und demselben Ziel, wobei er schließlich der Anschaulichkeit des Bildes gegenüber der Bewußtheit des Wortes den Vorzug einräumte.

In den Vorbereich gehörten auch seine Selbstversuche mit Meskalin; denn mit toxischen Experimenten wollte er den subjektiven Daseinsbereich aufbrechen, um sich dem »Raum da draußen« auszusetzen. Nie nur ein Mittel zur Flucht in den Selbstverlust, waren sie für ihn umgekehrt eine Möglichkeit zur bewußten Erfahrung dessen, was die »Sprache übersteigt«. Davon geben seine Schriften wie seine Bilder Auskunft. Deswegen sind sie kein Kulturprodukt in Wort oder Farbe, sondern die Spuren eines Grenzgängers. Weit von der Lust am Delirium oder von einer Spielerei mit dem Außerhumanen entfernt, sind die Meskalin-Zeichnungen weder automatische noch alogische Kritzeleien nach Art von Psychotests. Erst nach den Versuchen niedergeschrieben, verleugnen sie nicht ihre innere Ordnung. Sie sind zwar rhythmisch-erregte Reihungen, jenseits von tachistischer Beliebigkeit oder einer Aleatorik im Hantieren mit dem Material; doch unterstehen sie auch nicht dem Diktat einer geometrischen Geradlinigkeit; denn sie sind mehr dem Gestalthaft-Organischen verpflichtet. Die Aquarelle, oft von intensiver Farbigkeit, deuten, wofern sie sich nicht wie ein Rauch oder eine Feder in Schwerelosigkeit verlieren, die Umrisse einer prähumanen Dämonie an. Sie ist uns fremd, nicht feindlich oder böse, aber oft wie an einer unbewußten Daseinsschwermut leidend. Diese Gesichte »da draußen« lassen sich nicht nötigen und nicht einmal in künstlerischen Formen stabilisieren; denn jeder Zugriff, selbst in schöpferischer Absicht, verletzt sie bereits in ihrer Natur. So überläßt sich der Erfahrende ihrer Weltmelodie, schaut die Zeichen, die sich ihm nähern, und ist bereit, sich ihrer stummen Einwirkung in tätiger Duldung anzugleichen; denn das »Willentliche ist der Tod der Kunst«.

Die innere Notwendigkeit einer Niederschrift in Tusche oder Acryl wird nicht gesetzt, sie fußt in der Ordnung des Geschauten selbst. Ihre Erfahrungen können angebahnt werden, zum Beispiel durch mittelalterliche Askese, wie Michaux sagt, aber auch durch Gifte oder durch Musik.

Wodurch sich nun die Visionen von der Halluzination, das Subjektive vom Originär-Anwesenden unterscheidet, diese Grundfrage an seine Erfahrungen und Darstellungen hatte Michaux deutlich vor Augen. Auf eine Antwort hat er um so freimütiger verzichtet, als sich das Irrationale nicht rationalisieren läßt. Über den wortlosen Hinweis der Bilder hinaus gibt es keine Herleitung. Ihr Kriterium ist nur ihre schweigende Anwesenheit in Aquarellen, Zeichnungen und Texten. Deswegen sind diese auch nicht nur nach künstlerischen Gesichtspunkten zu beurteilen. Sie sind das Medium veranschaulichter Grundgesichte. An einer Vertrautheit zum Fernen Osten hat Michaux sein Leben lang festgehalten; doch was ihm dabei vorschwebte, ist eine Möglichkeit des bewußten Menschen überhaupt, also auch eine der großen, oft bezeugten westlichen Welterfahrungen. Michaux hielt sich zwar in Abstand zum Kulturbetrieb; aber er war kein Klausner, keine Eremit, der die Abseitigkeit sucht oder gar demonstriert. In der Bundesrepublik sind die Arbeiten Michaux' weniger beachtet worden. Sieht man von wenigen Galerie-Ausstellungen ab, so haben das Von der Heydt-Museum in Wuppertal zum 70. Geburtstag des Malers und drei Jahre später die Kestner-Gesellschaft, Hannover, eine umfassendere Werkausstellung veranstaltet.

in: das kunstwerk, 1984

Otto Modersohn

Der künstlerische Rang Otto Modersohns ist seit der bemerkenswerten Zustimmung, die er bereits auf der internationalen Ausstellung im Münchner Glaspalast (1895) erfuhr, unbestritten; doch ist es trotz kompetenter Versuche nicht gelungen, ihn im Planquadrat der kunsthistorischen Kategorien unterzubringen. Das erschwert die Verständigung, beeinträchtigt aber nicht die Wirkung, die sich in Betrachtung seiner Bilder und Zeichnungen einstellt.
Auf den ersten Blick scheint es, daß er den Realismus seiner Zeit mit impressionistischen und später expressionistischen Nuancen fortsetzt. Doch blühende Bäume und Büsche im Worpsweder Moor müssen selbst in impressionistischen Jahrzehnten nicht unbedingt impressionistisch sein, wie stürmische Wolken über der Nordsee nicht immer expressionistische Zeitläufte signalisieren. Blüten blühen und Stürme stürmen in allen Epochen der Kunstgeschichte. Da in der zweiten Hälfte des 19. Jahrhunderts wieder einmal der unverwüstliche Psychologismus alle Welt terrorisierte, spricht Werner Haftmann im Hinblick auf Otto Modersohn von einem Lyrismus, der die deutsche Romantik fortsetze.
Doch ist es für Modersohn charakteristisch, daß sich nicht einmal eine Spur von Sinnzeichen oder vom Unendlichen im Endlichen vorwagt, wie auch die Düsternis seiner Motive schwerlich etwas mit dem Zwielicht Caspar David Friedrichs zu tun hat. Gewiß hat Rilke vor den Zeichnungen Modersohns von der »Innenwelt der Dinge« und von »Innerlichkeit« gesprochen. Beiden genügte in der Tat die »unfühlende Natur« der damaligen Positivisten nicht. Doch was Rilke »drinnen«, das suchte Modersohn draußen, im Moor.

Modersohn war weder ein Heimatmaler noch ein Exponent des Provinzialismus. Er hatte auch nichts mit dem »Nordischen« im Sinne. Als vor dem Ersten Weltkrieg auch Maler, unter ihnen Emil Nolde, gegen die Berliner Sezessionisten hetzten und ihnen eine Verderbnis der deutschen Kunst durch französische Einflüsse vorhielten, trat zusammen mit Beckmann, August Macke und anderen auch Otto Modersohn gegen solche Diffamierung auf die Seite Liebermanns.
Wenn sich der Student Modersohn abrupt von der Akademiemalerei abwandte, so nicht, um der Natureuphorie zu frönen. »Diesseits von Idealismus und Realismus«, diese Formel findet sich fast wörtlich in seinen Aufzeichnungen. Sie meint den Durchbruch zur Sache selbst. Was das heißt, wird wohl immer noch nicht hinreichend begriffen. Die Natur, die Modersohn suchte, ist weder ein Gesundbrunnen noch ein Begriff, sondern das Teufelsmoor bei Bremen. Die Übereinkunft zwischen ihm und seinen Freunden am Orte läßt sich nicht mit den Schulen von Barbizon oder Pont-Aven in Frankreich vergleichen. Ohne Manifeste pochte vor allem Modersohn auf eine je eigenständige Auseinandersetzung mit dem gemeinsamen Gegenstand. So versteht man, daß es schon bald zur Auflösung dieser Gemeinschaft kam.
Die fast 200 Zeichnungen, vorwiegend aus dem Modersohn-Haus in Fischerhude, sind biographisch geordnet. Diesseits von Idealismus und Realismus ist hier nichts von der bäuerlichen Frömmigkeit Millets, von den Steine klopfenden Randgruppen Courbets oder von den hellen Impressionismen Monets, die weniger in den Blüten als in den Farben flimmern. Die in Kälte erstarrte Winterlandschaft oder der stürmische Herbsthimmel über dem Moor sind nicht nur Stimmungen einer Künstlerseele, die sich in die Wolken, Winde oder Farben projiziert. Stimmungen wie Ideale (das wußten die Realisten) kann man nicht malen.
Stimmungen des Malers wie des Betrachters setzte auch Modersohn voraus. Eine Nähe zu Goethes Kunst und Kunstauffassung überrascht nicht, wenn man von den landschaftlichen und historischen Unterschieden absieht; Kunstwerke, notiert der Dichter in Italien, sind als »Naturwerke von Menschen nach wahren und natürlichen Gesetzen hervorgebracht worden. Alles Willkürliche, Eingebildete fällt zusammen«.
Schon die Blätter aus der Schülerzeit verraten ein ursprüngliches Talent. Gegenstände und noch identifizierbare Motive um Münster üben sich in einer subtilen Differenzierung nach Art Corots. Bäume und Baumgruppen mit verhaltenen Biedermeier-Akzessorien, bewegte Landschaften in Hell-Dunkel-Manier Rembrandts oder eine namenlose Gestalt am Strand unter verwehenden Wolken verhehlen nicht die Vorbilder. Doch das Grundthema wird und bleibt das Moor mit seinen Tages- und Jahreszeiten. Die gelegentlichen Andeutungen von Märchenhaftem sind selbst noch um 1900 in Worpswede situationsbedingt, aber nicht charakteristisch für Modersohn. Auf die

»Abendblätter«, wie Rilke sie nannte und von denen sich drei schöne Exemplare in seinem Nachlaß befinden, wird mit Recht eigens hingewiesen. Sie sind auf kleinformatigem Gebrauchspapier von unterschiedlicher Art und Größe nach Eindrücken vor der Natur abends unter der Lampe ausgearbeitet worden. Modersohn bevorzugte für sie Kreide, Rötel, Stift oder Kohle. Von seiner kompromißlosen Gegenstandsbezogenheit zeugen vier späte Studien im Allgäu (1933). Vor dem unregelmäßigen Massiv der Felsen, vor den Spitzen der Kirchtürme und Fichten wird der lockere Strich hart und fast bis zur Verfremdung starr.
Worin die »Wahrheit« der Dinge und ihrer Darstellung besteht, um es mit Goethe zu formulieren, müßte nicht aussprechbar, vor solchen Blättern aber erfahrbar sein, sonst wären sie entbehrlich und letztlich nur eine Verdoppelung der Wirklichkeit.

Zur Ausstellung im Westfälischen Landesmuseum, Münster, 1988,
in: Frankfurter Allgemeine Zeitung, 1988

Wilhelm Morgner

Wilhelm Morgner, 1891 in Soest geboren, ist 1917 an der Westfront gefallen. Er gehört also zu jenen deutschen Künstlern, deren Rang zwar früh erkannt, deren Entwicklung aber vorzeitig abgebrochen wurde. Nach einer Ausbildung in Worpswede werden Arbeiten von ihm bereits 1911 in der Berliner Sezession und 1912 auf der Kölner Sonderbundausstellung gezeigt. »Der blaue Reiter« und »Der Sturm« weisen mit Abbildungen auf ihn hin. Wenngleich er nach wie vor seinen Platz in maßgeblichen Publikationen behauptet, hat sich Morgner im öffentlichen Bewußtsein nicht durchgesetzt. So ist es fast eine kleine Sensation, daß die Galerie Utermann, Dortmund, mit 30 Zeichnungen, Aquarellen und Druckgraphiken aus einer aufgelösten Privatsammlung an ihn erinnern kann. Bezeichnenderweise sind es vorwiegend Museen, die sich für sie interessieren.
Wie selbstverständlich reagierte das vitale Temperament des jungen Künstlers auf die expressionistische Stimmung seiner Zeit. Auch für ihn geht es also um die Darstellung des Menschen, um die dumpfe Mühsal des ländlichen Lebens, um Feldarbeit und Viehzucht und, entsprechend dem expressionistischen Engagement, um Rückgriffe auf die Leidensgeschichte des Neuen Testaments. Die habituelle Mißstimmung in Betrachtung von Mensch und Welt, wie sie wohl zu einem Ausdruckskünstler gehört, verzerrt in fast schon grotesker Weise die Gesichtszüge seiner Selbstbildnisse. Die Vorliebe für schräge, diagonale Bildanordnungen, die abrupten Schwarz-Weiß-Kontraste der Holzschnitte und nicht zuletzt die dichte, kräftige Parallelschraffur der Zeichnungen deuten eine passionierte Kompro-

Wilhelm Morgner, »Große Kreuzigung mit Reiter«, Holzschnitt, 1912, 37,6×58 cm

mißlosigkeit in Gesinnung und Handschrift an. Ihr entsprechen die barock-bewegten Bildinhalte, massige Akte, die in Gewalttaten eines Simson oder in Kampfszenen archaischer Reiter verwickelt sind. Doch nicht zu übersehen ist auf einigen Blättern die Andeutung geschwungener, fast schon ornamental-ungegenständlicher Lineaturen, die es nahelegen, daß sich die produktive Unruhe auch dieses Künstlers auf die Dauer wohl kaum mit dem Kult des Expressiven begnügt hätte.

In: Frankfurter Allgemeine Zeitung, 1986

Edvard Munch

Das Museum Folkwang in Essen wird zu gleichen Teilen von der Industrie und der Stadt getragen. Denn das aktive Interesse der Wirtschaft am kulturellen Leben begnügt sich hier nicht mit gelegentlichen Zuwendungen. So irritiert es vielleicht die einen, leuchtet aber anderen ein, daß man nicht etwa ein Lebensdatum des Malers, sondern den zehnten Jahrestag der Aufnahme von Erdgaslieferungen aus Norwegen nach Westeuropa zum Anlaß nimmt, um eine repräsentative Munch-Ausstellung im Museum Folkwang zu organisieren. Der Vorstand der Ruhrgas AG ist dafür zuständig. Die Erdgaslieferungen sind ein internationales Unternehmen von großem Ausmaß, von un-

mittelbarer Wirkung und für die Dauer eines halben Jahrhunderts vertraglich vereinbart. Diese Ausstellung ist ein Musterbeispiel für sinnvolle und großzügige, kulturell-wirtschaftliche Beziehungen. Unter den ausgewählten 74 Werken Munchs werden Bilder gezeigt, die bislang außerhalb von Norwegen noch nie zu sehen waren.
Im geräumigeren Züricher Kunsthaus wird man diese Kollektion demnächst um 40 Bilder erweitern. Man möchte einen Überblick über das Lebenswerk des Künstlers ermöglichen, den Schwerpunkt auf das Malerische legen, das Ikonographische auf seine natürliche Bedeutung begrenzen und damit die Tendenzen einer erneuerten Kunsttheorie andeuten. Unter dem Malerischen versteht Paul Vogt, der Direktor des Museums Folkwang, die Anteile von Linie, Fläche, Komposition und Farbe.
Da dieses Problem aus dem künstlerischen Werdegang Munchs entwickelt wird, werden seine norwegischen Anfänge, die sonst (wie verständlich) zu kurz kommen, mit etwa 20 Arbeiten in den Blick gestellt. Die Personnagen dieser Epoche, unter ihnen zwei Selbstbildnisse, bewegen sich noch im Konventionellen der damaligen Kunstausbildung; andere aber bezeugen schon das skandinavische Lebensgefühl, die Erfahrung einer herben Einsamkeit des Einzelnen, für sich wie in der Gruppe, das wortlose Einvernehmen mit der großen Natur und die Hinfälligkeit des Lebens in Krankheit und Tod. So berichtet auch Munch, noch diesseits von sozialen Miseren der »modernen Gesellschaft« und ihrer psychologischen Spekulationen, von jener Gestimmtheit, die sich in der Weite der Landschaft unter dem hohen Himmel der Sommernächte einstellt.
Zu den Bildern dieser frühen Jahre gehören die großartige »Sommernacht« (1889) und »Der Tag danach« (1894/95). Die Kongruenzen beider sind nicht zu übersehen. Da ist beide Male die plastische Ausbuchtung der Frauengewänder, ist die großzügige, unverkürzte Komposition beider Gestalten, das Tonige im hellen Braun und im nachgiebigen Weiß der Röcke und die raumgreifenden, differenzierten Volumina der Zimmerausstattung wie der Ufersteine und schließlich die farbige Unbestimmtheit oder Offenheit der Hintergründe. Was drinnen der flache, rostbraune Bettrand, das ist draußen am Meere die sporadische Andeutung einer Fischereianlage, die das Mädchen vor dem weiten Horizont absetzt.
Zu dieser Bildgruppe gehört auch »Das kranke Kind«. Man zeigt die zweite von sechs Versionen (1896). Die unterschiedlichen Fassungen vermitteln im Menschlichen kaum neue Einsichten. Um so bewußter ist Munch bis in die Details auf die kalkulierte Kunstwirkung bedacht, auf eine verwirrende Vielfalt und Subtilität der roten Haare des Mädchens und auf das dominierende grüne Kolorit der Ausstattung.
Die Bilder unter Pariser Einflüssen sind aufschlußreich für die forcierte Assimilation fremder Einwirkungen und für die experimentierende Unruhe in der Erkundung impressionistischer Farbigkeit, Tech-

nik und Thematik. Fundamentale Charaktere dieser Malerei sind hier bereits gesichert. Die Personen werden en face oder in scharfen Profilen und die Gruppen in fast eckigen Kombinationen beider Ansichten präsentiert. Die Gründe dafür wären wohl aufschlußreich auch für das Ganze.

In der dritten Ausstellungsgruppe dominiert der »Lebensfries«. Aus der Überfülle malerischer Suggestionen sollen hier nur »Der Schrei« und das »Porträt Dagny Juell Przybyszewska« (1893) erwähnt werden. »Der Schrei« (1893), berühmt wie ein Eklat, ist in jeder Hinsicht mißglückt und vielleicht auch deswegen so berühmt. Denn vor dem Höhepunkt eines realen oder vorgetäuschten Vorgangs versagt, gemäß einer alten Einsicht, die künstlerische Kompetenz. Der Blick des Betrachters wird zwar frontal auf den Mund der Schreienden konzentriert; doch die straffen, geschwungenen Falten des Gesichts verfließen mit den Hügeln der Landschaft, mit den blauen Wellen des Wassers und mit dem Treiben der roten Wolken am Himmel. Der starr schreiende Mund wird zu einem dunklen Trichter des Nichts, zur Mitte einer leeren, fast unsinnig überzogenen Nichtigkeit. Diese nordische Exaltation zeitigte ihre Folgen im deutschen Expressionismus. Die Absicht ist klar und verstimmt. Darüber hinaus erfüllt die Darstellung im Kontrast zwischen Aufwand und Wirkung eine Grundvoraussetzung der Komik. Doch, es ist das Schlimmste nicht, von dem man sagen kann, es sei das Schlimmste (Lear). Eine präzivilisatorische Panik läßt sich vielleicht erfahren; man kann über sie vielleicht (mit Kierkegaard damals) literarisch räsonieren; doch läßt sie sich offenbar nicht anschaulich darstellen. Hier nähert sich die Einsicht, daß Munch den in seiner Demonstration deformierten und deformierenden Schrei in der großartigen Erbarmungslosigkeit der letzten Schneebilder mit festem Griff gebändigt hat.

Ist »Der Schrei«, aus welchen Gründen auch immer, das knallige Ergebnis eines kalkulativen Versuchs, so gilt wohl dem »Porträt« die malerische und menschliche Zuwendung Munchs. Jenes ist Sinnbild, dieses Inbild. Vor flimmernden, dunklen Farbspuren in Lila und Grün steht die Frau in einem dunklen, geschlossenen Mantel da. Waagerechte Streifen im Muster des Mantels stützen sie, fast unmerklich, gegen die fallenden Farben des Hintergrunds. Auch hier ist das Antlitz zwischen hohen Schultern dem Betrachter zugewandt. Ein Kettchen um den Hals ist nichts als eine routiniert angedeutete Gliederung des Eindrucks. Der schmale Blick unter den halbgeschlossenen Lidern ist wie ein Schatten im Licht des Gesichts. Die leichte Neigung des Kopfes zur Seite und die roten, geschlossenen Lippen deuten Empfindsamkeit an. Ein wenig Lebensröte, auch noch auf den Ohrmuscheln, versöhnt mit der schweigenden Schwermut des Bildes. Ihre Berliner Freunde nannten sie Duch. Sie wurde 1901 in Tiflis von einem Studenten erschossen. Ihr Mann, ein renommierter polnischer Schriftsteller unter den Intellektuellen in Berlin und Befürworter

einer deutsch-polnischen Verständigung, lebte nach dem Ersten Weltkrieg fast vergessen als Bahnbeamter in Danzig. Er starb 1927.
Versucht man hernach die malerischen Eigenarten dieser Ausstellung zu sammeln, so ist es vor allem die Intensität der Farben, selbst noch in den dunklen Tönen; es ist weniger ihr Leuchten als ihre manchmal trockene Ausdrucksstärke; es ist die kräftige Konturierung von Realkomplexen, von Wellen- und Wolkenfeldern; es ist von Anfang an die Auskehlung fester Körper, sowohl der menschlichen Gestalten wie der Hügel oder Schneewächten und nicht zuletzt des menschlichen Antlitzes in seinen Verzerrungen. Diese ovalen Mulden sind bald Mondreflexe auf trägen Seen, bald ein fahles Schmelzwasser im pappigen Schnee, bald die leichte Hauttönung eines kranken Gesichtes oder das zerfallende Grau um tiefe Augenhöhlen.

In: Weltkunst, 1987

Adam Myjak

Mit einer Ausstellung des polnischen Plastikers Adam Myjak setzt das Bochumer Museum seine Kunstinformationen aus den osteuropäischen Ländern fort. Adam Myjak ist 1947 in Polen geboren, er hat an der Akademie der Schönen Künste in Warschau studiert und unterrichtet dort als Professor für Bildhauerei. Er gilt drüben in seinem Fach als führender Vertreter der mittleren Generation. Seine erste Einzelausstellung in der Bundesrepublik zeigte er 1981 als Stipendiat im Wilhelm-Lehmbruck-Museum in Duisburg.
22 Arbeiten, nach Themen geordnet, vermitteln einen Überblick über sein bisheriges Werk. Sie sind weder Porträt, noch Monument oder Symbol, obwohl die vorwiegend überdimensionalen Büsten oder mächtige Schädel (aus Kunststein), die wie zufällig, als wären sie Findlinge, am Boden liegen, ausschließlich Männerbildnisse unserer Zeit darstellen. Sie werden von Körperstudien ergänzt.
Dieser Bestand aus 15 Jahren verleugnet nicht seine Auseinandersetzung mit Vorbildern dieses Jahrhunderts. Die archaisch-machtvollen, fast blicklos-flächigen, aber in sich konzentrierten Gesichter gehören in die Verwandtschaft Henry Moores. Messerscharfe, polierte und reflektierende Bronzeprofile verweisen auf Constantin Brancusi. »Figuren«, die auf gertenschlanken, elastischen Beinen über gewellten Platten ausschreiten, wären vielleicht Sprößlinge Alberto Giacomettis, wenn sie sich nicht in spätkubistischen Bronze-Abstraktionen verjüngten und verfremdeten. Zu ihnen gehören in gewisser Weise die Köpfe der »Menschlichen Landschaft«, die sich wie Hügelchen am Fußboden wölben.
Obwohl der Katalog ausfürlich auf Geschichte und Zustände in Polen eingeht und gespaltene Schädel die brutalen Einwirkungen der Ge-

walt wie Wesenszüge mit sich tragen, war oder wird die Kunst für Myjak nicht zum Instrument politischer Agitation; denn sie aktualisiert sich nicht im flachen Horizont des Gegenwärtigen, sondern steigert sich durch bedachte Konzeptionen in Anlage und Ausdruck zu gültigen Zeugnissen. Das gilt vor allem für die Zyklen »Der Traum« und »Vergänglichkeit«. Da werden abgründige Obsessionen und visionäre Entrückungen in beklemmender Eindringlichkeit spürbar. Urtümliche Spannungen zwischen innen und außen, zwischen menschlicher und natürlicher Natur werden in großzügigen Dimensionen einander angenähert, und die Narben und Abschürfungen auf Schädeln und Schultern lassen sich wie Erosionen und Auswaschungen alter Felsstücke lesen, die auf dem Grund eines sandigen Flußbettes die Wasser der Zeiten überdauern.
Diese dokumentarische Ausstellung verdeutlicht zwar ihre Stationen und Experimente und ist somit unterrichtend und sinnvoll; doch erschwert sie gerade dadurch das Verständnis für das Spezifische; es ist nicht nur die fast nervöse Vielfalt der Themen, der Materialien und ihrer Bearbeitung, von der Bronze und dem Beton über polychromen Stuck bis hin zu der fast gewaltsamen Kombination aus Kunststein und Metall, einer Gattung, die bereits in der Antike als Akrolith nicht ganz überzeugte. Denn während die Urstoffe, Stein und Holz, zu denen sich auch Adam Myjak bekennt, den Gehalt seriöser Themen vereinfachen, festigen oder vertiefen, begnügen sich die Materialkombinationen mit ästhetischen Provokationen und isolierenden Effekten.

In: Frankfurter Allgemeine Zeitung, 1989

Die Nabis

Die Nabis haben sich zwar selbst als Nabis bezeichnet und mit dieser Wortentlehnung aus dem Arabischen prophetische Ansprüche gestellt; doch obwohl sie und ihr »Synthetismus« fast ganz vergessen sind, kann man sich der stillen, eindringlichen Wirkung der etwa 60 Druckgraphiken, die im Museum Folkwang, Essen, gezeigt werden, nicht entziehen. Vertreten sind unter anderen Pierre Bonnard und Émile Bernard, Édouard Vuillard und Félix Vallotton, Maurice Denis und natürlich Paul Gauguin, der selbstbewußt die Jüngeren unter den Propheten von Pont-Aven nachdrücklich beeinflußt hat. Man müsse, lehrte er, das Wesentliche suchen und darstellen und sich deswegen sowohl vor den konventionellen Traditionen wie der rüden Direktheit der Naturalisten und dem ideenlosen Flimmern der Impressionisten hüten. Da auch die Linearperspektive zu den fatalen Illusionen des künstlerischen Scheins gehöre, entspreche nur das Flächenbild der Bildfläche, die uns vor Augen liegt. Man solle zwar die Umwelt, zum Beispiel bretonische Bäuerinnen, darstellen; doch dürfe ein Bild

nicht spiegeln, sondern müsse aus formalen Elementen gebaut werden, müsse »synthetisch« sein.
Also wirken die weißen Flächen der Frauengesichter und ihrer Hauben auf den drei Schwarz-Weiß-Lithographien Gauguins größer und »unnatürlicher«, als sie wohl in Wirklichkeit gewesen sind. Ihnen entsprechen die Blätter von Bernard und Paul Sérusier, dem Theoretiker der Nabis. Hierher gehören, wenngleich auf andere Weise, die antikisierende Bukolik Roussels und Vallottons dekorative Nivellierung der Motive. Nur scheinbar unscheinbar, doch fast wie ein Kunstprogramm wirkt das Blättchen »Die Hunde« von Pierre Bonnard. Auf der flachen Fläche werden sieben Tiere, trotz ihrer unterschiedlichen Rasse, ihres unterschiedlichen Verhaltens und trotz der verblüffenden Vielfalt der Konturierung so zur künstlerischen Einheit verwoben, wie es später für die großen Ölbilder des Malers charakteristisch ist.
Noch eindringlicher als ihre Kunsttheorie wirkt die Kunstgesinnung der Nabis. Die verinnerlichte Stille theosophischer oder christlich-religiöser Themen wird durch die Auswahl, die modesten Maße der Blätter und ihre Hängung begünstigt. Das gilt besonders für die symbolistische »Amour«-Folge von Maurice Denis. Da sind die Innenräume, die »Interieurs«, die dekorativen Decken und Vorhänge, die Rosen in Vasen und die flächigen, hellen Gesichter von Frauen, die in einem Buche lesen oder wie abgewandt dem Zuspruch eines Freundes nachsinnen. Was sie denken und tun, was sie sind, verraten die Titel: »Die Dämmerungen haben die Stimmung eines alten Bildes.« Es könnte auch heißen: »Das alte Bild hat die Stimmung der Dämmerungen«. Oder: »Sie war schöner als die Träume«. Das könnten Zeilen von Stefan George, Titel aus »Algabal« sein.
Die Zukunft der »Propheten« von Pont-Aven ist unsere Vergangenheit. Ob das zu begrüßen oder zu bedauern ist, steht dahin. Pierre Bonnard, der »Nabi japonard«, wie seine Freunde ihn nannten, hat sich von seinen Farben gewünscht, sie möchten auf junge Maler im Jahr 2000 wie leichte, lichte Falterflügel wirken.

In: Frankfurter Allgemeine Zeitung, 1987

Peter Nagel

Peter Nagel arbeitet gegenständlich, aber nicht realistisch, wofern man unter »Realismus« die Wiedergabe einer augenfälligen Außenwelt versteht. Denn was es auf diesen Bildern gibt, das gibt es nur in gewisser Hinsicht. Auf diese Hinsicht aber kommt es dem Maler an. Es überrascht vorweg das unpersönliche, kühle Fluidum der Bilder. Deswegen hat man sie als steril empfunden. Doch nicht der Maler selbst, seine Gegenstände sind von dieser reagenzunfähigen Glätte. Ihr entspricht die unbestechliche Beobachtung des Künstlers, der mehr auf ihre Wiedergabe als auf eine gemütvolle Übereinkunft mit den Gegenständen bedacht ist und der sich als Zeuge einer Zeit versteht, die sich bereits vorwiegend in objektiven Lebensschemata bewegt. Die maßnehmende Distanz Nagels ist also weniger sein eigener als ein Wesenszug seiner Gegenstände. Die alte »Natur« äußert sich nur noch in verdünnten oder verkrampften Regungen wie in Spuren einer vergangenen Zeit, etwa in der genormten »Lebensfreude« am Strand, im verbissenen Eifer von Sportlern oder im quengelnden Querulantentum wohlgenährter, aber gelangweilter Kinder, Nervensägen auf dem Wege ihrer Persönlichkeitsentfaltung und vom sinnlosen Übermaß ihres klappernden Spielzeugs überwältigt. Das, worin und womit wir leben und spielen, unsere Umwelt also, ist bereits ohne sinnvolle Spannung und fahl geworden. Doch wir merken es nicht in der tragischen Naivität unseres unbedachten Daseins.

Diese Alogik ist ein Thema Nagels. Er stellt sie dar. Sie darzustellen, nicht, sie zu belächeln, sie zu bedauern oder gar zu reformieren, ist seine selbstgestellte Aufgabe. Ihrer Kühle entspricht ihre Darstellung: kühl, sorgfälig bis ins Detail und perfekt im Sinne der heutigen Lebensperfektion. Das ist unsere Welt, da sind nicht nur die plärren-

Peter Nagel, »Mann mit Koffer«, 1981/82, Eitempera/Öl auf Leinwand, 70×90 cm

den Sprößlinge, die »Persönlichkeiten« der Zukunft; da ist nicht nur der hechelnde Rennfahrer, der trampelt, als ginge es nicht nur um die Ehre der Nation, sondern um sein Leben; da ist auch der groß numerierte Strandkorb, der wichtiger ist als der Strand selbst, und der farbige Boxer, der als Porzellanpüppchen in einem Stilleben entzückt. Der Kontrast zwischen Bestimmung und Aufwand wirkt komisch oder gar grotesk. Demgemäß ist seine Kunst auch eher lustig und witzig als heiter oder humorig.
Was geht da vor? Die Natur ist in der Zivilisation verschwunden, das Kreatürliche durch das Artifizielle ersetzt. Das Gewordene ist zum Gemachten, das Organische zum Mechanischen geworden. Der alte Grundbestand, den Nagel nicht mehr erwähnt, wird durch Ersatz ersetzt. Das ist dann Fläche ohne Raum, ohne Weltraum, Bilder ohne das menschliche Maß der Tiefenperspektive. Die Farben verzichten längst auf Lokalisation und vibrierende Atmosphäre, sie sind nur noch neutrale Begrenzungen und saugen das Licht nicht mehr auf, sondern stoßen es ab. Das ist nicht mehr Glanz oder Schimmer, sondern nur noch Reflex.
Natürlich steht auch Peter Nagel in Fühlung zur Tradition, unter anderem zu jenem Zug der deutschen Romantik, der sich mit Kleist auf den Weg des Begriffs, der Rationalität, begeben hat, um Welt und Kunst durch Künstlichkeit zu bewältigen. Es ist der Weg, der nicht mehr nach einem vorgegebenen Wesen des Menschen sucht, sondern versucht, es durch eine Fiktion zu ersetzen. Schon gleichen die Menschen auf Nagels Bildern den Gliederpuppen des »Marionettentheaters«. Doch hofft der Romantiker Kleist und mit ihm wohl auch Peter Nagel, daß eines Tages das Organische und das Reflexive einander wieder begegnen.

Zur Ausstellung im Kunstverein Mannheim, 1981,
in: das kunstwerk, 1981

E.W. Nay

E. W. Nay, 1902 in Berlin geboren und 1968 in Köln gestorben, gehört zu den Malern, die mit der Malerei nur künstlerische Aufgaben und Vorstellungen verbinden, zu jenen also, die weder schildern noch predigen, die jedes wie auch immer beschaffene Engagement ablehnen, um sich als Künstler ebenso gründlich wie ausschließlich mit dem zu befassen, was die Kunst nach ihrer Meinung ausmacht. So heißt es in den Notizen Nays: »Gegebenheiten gibt es nicht«, »Bildwirklichkeit als Tatsache an sich«, das Bild ist »unreflektierte Anschauung«. Vor seinem Werk wird sichtbar, welchen Weg Nay bis zu dieser seiner Einsicht der letzten Lebensjahre gegangen ist.

Von Anfang an, das heißt, seit der Politisierung der Künste um 1933 bis hin zu ihrer »Vergesellschaftung« in der Bundesrepublik hat er es abgelehnt, sich auf der Leinwand mit den Surrogaten des kulturellen Lebens auseinanderzusetzen. Ob »Überbau« oder »Unterbau« der Verhältnisse, das Wesen der Malerei ist die Farbe. Sie ist ihre Welt, ist ihre Wirklichkeit. Sie verweist nicht auf dies oder das, sie ist weder die Darstellung der Dinge noch der Spiegel der Seele; denn die spektralen Möglichkeiten, die Konsistenz und Dichte der Farben und vor allem immanente Wechselwirkungen sind die alleinige Wirklichkeit und Wirksamkeit der Malerei. Malerei deutet und bedeutet also nicht, sie ist.

Dem widerspricht nur scheinbar der figürliche Inhalt der frühen Bilder; denn der »Elchkopf«, der »Mann mit Kuh« und vor allem die Lofotenbilder der dreißiger Jahre, mit denen die Ausstellung beginnt, sind von einer fast heraldischen Strenge, die den Inhalt bildnerisch aufhebt. Dem entspricht auch der malerische Eigenwert der Farben. Jener »Elchkopf« wie die »Familie nachts am Meer« (1935) oder die phantastisch-orphischen Bildträume der letzten Kriegsjahre illusionieren nur Möglichkeiten der realen Welt; in Wirklichkeit sind sie nichts als Bauelemente der Kunst, »Schaffungen« einer »andern Natur« (Kant). Nicht nur das streng organisierte Kolorit, es ist auch ein bemerkenswerter Formalismus, der die Inhalte, also die Horizonte, das Meer und die Boote, die Tiere und Menschen, mit spürbarem Zugriff in eine spezifische Kunstordnung zwingt. Diese souveräne und zugleich leidenschaftliche Formsicherheit setzt die Tradition der Kubisten und die variable Offenheit der Farbkreise Delaunays fort.

Von anderer Art, wenngleich das Gestalthafte der vorausgegangenen Jahre fortsetzend, sind verdüsterte, fast tropisch wuchernde Tafeln um 1944. Ein dichtes Gewebe körniger Farben breitet sich über die Malfläche aus. Doch auch sie bleiben wie die Lofotenbilder nur ein Intermezzo.

Um 1950 bestimmt dann in dem Maße, in dem die Ordnungen des dinglichen, natürlichen Daseins aus der Malerei Nays verschwinden, die geometrisierende Abstraktion mit ihren formalen Requisiten der Dreiecke, des Segments, des Schachbretts, der Parallelen und Überschneidungen die Vorstellungswelt des Malers. Eine Vierergruppe aus dieser Zeit nimmt in der Ausstellung mit Recht einen eigenen Raum ein. Es sind zwar die formalisierenden Kategorien Kandinskys, aber heller, farbiger und vor allem melodischer in den Umrissen und letztlich doch nicht viel mehr als eine Variante des schon Erprobten, eine nuancierte Biogenese in der Phylogenese der damals schon historisch gewordenen Abstraktion. In ihnen äußert sich allerdings wieder die nervöse Unruhe, die schon in den Träumen des »Einsamen« oder der »Familie des Zauberers« spürbar ist. Blitzende Lineaturen von flimmernder Vielfalt verwirren das Spiel der zerrissenen Grundfarben. Es

ist die Dynamik des Strukturellen, das stärker noch als die Farbe das Bild bestimmt.
Daß und wie sich die Farbe dann unwiderstehlich als das Charakteristische dieser Malerei durchsetzt, das macht die neue und letzte Phase im Werk Nays aus. Da wird die Farbe zum Thema, und sie begründet die »neue Malerei«, wie Nay sie nennt. Aus dem »Formbild« wird das »neutrale Bild« (1968), das Bild ohne Metaphysik, nur als ein gemachtes auch ein menschliches Bild. »Gefühle existieren nicht in der Kunst«. Die neuen Zeichen sind die Farbscheiben der »Scheibenbilder«. In einem Treppenaufgang der 3. documenta wurden sie 1964 zur Sensation. Sie beginnen in der Ausstellung mit dem »Stellar in Grau« (1955); ein helles Grau zwischen Schwarz und Weiß und zwischen ihnen ein schwebendes Gelb deuten Licht und Leichtigkeit an. Nichts mehr von Eigenbestimmung des Dinglich-Gegenständlichen, aber auch nichts mehr von der Nötigung durch abstrahierende Formalismen; denn die »Farbe selbst ist immer begrenzt durch eine Form«. In den Scheiben sind die eingangs erwähnten Grundsätze Nays für eine »neue« Malerei wohl restlos verwirklicht. Da ist jeder Hinweis auf »Gegebenes«, auf Natur im erfahrbaren Sinne, jede Andeutung von Konkret-Menschlichem eliminiert. Nach wie vor wird man in den Scheibenbildern, so sehr sie auch in ihrer Zeit umstritten waren, die Höhe in der Entwicklung Nays sehen. Um so mehr ist zu bedauern, daß sie nur mit wenigen Exemplaren in der Ausstellung vertreten sind. Sie sind der Punkt, an dem sich die Geister hierzulande und heute wohl noch mehr als damals scheiden.
Doch so nachdrücklich man auch diesen Weg des Künstlers über seine frühen Experimente hinweg bis zur Meisterschaft, aus den Träumen des »Einsamen« und die Flucht aus dem Somnisch-Süchtigen hin zur inneren und äußeren Leichtigkeit des »Translucid« oder der »Himmelsrichtung« (1963) begrüßt, wo die Scheiben in Gelb, Rot und Grün den Betrachter aus den ovalen Augen Picassos wie entrückt und doch nicht ohne Ironie mustern; so sehr man diesen Weg und seine Schwierigkeiten als den Weg eines deutschen Malers der letzten Jahrzehnte verstehen und ihm sogar ausdrücklich zustimmen möchte, so sehr befremden in dieser Ausstellung jene Bilder, die entweder (anders als die Scheiben) in leere Kombinationen von Formen und Farben ausweichen oder (leider) bereits um 1960 einen groben, forcierten Farbauftrag in kreisenden Bewegungen bevorzugen. Ungegliedert stürzen sie in Clustern über die Bildfläche. Wäre es nicht zu anspruchslos, so möchte man auch hier bereits eine fatale Neigung zum »wilden« Stil vermuten. Das sind keine Schichtungen, sondern nur noch Übermalungen, das ist nicht einmal »expressiv«, sondern nur noch unbekümmerte Vitalität.
Ihnen gegenüber sind die Scheiben nicht eben ein Fund, nicht einmal eine originäre Synthese aus neuen Tendenzen, sondern eine Art von Ruhepunkt, um den sich die Erfahrungen eines bewußten Künstlerle-

bens versammeln. Sie halten eine distanzierte Nähe zu den alten Impressionisten; Nähe, insofern damals wie heute die Farbe das spezifische Medium der Malerei bleibt; Distanz, weil auch Nay, wie schon Cézanne und Klee, das Strukturelle beibehält, damit die Farbe nicht in Klecksen verfließt und der Betrachter sich nicht im gestaltlosen Sentiment verliert. Niemand wird die Scheiben Nays als geometrische Figuren und schon gar nicht als das Symbol des Zeitlosen oder der Vollkommenheit lesen; das widerspräche nicht nur den ausdrücklichen Erläuterungen Nays, sondern stärker noch dem Augenschein; denn sie illusionieren vor allem in ihrer Häufung jene luftigen Gebilde der Kinder, die das unbeschwerte, letztlich auch ungesteuerte Dasein einer »Freiheit nach allen Seiten« (Nay), einer Freiheit »mit Schicksal« verbildlichen. Das unterscheidet die Scheiben, die keine Kreise sind, von den schicksallosen Kreisen der Abstraktion. Nun scheinen sie ohne Spur am Horizont deutscher Kunsterfahrungen zu verschwinden.

Zur Ausstellung »E. W. Nay – Bilder kommen aus Bildern« in Haus Lange, Krefelder Museen, 1985,
in: Weltkunst, 1985

Ansgar Nierhoff

I

Zwar ist die »Materialerkundung« wie überhaupt der abstrakte oder isolierte Umgang mit dem Kunstinstrumentarium ein Thema, um nicht zu sagen, eine Marotte des letzten Jahrzehnts; und man hat nicht nur schlichte Schienen oder T-Eisen, sondern sogar verschnürte Heubündel im Foyer von Museen herumliegen sehen, unklar, ob nur vergessen oder ausgestellt. Doch am Stahl, wie ihn Ansgar Nierhoff bearbeitet, an seinen Stahlblechen oder Stahlplastiken ist nicht viel zu erkunden. Denn unverhüllt in ihrem Dasein und in einer scheinbaren Alltäglichkeit geformt, sind sie, wie sie als Blöcke, Scheiben oder Stäbe an den Wänden hängen oder auf dem Boden stehen, nichts als sie selbst. Sie sind also keine Zeugnisse, keine Signale oder Symbole, nicht einmal Spuren des Lebens oder gar der »Gesellschaft«. Aber sie bedeuten (sonst wären sie trotz allem keine Kunst) mehr als Material und Materialeigenschaften. Durch Bearbeitung deckt Nierhoff diese Wesenszüge des Materials auf und macht sie in zweifacher Hinsicht sichtbar: Er stellt die Einzelstücke als solche in die Anschauung und macht in einem zweiten Themenbereich ihre räumliche Beziehung untereinander greifbar. Diese Bearbeitung ist keine aleatorische Handhabung, sondern gerichtet und wirkungsbewußt. Die Stahlbleche werden zunächst horizontal oder vertikal wiederholt oder mehrfach

Ansgar Nierhoff, »Eins ergibt das andere – M. + E. S.«, 1988, 6 Brennstücke aus einem Block

besäumte Bleche und eine eingeschmiedete Kugel, 42×145×804 cm

gepreßt oder auch gewalzt und dann wieder ausgebreitet, wie man Tücher oder Pappe preßt und wieder aufdeckt. Die Spuren dieses Verfahrens wirken dann wie Knicke in einem Karton oder wie Falten in einem Segeltuch. Einer normalen, manuellen Bearbeitung würde sich der Stahl widersetzen. Daß sie technisch-maschinell geschieht, ist nicht von Bedeutung. Bedeutsamer ist wohl, daß durch sie im Ergebnis zwei unterschiedliche Materialien in der Betrachtung einander angenähert werden. Es scheint dann, als wäre der Stahl viel handlicher und nachgiebiger, als man es weiß. Kein Wunder, daß sich die beschreibende Sprache (etwa mit »falten« oder »aufdecken«) der Wörter aus anderen Materialbereichen bedienen muß, um wenigstens in Annäherung die künstlerische Wirkung solcher Werke wiederzugeben. So scheint der Stahl gegen seine Natur biegsam und nachgiebig zu werden; unter der Hand verwandelt er in der Betrachtung seine kühle Reaktionsstarre; man möchte ihn beinahe streicheln wie gealtertes Leder. Im Licht leuchten nun fast schon organische Wölbungen auf, und ihr gedeckter und doch so modulationsfähiger Glanz ist wie das bleierne Schwarz-Blau schwerer Meereswogen. Doch anders als die Wellen ist das Material dieser Kunst starr. Aber seine Oberfläche flimmert unter Lichtstrahlen, als geriete die Energie des materiellen Substrats in Bewegung, als setzte sie sich frei.
Diese Vorgänge werden durch die Spuren des Faltens und Entfaltens teils in erhabenen, teils in vertieften Strukturen gesteuert. Was sonst in künstlerischen Prozessen hinzugefügt wird, wie etwa Farben in einem gliedernden Auftrag, das wird hier aus dem Material selbst herausgearbeitet. Solch immanente Modulationen der Oberfläche verbinden sich mit dem tiefen, stumpfen Rostbraun der Bruchstellen des bearbeiteten Stahls.
Während sich diese Vorgänge im rein Sinnlichen, Ästhetischen also, vollziehen und im Hinblick auf den vereinzelten Gegenstand unmittelbar aufgenommen werden, wenden sich schlanke Stäbe, gebündelt in Behältern, an die Wand gelehnt oder in unterschiedlichen Abständen vom Boden bis zur Decke befestigt, an die vergleichende Vorstellungskraft des Betrachters. Sie veranschaulichen und verschärfen das künstlerische Problem formaler Relationen. Selbst fast farb- und gestaltlos, geben sie nur Hinweise auf ihre wechselseitige Anordnung auf der Fläche oder im Raum. Für sich selbst fast ein Nichts, sind sie stumm und geben keine Auskunft über Vergangenes, keine Erläuterungen zum Gegenwärtigen oder gar Hinweise auf die Zukunft. Diese Kunst ist keine Lebenshilfe. Ihre Wirkung besteht nur in der Spannung ihrer Elemente zueinander.
Kritisch bewußt, daß kein Wort (zumindest in den Kunstspekulationen dieser Zeit) in ambitionierter Gedankenlosigkeit so »verfremdet« worden ist wie »Raum«, könnte man bei den schlanken, einförmigen, profilierten Stäben in den drei Ausmessungen der Tiefe, Höhe und Breite von einer anschaulichen Skelettierung oder einer anschau-

lichen Anatomie der Dreidimensionalität, also des Raumes, sprechen.
Aus der Rückführung aufs Material und auf seine inneren Eigenschaften, in der schweigenden Aufforderung an den Betrachter, sich auf das Schmucklos-Fundamentale einzulassen, versteht sich das Besondere dieser Kunst. Vielleicht entspricht ihre spröde Distanz auch einem Grundpathos dieser Zeit, soweit es auf Ausstattung, auf Heilswissen ebenso wie auf Seinsanalyse verzichten will.
Großformatige Zeichnungen in Graphit, Kohle oder Blei legen im Rückblick nahe, daß hier der Stahl weniger in seiner kompakten Materialität als in der Subtilität feiner und feinster Nuancen gemeint ist. Denn auf identifizierbare Gegenstände höchstens hinweisend, stellen die Linien (manchmal geometrischen Figuren angenähert) Beziehungen leiser Entsprechungen her. Das ergibt sich aus der unterschiedlichen Verdichtung der Striche, der Variabilität der Schwerpunkte oder aus den divergierenden Richtungstendenzen isolierter Linien, die dann wie Stäbe eines Mobiles zu schweben scheinen.

Zur Ausstellung in der Galerie Hennemann, Bonn, 1981,
in: das kunstwerk, 1981

II

Die schräge Wortprägung »Eisenzeit« für eine Ausstellung der Eisenplastiken von Ansgar Nierhoff provoziert die Vorstellung, unsere Zeit hätte mehr als unsere Vergangenheit mit Eisen und diese Kunst nicht nur etwas mit Eisen, sondern auch mit Zeit zu tun. Doch diesen »Raumplastiken« kommt Zeit gar nicht und Raum nur insofern zu, als jedwedes Stück Materie räumlich ist. Überhaupt wäre es vielleicht zweckmäßig, auf den ominösen »Raum« zu verzichten und festzustellen, daß auch diese Plastiken dreidimensional, also in Höhe, Tiefe und Breite meßbar sind, eine Eigenschaft, von der Ansgar Nierhoff minuziös und in besonderer Weise Gebrauch macht.
Holzplastiker wie Hans Steinbrenner bearbeiten ihr vorgegebenes Material. Metallplastiker wie Ansgar Nierhoff stellen es zunächst her. Beide drängen auf das Fundamentale ihrer Objekte und machen es zum Gegenstand ihrer Kunst, einer Fundamentalkunst. In der Regel ist das Fundamentale, ob als Sinn einer Aussage, ob als Antrieb im Wachstum oder als Grundbedingung der Materie, dem Betrachter zunächst verborgen, und man begnügt sich mit dem farbigen Abglanz. Wenn aber von der radikalen Rückführung eines Eisenstücks auf seine künstlerische Grundkategorie nicht viel mehr als seine Anschaubarkeit, das »Ästhetische« im Wortsinn, übrigbleibt, so ist das für manchen Kunstfreund, selbst in »Minimal«-Zeiten, etwas wenig. Doch Nierhoff beläßt es dabei. Wenn er seine Gegenstände weder ver-

ziert noch mit offenen oder geheimen Hinweisen auf das öffentliche oder private »Leben« ausstattet, seine Plastiken aber untereinander in Beziehung setzt und damit zwar das Geradlinige oder Runde, das Eckige oder Kantige ins Spiel bringt, so verändert er, indem er vage Nuancen von Schwarz und natürliche Rostspuren respektiert, nicht die materielle Substanz seiner Objekte. In der präzisen Anordnung solcher Relationen entsteht im Betrachter eine neue Welt, die Welt dieser Kunst. Im Wechsel des Blickwinkels bildet sich in der Phantasie ein bewegtes, vielleicht sogar faszinierendes Feld von prüfbaren Kraftlinien. Im Verzicht auf Sinnzeichen und explizite Sinnenreize fördern sie die anschauliche Zuordnung der Stelen und Würfel, der Rundstäbe, Brammen und Kugeln. In Distanz zum Kult des Bedrohlichen oder nur Wünschbaren, überhaupt zu Emotionen eines chaotisierten Innenlebens in dieser Zeit, sind sie auf die Vergegenwärtigung reiner Seinsordnungen bedacht und machen im Fundamentalen das Gültige und Beständige erfahrbar, und dies nicht in Begriffen, sondern in der intellektuellen Anschauung. Graphische Entwürfe für diese imaginären Gespinste können an den Wänden der Ausstellung studiert werden.
Die Moderne Galerie des Saarland-Museums hatte die Plastiken Nierhoffs zu einem geschlossenen System installiert. Unter anderen Gegebenheiten in Dortmund hat man sie nach thematischen Gruppen in gesonderten Räumen zusammengefaßt. Beides ist sinnvoll, also gleichwertig. Grundsätzlich macht es wohl keinen Unterschied aus, ob man Vergleichbares vergleicht, Ähnliches wechselseitig erhöht oder Gegensätze verschärft oder nivelliert. Man gewinnt im Umgang mit ihnen keine formulierbaren Einsichten über Gott und Mensch, nicht einmal über Sinn oder Unsinn unseres Tuns; man überläßt sich ihrer sanften Nötigung oder widerstrebt und entzieht sich ihnen, bewußt oder naiv.
Was also ist hier am Werke? Wohlmeinende Spekulationen (im Katalog) sprechen den arglosen Arbeiten das wieder zu, von dem sie sich durch künstlerische Reduktionen befreit zu haben scheinen. Insofern sie in geschlossenen Gruppierungen, in offenen Expansionen oder in der scheinbaren Isolierung eines Blocks einen fundamentalen Tatbestand vorstellen, fordern sie den Betrachter durch ihre elementare Einfachheit heraus. Sie sind weder Abstraktionen noch Ideenspiele; denn sie vermitteln in reiner Anschauung die Erfahrung korrespondierender Grundordnungen. Ihr Verzicht auf Vertrautes oder sogar Erwartetes gehört zum Rang dieser Kunst.

Zur Ausstellung im Museum am Ostwall, Dortmund, 1989,
in: Frankfurter Allgemeine Zeitung, 1989

Ernst Oberhoff

Ernst Oberhoff wurde 1906 in Ronsdorf geboren und ist 1980 in Wuppertal gestorben. Von 1929 bis 1931 lernte er und von 1950 bis 1953 lehrte er an der Kunstakademie in Düsseldorf. Bis 1971 war er Leiter der Malklasse an der Werkkunstschule in Wuppertal.
Kunst und Leben schienen in der Person dieses Mannes übereinzukommen; denn für ihn war zwar die Kunst nicht nur ein Beruf im alten Sinne, kein »Job« und schon gar nicht die Gelegenheit, um andere, gefragt oder ungefragt, mit Stift oder Pinsel zu schulmeistern. Für Ernst Oberhoff sind die Bilder Spiegel einer persönlichen Auseinandersetzung mit der weiten Welt; persönlich jedoch nicht im Sinne des Beiläufigen oder Unverbindlichen; denn immer auf künstlerische Objektivität bedacht, sind sie Zeugnisse einer sehr bewußten Malerei.
Oberhoff war eine Natur. Er war ursprünglich und unmittelbar in dem Sinne, daß ihm alles Getane bis hin zu den Hervorbringungen der Kunst als Bruchstück eines gelebten Lebens galt. So wird Kunst, wie Goethe sagt, zur Konfession, zu einem Bekenntnis, zu einem bewußten Leben hier und jetzt. So ist diese Kunst eine bildhafte Zustimmung zum Dasein.
In den sechziger Jahren dienten gegenständliche Andeutungen, zügig und temperamentvoll aufs Blatt gebracht, vor allem als Konstruktionselemente im Bildaufbau. Dann gewinnt das bildnerische Eigengewicht der Gegenstände immer mehr an Bedeutung; schließlich kommen nicht nur die Umrisse, es tritt auch das Voluminöse, das Räumliche der Dinge immer stärker in den Blick, um nicht zu sagen, in den Griff. Es geht um Landschaften, Erdschichtungen, Felsen, um Bäume und Geräte und Menschen. Die Bildinhalte werden dinglich und in den Dingen deutlich identifizierbar. In den letzten Jahren schließlich scheint dieser Prozeß zu einem gewissen Abschluß gekommen zu sein. Er besteht weniger in einer fortschreitenden Angleichung an die Realität als im zwanglosen Gleichgewicht von Kunst und Kunstinhalt. Zugleich treten früher bevorzugte Kompositionsschichtungen zurück, und die Bildfläche wird vorwiegend auf zentrale Grundvorstellungen hin organisiert. Die künstlerische Selbstsicherheit veranschaulicht die innere Notwendigkeit der Motive.
Die Freiheit dieser Kunst äußert sich nicht nur in der Verfügung über das Instrumentarium, sondern auch in der Distanz zu ihren Themen. Sie werden (vor allem im Menschlichen) mit Ironie und Humor auf Abstand gehalten. Die leicht dämonischen oder dämonisierenden Züge solcher Themen bleiben immer in der Verfügung einer ihrer selbst gewissen Person. Das Kolorit wird im Umkreis der Grundfarben großzügig gehandhabt. Und was die Strukturen betrifft, so bevorzugt Oberhoff nach den Jahren der kompositionellen Festigung des Bildbauens nun das Geschwungene oder Ovale, das dann als Sichelmond, als Wolke, Woge, als Hügel oder als eine »Dame von hinten«

Ernst Oberhoff, »Abend in der Oase«, 1972, Leinwand und Kunstharz auf Leinwand, 120×100 cm

figuriert. Voluten sind wie Blüten, oder Blüten werden zu Säulenvoluten, von der anschaulichen Leichtigkeit eines Ornaments. Sie schweben wie Farbenballons am Sommerhimmel dahin. Gewiß, der Maler liebt das Rational-Senkrechte, die lotrechte Eindeutigkeit nicht sehr. Aber die Bäume und Häuser, von den Menschen ganz zu schweigen, fallen und brechen auch unter dem Druck des Mistrals nicht. Sie be-

haupten sich, wohl weniger aus eigener Stärke als im berechtigten Vertrauen auf das Ganze.
Licht, Klarheit und Gegenständlichkeit dieser Bilder finden ihre Entsprechung im Mediterranen; und jeder, der ihn kannte, wunderte sich nicht, daß Ernst Oberhoff den Mittelmeerländern verfallen war. Es ist nicht nur die Erfahrung alter Kulturen, an der er teilnahm; es ist auch die ungezwungene, natürliche Vernunft, aus der zugleich mit der gelassenen Sicherheit eines bewußten Lebens der »Baum der Melancholie«, das ist der Titel eines Bildes, erwächst und gedeiht.

Eröffnungsrede zur Ausstellung in der Städtischen Sparkasse, Wuppertal, 1981

Emil Orlik

Mit etwa 100 graphischen Blättern, vorwiegend Radierungen, erinnert die Galerie Vömel in Düsseldorf an Emil Orlik. Der Künstler, 1870 in Prag geboren und 1932 in Berlin gestorben, ist zwar heute fast vergessen, doch seine Bedeutung für die professionelle Kunst ist unbestritten. Die Blätter dieser Ausstellung repräsentieren, gleichsam zwischen den Fronten oder »Extremen« (Orlik), in aufschlußreicher Weise einen exemplarischen Stil. Nach zwei Studienaufenthalten in München und Reisen in Europa hat sich der Maler (1900 und 1911) in den Werkstätten des Fernen Ostens mit den japanischen Farbholzschnitten auseinandergesetzt. Das äußert sich in den Motiven, aber mehr noch in seinem Kunstverständnis, das er drüben bestätigt fand. Frühere Blätter verhehlen nicht ihre Nähe zu Gauguin und zu den Nabis.
Auch Orlik wendet sich alltäglichen Themen zu, reduziert die Tiefenwirkung auf das Flächige, konzipiert vor allem die Gruppenthemen kollinear und ordnet aus erhöhter Blickrichtung die Bildinhalte in Ovalkompositionen. Was Pierre Bonnard, der »Nabi japonard«, wie ihn seine Freunde nannten, fast ein Jahrzehnt zuvor versuchte, läßt sich, allerdings in charakteristischer Mäßigung, an dem fast programmatischen Blatt »Schneiderwerkstatt« ablesen.
Mehr noch als an den Blättern selbst wird in seiner produktiven Distanz zu anderen künstlerischen Neuerungen seiner Zeit deutlich, wie Orlik seine Kunst verstand. Die Zeit kommt wohl auf »keinem Gebiet darum herum, sich in die feindlichsten Extreme zu spalten«, vermerkte er 1924 in Reflexionen für Max Slevogt. Er distanzierte sich einerseits vom »suggestiven Einfluß Munchs« und dem Kult der »starken Wirkungen«, denen »alles Zarte zu schwach« ist; andererseits war er nicht geneigt, das Bildhafte in Abstraktionen zu überführen. Er versuchte, »einfach zu sein«, aber das Einfache sollte im »höchsten Maße entwickelt und verfeinert in einer Einfachheit« sein. Das zeigt sich in Düsseldorf neben den Erinnerungen an Japan, die Karpaten

Emil Orlik, »Feluka auf dem Nil«, Radierung

und an Prag vor allem an den Motiven einer Ägypten-Reise: hokkende Araber am Nilufer in Betrachtung des Wassers, verlassene Boote, flache Hügelwellen und vereinzelte Palmen in der elastischen Zartheit ihrer Umrisse.

Nicht also die Dinge, wie sie in ihrer plumpen Materialität und ihrer blinden Beliebigkeit häufig sind; auch nicht, wie sie nach Meinung anderer Maler sein sollten: vielleicht eruptiv, grell oder schräg; also nicht das Expressive der Expressionisten, sondern das wortlose Dasein eines sinnbestimmten Tuns. Kunst soll anschaulich, also einfach sein und nicht ein Anwendungsfeld für Begriffe oder Theorien werden. So ist Orlik (wie später Feininger) zwar darauf bedacht, den Tauen und Masten eines Bootes mit dem Stift nachzugehen und sie in ihren hellen und dunklen, in ihren gespannten und lockeren Stellen zu beleben; aber er zeichnet die Linie und nicht die Gerade (wie Feininger), nicht das elliptische Profil, sondern den gestalthaften Umriß einer durch Herrichtung und Gebrauch entstandenen Krümmung; nicht die Geometrie, sondern die Grundordnung der Dinge; nicht ihre Meßbarkeit, sondern das Gleichgewicht ihres Daseins. Im schmalen Mittelbereich, noch diesseits oder vielleicht bereits jenseits der »feindlichen Extreme«, zwischen dem Tatbestand und seiner künstlerischen Ausprägung entfaltete Orlik seine Kunst. Weder die Verdoppelung des Realen noch die Bestätigung einer Doktrin, ihre Wahrheit ist das Bild eines gereinigten Wesens.

In: Frankfurter Allgemeine Zeitung, 1988

Otto Pankok

Der Düsseldorfer Kunstpalast zeigt nach 50 Jahren zum ersten Male wieder die vollständige Reihe zum Leben und Sterben »unseres Herrn Jesu Christi« von Otto Pankok. Die 60 großformatigen Kohlezeichnungen sind Zeugnisse der Größe wie der Verfallenheit der menschlichen Natur.

Was an dieser Reihe ergreift, ja überwältigt, sind die Passion und der kraftvolle Zugriff, aus denen heraus von Station zu Station das stellvertretende Opfer Christi (im Sinne des Neuen Testamentes) bildlich gemacht wird. Mehr noch und bewußter auf den Ausdruck der Empfindungen, der Erleuchtung, des Leidens und des Mitleidens, aber auch der Häme und Böswilligkeit als auf Sinn und Bedeutung, auf Idee und Lehre bedacht, rückt der Zeichner das Dramatische der Ereignisse in den Vordergrund, manifestiert es in kraftvollen Umrissen, verräumlicht es durch Hell-Dunkel-Kontraste, vertieft es bis zur Monumentalität mit den Mitteln der Bedeutungsperspektive und einer drastischen Deformation der gängigen Wirklichkeitsvorstellungen. Er stellt in einer unvergleichlichen und leidenschaftlichen Weise die christliche Grundauffassung neu ins Bewußtsein. Diese »Passion« ist nicht nur eine kunstgeschichtliche Dokumentation; sie ist die Vergegenwärtigung von Sinngehalten, die bis an die Grenzen dessen geht, was die stumme Kunst der Bilder vermag.

In: das kunstwerk, 1982

Helmut Pfeuffer

Die Landschaft ist zwar seit Jahren die gegenständliche Grundlage und die Einbeziehung menschlicher Figurationen in die Landschaftsgestaltung charakteristisch für die Arbeiten Helmut Pfeuffers; doch scheint in letzter Zeit das Interesse am künstlerischen Eigenwert der Personnagen in den Vordergrund zu treten. Zwar werden sie auch hier in die freie Landschaft einbezogen, doch ist ein hügeliges Gelände wie eine Düne fast nur noch der Anlaß oder Hintergrund ihrer Darbietung. Das gilt auch für die Funktion der Farben, wenn die Frauenakte durch ein massives, fast wildes Rot profiliert werden. Diese Entwicklung bringt Züge in das Werk, deren Tragweite noch nicht abzuschätzen ist.

Das läßt sich an einem »Gletscher« verdeutlichen. Das Querformat ist in drei horizontale Schichten gegliedert. Die Bildbasis ist ein dunkler Waldsaum mit deutlich profilierten Fichtenspitzen. Ein schmaler, blaß-bläulicher Streifen, vielleicht wie ein atmosphärisch-modellierter, liegender Akt, trennt den Vordergrund von dem bläulich-eisigen Mittelbereich aus Eis und Nebel. Aus ihnen steigt eine Felsengruppe auf. Ihre stumpfen, rostbraunen Flecken wirken wie der Widerschein einer sinkenden Wintersonne.

Vielleicht ist dieses Bild repräsentativ für die Landschaftsmalerei Pfeuffers. Sie besteht auf einer identifizierbaren Gegenständlichkeit, vermeidet aber, trotz ihres kraftvollen Zugriffs, trotz des intensiven Farbauftrags und der durchgehenden Bewegung in der Gestaltung, Verfremdungen oder Verzerrungen. Die Dinge kommen; Pfeuffer läßt sie kommen, wirken und sich auswirken. Dennoch ist ihre Darstellung alles andere als eine realistische Schilderung. Sie sind durch ein künstlerisches Temperament gegangen; das Vorgegebene wird dem Eigenen des Malers oder die Eigenart des Malers von innen heraus dem Vorgegebenen angeglichen. Wenn auch Pfeuffer selbst darauf hinweist, daß er in manchen Motiven, gleichsam parallel zum Umriß der Naturgestalten, menschliche Figurationen sieht, so könnte man darin die alte Romantikersehnsucht einer Verschmelzung von Mensch und Natur zu einem Ganzen wiedererkennen. Träfe das zu, so deutete die »Gletscherlandschaft« diese Tendenz zur All-Einheit gerade deswegen noch spürbarer an, weil sie im Verzicht auf das Leiblich-Gegenständliche die innere Entsprechung von Mensch und Natur in einer monumentalen und zugleich eisigen Gestimmtheit aufhebt. Überdies scheint das Motiv in einer statuarischen Geschlossenheit zu schweben. Kein Wunder, wenn man es sich klarmacht, daß dieses Bild, anders als die anderen, auch auf das Drängende, das Stürzende oder Fallende der Vordergründe verzichtet. Das Volumen wird auch hier stark und selbstbewußt abgetastet, wie es der öden Masse winterlicher Berge entspricht; aber die fast barocke Dynamik, die selbst für die kleineren Formate der Zeichnungen und Aquarelle cha-

rakteristisch ist, und die Neigung zu weitgespannten, flachen Bögen werden auf dem Gletscherbild gemäßigt, fast, möchte man sagen, gebändigt.
Natürlich ist das Expressive oder sogar Expressionistische im Grundduktus Pfeuffers nicht zu übersehen; aber was auch immer in der Kunst nachwirkt, das Überkommene allein macht es nicht, aber auch nicht das Originale, schon gar nicht das Originelle; worauf es ankommt, auch in den Künsten, ist die Art, wie der Künstler mit dem Vorgegebenen und Überlieferten umgeht. In diesem Sinne veranschaulicht die Ausstellung unverwechselbare Züge eines eindrucksfähigen und ausdrucksstarken Zugriffs.

Zur Ausstellung in der Galerie Utermann, Dortmund, 1984
in: das kunstwerk, 1984

Arnulf Rainer

Wenn die Krefelder Kunstmuseen eine Rainer-Ausstellung aus Privatbesitz des Umlandes zusammenbringen, so wollen sie wohl nicht die Vorstellung suggerieren, der Niederrhein habe sich, wenngleich aus rätselhaften Gründen, zu einem Rainer-Reservat entwickelt.
Doch wie auch immer, der proportionierliche Überblick über drei Jahrzehnte gibt aufs neue Anlaß, die Besonderheiten dieses Künstlers zu bedenken. Er hat zwar, vor allem in seinen surrealistischen und ungegenständlichen Anfängen, Anlehnung in Wien und Paris gesucht und gefunden, dann aber, sowohl in seinen Konzepten wie in seiner Machweise, einen unverwechselbaren Duktus entwickelt. Er besteht in einer intensiven und vielschichtigen Aktivierung der existentiellen Voraussetzung seiner Kunstpraktiken. Das betrifft nicht nur die Inhalte, also nicht nur die dämonisierten Grimassen seiner frühen Jahre, die sich am surrealistischen oder tiefenpsychologischen Kult präzivilisatorischer Obsessionen beteiligen, sondern auch den professionellen Umgang mit Farbe, Linie und Bildanlage.
Von jenen berichten zum Beispiel »Winnetou« (1950) und »Porträt berühmer Menschen« (1968). Von Alexander über Hannibal und Caesar bis zu Stalin und Hitler sind sie in ein Tiefseeaquarium eingesperrt. Das ist zumindest ein interessanter Beitrag zur Zeitgeschichte.
Zu diesen gehören ungegenständliche Versuche und Entlehnungen, gehören spirituelle »Zentralisationen«, eine »Proportionsstudie« (1953) und das Fahrig-Gestische, das ans Expressive der Expressionisten, wenngleich aus anderen Antrieben, erinnert. Dabei überrascht der abrupte Wechsel der Intentionen, von den schlanken, zarten, insektenhaften Gespinsten, wie sie sich in der Dominick-Sammlung befinden, bis hin zu den ebenso kalkulierten wie emphatischen »Übermalungen« eigener und fremder Arbeiten oder von den Foto-Mimi-

ken bis hin zu den »totalen« Kunstwerken, die mit Füßen getanzt und mit Fingern gemalt werden.
Ganz anders, überraschend anders ist eine Serie von etwa acht Motiven, schwarz auf brauntonigem Papier. Sie werden mit Recht in einem gesonderten Kabinett zusammengefaßt. Wie auch immer ihre direkten oder indirekten Hinweise zu lesen sind, im Sinne der Kunst als Kunst sind sie überaus eindrucksvolle Stationen auf dem Wege zu einer homogenen Grundkonzeption.
Dem »autistischen« Wirbel um die eigene Mitte entsprechen Rainers Versuche mit philosophischen oder theosophischen Selbst- und Kunstdeutungen, die, wie verständlich, zum Tummelplatz der Ausleger werden. Sie werfen Schlaglichter über das ganze Werk und sind deswegen unersprießlich, weil sie nicht von ferne dem enormen Bestand an formulierten Erfahrungen und Erkenntnissen gerecht werden. Sie bleiben vor allem dann hinter den vorgegebenen Möglichkeiten zurück, wenn sie sich ausdrücklich in die Grenzbereiche des Intelligiblen begeben und sich da mit Tod, mit Deformation und Vergeblichkeit auseinandersetzen. Für originäre Kunst sind diese Themen (entgegen dem Katalogtext) nie tabu gewesen, wenngleich sie umgekehrt nicht einmal beiläufig ein Kunstinteresse erregen, wie der Maler Arnulf Rainer überhaupt auf sie verzichten könnte.
Wenn schließlich die Kunst selbst zum Gegenstand dieser Kunst wird und sie das Elend der Inkongruenz von Vision und Realisation demonstriert und zwiespältige Erfahrungen des Lebens wie des Schaffens auf die Bildfläche nötigt, so steigern sich einige dieser Bilder dennoch zu eindrucksvollen Daseinsentwürfen. Sie allerdings gehen weder im Psychologischen oder Zeitgeschichtlichen und schon gar nicht in Kunstkategorisierungen auf. Es wäre ihnen gegenüber ungerecht, wenn sie nur oder vorwiegend »Wutenergien« (Rainer) oder läppische »Aggressionen« der Seelenforscherei veranschaulichten.
Rainer hat sich zwar in Übereinstimmung mit gewissen Tendenzen der Kunsttheorie auch für die »Wahnbilder des Unterbewußtseins«, für bildnerische Äußerungen psychischer Anomalien und für Drogenexperimente, für jene Auswüchse also, die (mit Vorgeschichte) vor allem um die Mitte dieses Jahrhunderts wieder interessant wurden, interessiert, für eine intellektuelle Mache also, in der und durch die das Beständige eines Kunstbestandes nicht gefördert, sondern in geschürten Erregungen gefährdet wird; doch gerade hier, in den Grenzbereichen von Leben und Kunst, sind Arbeiten von dem zauberhaften Reiz des schönen Scheins wie von einer vibrierenden Ergriffenheit für das Humane gelungen. Sie gehören teils zu den subtilen Gebilden einer fast nur noch strukturellen Verfeinerung, teils gerade zu jener »Schmiere«, die der Künstler selbst durch seine Titel gleichsam verbal tarnt oder »übermalt«. Sie gedeihen zwischen Spontaneität und Kalkulation, wo Darstellung und Ausdruck einander durchdringen und große Kunst zum Zeichen menschlicher Sinnvorgänge wird.

Nicht aus dem Rausch oder den Räuschen denaturalisierender Exzesse, wohl aber aus der Passion oder der Mania (wie Platon sie nennt) entsteht solche Kunst. Sie äußert sich, wofern überhaupt, nur indirekt oder verschleiert, also vielleicht in den »Übermalungen«. Und wenn die »Übermalungen« nicht nur Vernichtung im Zorn oder affekt- und effektvolle Verzerrungen, sondern Verhüllung bedeuten und ein Verhülltes in der Verhüllung vielleicht eindringlicher ist als das Offensichtliche, so gehören die übermalten Kreuze zu den stärksten und produktivsten Zeugnissen dieser Ausstellung.
Das gilt nicht für seine Foto-Experimente; denn diese »Lichtbilder« machen weder das Menschliche in Grimassen noch gar in den fotografierten Totengesichern ein gewesenes Leben erfahrbar. Rainer hat sie bekanntlich selbst inszeniert. Doch eine autistische Raserei ohne erkennbaren Anlaß ist schlechtes Theater.

In: Weltkunst, 1988

Christian Rohlfs

I

Christian Rohlfs, 1849 in Norddeutschland geboren, hat sich bereits 1901 auf Veranlassung von Karl Ernst Osthaus in Hagen angesiedelt und ist hier 1938 gestorben. 1905 und 1906 hat er sich den Sommer über im benachbarten Soest aufgehalten und da etwa 50 Motive aus dem Stadtbild gezeichnet oder gemalt. Diese Motive bilden in einer Soester Ausstellung den Schwerpunkt. Sie sind aufschlußreich für die Hinsicht, für die Darstellungsweise und für die Ausdauer, mit der sich Rohlfs auf sie eingelassen hat; durch fast zehn Jahre hin hat er die Eindrücke von damals aus der Erinnerung weiterverarbeitet. Neben Fachwerkhäusern und Straßenzügen hat sich Rohlfs besonders mit den frühromanischen Soester Kirchen und unter ihnen vor allem mit dem Turm von Sankt Patroklus auseinandergesetzt. Da er Sankt Maria zur Wiese, wohl die schönste deutsche Hallenkirche im spätgotischen Stil, fast ausklammert, ließe sich vermuten, es sei die expressionistische Vorliebe für romanische Ursprünglichkeit, die ihn beim Anblick jener Kirchen bewegte. Doch Rohlfs hat diese Kirchen zunächst noch mit den Augen des Impressionisten gesehen und dargestellt. So ist es wohl weniger das Ursprüngliche als das Dauernde, das ihn vor allem im Stadtkern vom damaligen Soest so faszinierte. Es liegt sogar nahe, darin überhaupt den Grundantrieb des Malers zu sehen; denn wenn man ihn vom Gang der Stile her zu verstehen sucht, von seinen Anfängen im akademischen Realismus des 19. Jahrhunderts, von seinen impressionistischen und dann expressionistischen Phasen und nicht zuletzt aus seiner verhaltenen Annäherung an den Kubismus, so könnte man annehmen, er hätte sich gegen diese Zeiteinflüsse nicht behauptet.

Doch sowohl die Soester wie eine gleichzeitige Ausstellung in Essen legen andere Einsichten nahe. Zwar wird in Soest stärker das Variable der Rohlfs-Kunst augenfällig, auch deswegen, weil die Essener Galerie mit etwa 70 Arbeiten vor allem die Wassertempera der letzten Jahrzehnte zeigt; (in ihnen, etwa in einem Mädchenporträt, äußern sich sogar noch modifizierte Experimente mit dem Kubismus); doch sie und die Tendenzen zur Geradlinigkeit, etwa in der Darstellung einer »Bergkirche bei Bellinzona«, treten schon zurück, verzichten unverkennbar auf die Vorherrschaft eines Stilprinzips und nähern sich bereits fast zwanglos der Architektur der Kirche wie den Felsenstrukturen ihrer Tragflächen an. Kein Wunder, daß sich Christian Rohlfs, als hätte er sich aus fremden Zwängen befreit, immer nachdrücklicher auf das Organische, vor allem auf blühende oder verblühende Blumen, einläßt und in ihrer Darstellung wohl seine eigentliche künstlerische Vollendung findet.

In Soest wie in Essen sind überwältigende Beispiele aus den letzten Lebensjahren des Malers zusammengekommen. Es ist in Essen nicht nur eine »Forsythie« von 1933, nicht nur eine »Lotosblüte« von 1934; es sind in Soest nicht nur die roten Hibiskusblüten, auf einer Schale dargeboten, oder die roten Tulpen von 1926; es ist in Essen auch die gewischte Kreidezeichnung von Sternblüten, deren zarter, heller Lilaschimmer sich gleichsam von den Blüten gelöst hat und in leichten, durchsichtigen Gelbreflexen zu schweben scheint.

Mit dem Blick auf das Ganze dieses Lebenswerkes spürt man, was diese stille, fast immaterielle Welt, was die organische Leichtigkeit der späten Jahre mit den massiven romanischen Türmen in der Soester Ausstellung gemeinsam hat. Das Gemeinsame ist für Christian Rohlfs damals wie später das Beständige im Vorgegebenen, sowohl die geschlossene Selbstsicherheit eines romanischen Turmes wie in den flüchtigen Blütenblättern die immer wiederkehrende Schönheit der beständigen Natur. Das, was man ehedem das Wesen im natürlich Gewordenen wie im künstlerisch Gemachten nannte, das Wesentliche also in der Architektur wie in den Pflanzen, läßt sich zwar nicht wiegen und messen, vielleicht aber spüren und ahnen in der Patina des grünen Sandsteins von Sankt Patroklus in Soest wie hinter den schattenhaften Farben einer späten Blüte von Christian Rohlfs.

Zu Ausstellungen im Wilhelm Morgner-Haus, Soest, und in der Galerie Neher, Essen, 1984,
in: das kunstwerk, 1984

II

Das Museum am Ostwall in Dortmund zeigt zum ersten Mal die gesamte Druckgraphik von Christian Rohlfs. Der Dortmunder Galerist Wilfried Utermann hat zum 50. Todestag des Malers, der am 8. Januar 1938 im benachbarten Hagen gestorben ist, mit Leihgaben aus dem Essener Museum Folkwang, der Helene-Rohlfs-Stiftung und aus Privatbesitz etwa 250 Blätter zusammengebracht, unter ihnen vorwiegend Holzschnitte, 35 Linolschnitte, einige Lithographien und Reibedrucke und neun Holzstöcke.

Hier geht es nicht nur um das Vergnügen am schönen Schein; es ergeben sich, wie bei einem solchen Überblick verständlich, auch kunstgeschichtliche und kunsttheoretische Probleme. Vorweg fällt der begrenzte Bestand des Graphischen gegenüber den etwa 800 Gemälden auf; mehr noch überrascht es, daß sich der Maler erst um 1908, also verhältnismäßig spät (er ist 1849 geboren), mit der Druckgraphik befaßte. Wenn er schließlich bereits nach 15 Jahren die Arbeit in Holz wieder aufgab, so wahrscheinlich mehr aus Rücksicht auf sein fortgeschrittenes Alter als aus einem erlahmenden Interesse an der Sache; denn bis kurz vor seinem Tode haben ihn, wie man es auch an den vier Varianten zur »Austreibung aus dem Paradies« (1915 – 1935) ablesen kann, seine Abzüge beschäftigt. Dietmar Elger vermutet zwar (im Katalog) einen »eher spielerischen Umgang mit den unterschiedlichen gestalterischen Möglichkeiten der Techniken des Holz- und Linolschnittes«, und vielleicht ist in der Tat auch die Kunst ein Lebensspiel, für einen Mann wie Rohlfs aber keine Spielerei.

Doch es genügt ein Blick auf das Gesamtwerk, um Bedeutung und Funktion dieser Drucke zu verstehen. Es fällt auf, daß Rohlfs nur wenige Verkaufsserien hinterlassen hat. Er hat die Druckstöcke wie die Abzüge von Blatt zu Blatt bis hin zur radikalen Veränderung des Sujets variiert; er hat sie mit dicker, schwarzer Temperafarbe übermalt und sie mit Wasserfarben, Tusche, Feder und Kreide konturiert und schätzte wahrscheinlich dies Verfahren, um bei identischen Strukturen die Kolorierung übersichtlicher auszuprobieren, wie ihm gelegentlich die Rückseite eines noch farblosen und in der Zeichnung geschwächten Durchdrucks als Kompositionsnetz für die Malerei genügte.

Es wäre zu bedenken, daß sich Rohlfs, zuvor wie hernach ein Maler des Naturschönen, der Landschaften und im besonderen verwelkender Blumen, mit der Hinwendung zum Holzschnitt mehr als bislang auch in einer Darstellung der Menschen, vor allem der »Randgruppen« und der Bibelthemen, übte, und dies auch im expressionistischen Gesinnungsstil. Er hat sich zwar darauf eingelassen, in einer inneren Auseinandersetzung mit ihr aber versucht, die sperrig-spröden Kerbungen zu mäßigen und vor allem den Schwarz-Weiß-Charakter des Holzschnitts in Farben zu überwinden oder gar aufzuheben. Ein Musterbeispiel dafür sind die sechs Varianten von »Singvogel« (1912

– 1923). Dies humorige Zwiegespräch eines Vogels mit einem Bauern ist in den leuchtenden Grundfarben aufschlußreich für die Lebensgesinnung des Malers, es ist ein Glanzstück seiner Kunst und zugleich das Entzücken der Betrachter.
Dieser Weg vom Holzstock über den Abdruck bis zum Ölbild läßt sich eindringlich an »Geist Gottes über den Wassern« (Holzstock und Holzschnitt 1915, Ölbild 1916) verfolgen. Er gilt für »Kampf mit dem Drachen« (1913–1920) wie für die Abwandlungen der »Heiligen Drei Könige« vom Holzschnitt (1910) über eine aquarellierte Kohlezeichnung auf Pergament bis zum Ölbild (1928). Ähnliches ist an den fünf Fassungen von »Der Gefangene« (1918 bis 1924) festzustellen, die vielleicht mit dem »Selbstbildnis« (Öl, 1918) eine innere Einheit bilden.
So wird man in diesen ungewöhnlichen Serien-Unikaten weniger das Expressive des damaligen Stils, noch weniger nur beiläufige Experimente, sondern kompositionelle Aufgaben wiedererkennen, die sich Schritt für Schritt an einer höheren Bildvision orientieren. Hinweise in diesem Sinne böten vielleicht auch übermalte Fotografien um 1910, auf die man aber in Dortmund verzichtet hat.

In: Frankfurter Allgemeine Zeitung, 1987

Ulrich Rückriem

Die Destruktion der Bildeinheit ist nicht mit ihrer Reduktion zu verwechseln, die zwar auch den augenfälligen Vordergrund auflöst oder durchbricht, aber nicht, um durch Zerstörungen Interesse zu wecken, sondern um die innere Sicherung eines Werkes auf seine fundamentalen Voraussetzungen zurückzuführen. Im Aufbau der realen Welt bilden die Natursteine das Fundament. Sie sind in ihrer Ursprünglichkeit für den Bildhauer Ulrich Rückriem Material und Kunstgegenstand zugleich. Im künstlerischen Prozeß der reduzierenden Bearbeitung wird der Stein als Material nicht »vernichtet«, sondern in seinen charakteristischen Besonderheiten sichtbar gemacht. Das Werk, »vom Stoff geadelt« (Dante), entspricht also nicht mehr der Omnipotenz des genialen, gottähnlichen Künstlers, sondern mit einem originären Gespür für Steincharaktere und mit professioneller Sicherheit in der Bearbeitung folgt Rückriem den produktiven Eignungen seines Materials und bringt sie in ein neues Spannungssystem. Diese Einwirkungen, zum Beispiel am Granit, gehen weit über Manipulationen (etwa an einem »objet trouvé«) oder über das geschickte Arrangieren eines Environments hinaus. Das Werk, das also durch immanente Veränderungen des Materials entsteht, das weder in architektonische Zusammenhänge einbezogen noch (etwa nach klassischen Vorbildern)

figürlich zum verweisenden Sinnbild gestaltet wird, rückt im Quantitativen das Volumen, die Konsistenz und die Naturgestalt eines Blocks und im Qualitativen das Griffige und Farbliche seiner Oberflächenablagerungen durch Spalten, Schneiden oder Schleifen in einen sinnlich überschaubaren Zusammenhang.
Rückriem ist von den Grundcharakteren der gewordenen, wenngleich nicht gewachsenen Welt, vom Gesicht oder dem Geist des Gesteins fasziniert. Damit wird weder eine spekulative Begriffsspielerei noch eine Poetisierung des Unpoetischen gemeint. Gemeint ist die fast magische Präsenz urzeitlicher Blöcke, die sich in ihrer massiven, bewußtseinsfernen Natur von jeher und ohne Zwang dem Kultus, der Beschwörung, wie überhaupt den sakralen Grundriten anbieten. Schon das ansichtige Gewicht solcher Steine legt ihre Verwandtschaft zu Macht, Größe und Dauer nahe. Diese »Charaktere« hat Rückriem im Auge, denen er nachspürt und die er durch Einwirkungen gleichsam »befreit«. Er respektiert die geometrische Geradlinigkeit des Fundamentalen und verzichtet deswegen auf jede Annäherung an geschwungene und schwingende Organismen. Das bestätigt auch eine Serie origineller »Zeichnungen«, deren Bedeutung und Machart der Künstler in knappen Texten erläutert. Sie sind keine Vorskizzen zu den Steinarbeiten, sondern ihre Parallelen in einem anderen Genus.
Unter den neuen Materialarbeiten sei hier auf eine Zweiergruppe hingewiesen. Vergleichbar in Ausmaßen und Konzeption stehen da zwei Portale auf massiven Schwellen, sie erinnern in kleineren Proportionen an das Löwentor von Mykene. Der fundamentalen Einfachheit ihres Materials angemessen, unterscheiden sie sich nur in der Anlage des geschlossenen, mittleren Türblocks: der eine tritt etwas vor, der andere zurück. Die monumentale Wucht der Materialmasse und ihre Anordnung durch den Bildhauer begünstigen die Vision einer frühzeitlichen Grabkammer, in der die Toten in den Schutz des Zeitlos-Elementaren zurückgegeben sind. Bohrlöcher, ein Signum Rückriems, markieren in der freien Regelmäßigkeit ihrer Abstände die Nahtstellen des Aufbaus; sie wirken auf Distanz wie der düstere Schmuck einer Perlenschnur und erinnern zugleich an den praktischen Nutzen für den Transport. Das Ganze, machtvoll aus dem Geist des Dolomits konzipiert, ausgeführt und hingestellt, veranschaulicht eine Wesenseinheit aus Material und vielfarbiger Oberflächenwirkung, aus Naturgestalt und Kunstgestaltung.
Fast rätselhaft und auch wieder nicht ist der öffentliche Widerstand, der sich unter anderem von Universitätsexperten in Münster gegen die Arbeiten Rückriems richtet. Man muß nicht auf ihn verweisen, um Rückriem zu verstehen; doch ist es immerhin Goethe, der sich, wenn man hier seinen oft berufenen Aufsatz über den Granit einmal außer acht läßt, nach einem bewegenden Gespräch mit dem Kanzler Müller zu den »Urelementen», den Steinen flüchtet, deren stumme Sicherheit nicht in Gesetz und Regelung, nicht in Konvention oder

Argument, sondern im Dasein fußt. In ihrer Obhut sagt Faust: »Gebirgesmasse bleibt mir edel-stumm; Ich frage nicht Woher? und nicht Warum?«

Zur Ausstellung im Westfälischen Landesmuseum, Münster, 1985
in: Weltkunst, 1985

Joachim Schmettau

Das Studio Jaeschke, das sich in einem alten westfälischen Hof am Stadtrand von Bochum eingerichtet hat und mit Umsicht die Kunst der jüngeren Generation fördert, zeigt Arbeiten von Joachim Schmettau. Plastiken, Zeichnungen und einige Gravüren vermitteln eine Vorstellung von den Themen, den Arbeitsweisen und Materialien des Künstlers. Wenngleich jedes Stück in sich von einem fast handlichen Eigengewicht ist, kommen sie in dem Versuch überein, formale Strenge und wuchernde Fülle aufeinander zu beziehen.
So könnte man von einer barockisierenden Grundtendenz sprechen. Da gibt es Personnagen von einer frühägyptischen oder florentinischen Formschärfe mit einem (verhalten) bewegten Blattwerk im Sockel oder strenge Frauenporträts mit vollem, offenem Haar. Konsequent in diesem Sinne ist eine hohe, schlanke Beleuchtungsstele; sie ist mit figurativen Anspielungen und zugleich mit künstlichen Lichtquellen ausgestattet oder installiert, ein aparter Gebrauchsgegenstand nach Art des 16. Jahrhunderts, fast venezianisch.
Von vornherein sollte man die unverhohlenen Inhalte nicht als Realismus auslegen. Denn sie meinen nicht die »Wirklichkeit«, wie sie ist, und schon gar nicht, wie sie sein sollte: so propagieren auch die dargestellten Menschen kein »Menschenbild«. Denn das Reale, vielleicht konkret Vorgegebene wird in der Bearbeitung entrealisiert und jenseits von Realismus oder Idealismus in einem bewußten Formungsvorgang aufgehoben. Dennoch weit von »Konstruktivismus« entfernt, wird das, was an Inhalten bleibt, zusätzlich und in unterschiedlichen Richtungen »verfremdet«.
Daß da von Anatomie im engeren Sinne keine Rede ist, liegt auf der Hand; denn Schmettau folgt künstlerischen Vorstellungen und nicht (in abbildender Wiederholung) vorgegebenen, natürlichen Strukturen. So werden sitzende Frauen im Verhältnis von Rumpf und Gliedern fast rechtwinklig komponiert, und selbst ein sprödes Spiel der Hände ist keine Wirklichkeitsschilderung, sondern ein Formproblem am Beispiel solcher Gesten.
Das künstlerisch Experimentelle äußert sich nicht zuletzt in der Vorliebe für das Fragmentarische, für Büsten, für Kopf- und Handstudien bis hin zum Eindruck realitätsferner Reliquiare. Hinzu kommen fahrige Bemalungen (wie Tätowierungen) und nicht zuletzt die Me-

Joachim Schmettau, »Kopf mit Hand«, 1979, Gips mit gläsernen Augen, Höhe ca. 30 cm

tallreflexe der Bronzeoberflächen, die nicht einmal (etwa durch Bearbeitung) Haar oder Haut illusionieren, sondern das Künstlerische, um nicht zu sagen, das Artifizielle, unbestechlich und unzugänglich für eine Versuchung zur Naturimitation, offenlegen; auch die manchmal eingesetzten Glasaugen verstärken nicht nur in der Wirkung, sondern wohl auch in der Absicht den Eindruck einer Scheinrealität.
Das ist in der Kunstauffassung kompromißlos streng und zugleich frei im Umgang mit den Sujets und dem Instrumentarium. Der klassischen Strenge widerspricht nur scheinbar eine gelegentliche Neigung zur archaischen Direktheit; denn jeder Handgriff wird wohl in einem bewußten Zugriff bestimmt.
Auch die Zeichnungen sind für das Gesamtverständnis dieser Ausstellung aufschlußreich; denn gerade im Zeichnerischen verdeutlicht sich die Tendenz zur Form, zur Klarheit und Schärfe. Während aber der geschlossene, schlanke Strich die Umrisse profiliert, bringt eine souveräne Vielfalt der Schraffung bis hin zu sporadischen Farbflächen eine emotionelle, fast malerische Komponente ins Bild, worin man auch die eingangs erwähnte Thematisierung von Formstrenge und Fülle wiedererkennen könnte. Wenn diese Kunst bislang vor allem in Italien Zustimmung findet, so wohl nicht nur wegen ihrer mediterranen Reminiszenzen in Themen, Stil und Material; in ihrer Freiheit gegenüber inneren Nötigungen, gegenüber ideologischen Konvulsionen oder einem Bekennerpathos wird ihr fast klassischer Formwille bis ins Detail aus einer distanzierten und distanzierenden Intelligenz gesteuert; man spürt sie nicht nur in der gelassenen Darstellung lesender, zeichnender oder beobachtender Personen; man spürt sie auch noch in der wohlwollenden, leisen Ironie, aus der heraus sie aufgefaßt werden.

In: Frankfurter Allgemeine Zeitung, 1978

Wolfgang Schmitz

Wolfgang Schmitz gehört zu den maßgeblichen Zeichnern der mittleren Generation in der Bundesrepublik. Er ist 1934 in Marl geboren, hat fünf Jahre an der Staatlichen Kunstakademie Düsseldorf bei Otto Coester und Robert Pudlich studiert, wurde Kunsterzieher und Lehrer für Englisch an Gymnasien im Ruhrgebiet, wohnt seit Jahren in Wuppertal-Oberbarmen und unterrichtet seit 1981 als Professor im Bereich »Manueller Druck« an der Hochschule für Gestaltende Kunst und Musik in Bremen. Ihm wurden 1976 der Förderpreis des Eduard-von-der-Heydt-Preises der Stadt Wuppertal und 1981 der Osthauspreis der Stadt Hagen zugesprochen. Er ist auf Ausstellungen im In- und Ausland vertreten und wurde (1977) zur 6. documenta nach Kassel eingeladen.

Wenn man seine Zeichnungen gemeinhin der gegenständlichen Kunst zuordnet, so ist damit für ihr Verständnis nur wenig gesagt. Das liegt nicht an ihm, sondern am Begriff des Gegenstandes, der (wie so viele seiner Art) von jeher an theoretischen, um nicht zu sagen, an philosophischen Unklarheiten laboriert. »Über das berüchtigte Wort Realismus herrscht schon Verwirrung genug« (Champfleury 1855 an George Sand).

Aktuell in der neueren Kunst wurde das Realismus-Problem durch Wassily Kandinsky, der um 1910 das »Reale« überhaupt aus seiner Kunst hinauskomplimentieren wollte. Nicht nur die Theorie, bereits die schwankende Terminologie war und ist aufschlußreich. Zunächst nannte Kandinsky sein Ergebnis »abstrakte Kunst«. Doch da die Abstraktion eine begrifflich-wissenschaftliche Unternehmung, also das Gegenteil von Kunst, ist, versteht sich, daß Kandinsky seiner Entdekkung nicht lange traute. Obwohl er Kreise, Kreissegmente, Dreiecke, Punkte und Linien malte, hielt er sie für ungegenständlich und nannte seine Malerei gegenstandslos. Das überraschte; denn was sind Kreise und Dreiecke anderes als Gegenstände seiner ungegenständlichen Kunst. Also versuchte er es mit »konkreter« Kunst und meinte, man müsse Kreise, Dreiecke und Segmente, losgelöst von ihren anschaulichen Zusammenhängen, gleichsam an sich, in ihrer »Konkretheit« darstellen, zum Beispiel einen Pfeil, aber ohne den Schützen und ohne das Ziel und nur als eine gerichtete Linie, die gleichsam im luftleeren Raum oder (besser) auf unbeschriebenem Papier schwebt.

Das nannte er auch »reale« Kunst, weil sie, wie er argumentierte, etwas Neues und zwar von geistiger Natur schaffe. Doch was ist das Geistige eines Kreises (darüber ließe sich philosophieren) und was vollends das Neue, wo er, der Kreis, doch so alt ist wie die Geometrie, also mindestens so alt wie die alten Griechen? Die Formel »nichtfigurative Kunst« signalisierte schließlich den Bankrott des begrifflichen Bemühens. Denn vor jeder anderen Bedeutung sind Kreise und Dreiecke Figuren.

So kann man erwarten, daß auch in einer Auseinandersetzung mit Wolfgang Schmitz Wendungen aus dem Wortarsenal des Realismus wenig ausrichten. Hält man sich an den kontrollierbaren Tatbestand seiner Motive, so ist er Realist in dem Sinne, daß er Dinge oder Zustände wiedergibt, wie sie im Augenschein und in ihrer dinglichen Individualität definierbar sind: Häuserfronten in einer Küstenstadt, abgestellte Autos auf einem belgischen Parkplatz oder den Seniorenbunker, der aus dem Atelierfenster in der Normannenstraße in Oberbarmen zu sehen und an dessen kunstferner Stabilität nicht zu rütteln ist. Solche Gegenstände existieren »an sich«, sind untereinander verschieden und unabhängig von der Kunst ihrer Darstellung. Sie sind real im »handfesten« Sinne: so könnte man ihre Darstellung mit gutem Grund Realismus nennen.

Wolfgang Schmitz, »Am Fenster«, 1977, Zeichnung

Doch wie steht es um die flüchtigen Konstellationen, mit denen sich Schmitz zum Beispiel in einem Speisewagen auf dem Wege von Barmen nach Bremen die Zeit vertreibt? Wie steht es um die Fahrgäste, von denen wir zwar nichts wissen, die wir aber auf seinen Blättern betrachten können? Ihre Wirklichkeit beruht auf ihrer Möglichkeit, sie beruht auf unserem Vertrauen, daß sie so sind oder gewesen sind, wie sie der Zeichner wiedergibt. Sie, die Häuserfronten in Gent oder die Autos auf den Parkplätzen, in ihrer Realität nach Höhe, Tiefe und Breite, also dreidimensional geformt, hat der Zeichner auf zwei Dimensionen verkürzt. Was ist das nun für eine Wirklichkeit, für eine Realität, in der kein realer Mensch wohnen kann! In der Tat. Denn die Realität dieses Realismus ist die künstlerische Realität, die in Wirklichkeit nur eine Möglichkeit der realistischen Wirklichkeit ist. Als ein Ergebnis aus Phantasie und Erfahrung ist sie etwas Neues (wie Kandinsky sagt) und keine Wiederholung; sie ist nach Rilke ein Ergebnis der zögernden Hand und nicht des surrenden Fließbandes, sie ist einmalig und nicht austauschbar, ist eben Kunst und nicht Realität, wie überhaupt Realität mit Kunst, wie die Häuser von Gent mit den Häusern, die Wolfgang Schmitz zeichnet, fast nichts zu tun haben.
Diese Feststellung ist vor diesen Blättern deswegen belangvoll, weil sie sich zwar in gewisser Weise auf reale Vorgänge beziehen; doch ihr

eigentliches Medium ist die Phantasie. In ihr werden Vorstellungen, Erfahrungsinhalte oder Traumgestalten, werden Erinnerungen, etwa an das geschäftige Treiben im Speisewagen von Bremen nach Barmen, gegenwärtig und lebendig. Es wird um so belangvoller, wenn man sich an Gustave Courbet, den Ahnherren des heutigen Realismus, erinnert, der eine seiner programmatischen Aufgaben darin sah, die Phantasie aus der Kunst zu vertreiben.

Doch was Strich um Strich auf dem noch weißen Papier erscheint, was sich da unter Leitvorstellungen, die nicht dem Augenschein entlehnt sind, Zug um Zug bildet, das allein ist, wenn es gelingt, im Ergebnis auch Kunst. Mit etwas kreativem Gekritzel ist es nicht getan. Der Künstler, sagt Rilke, haßt das Ungefähre. Er legt (mit Kandinsky) höchsten Wert auf die Ordnung, die künstlerische Ordnung, die weder beliebig noch subjektiv ist. Wie diese Ordnung wirkt, weiß niemand genau und kann niemand jemandem beibringen. Ist sie aber am Werke, so spürt man sie. Anders als die äußere Ordnung der gesetzlich stabilisierten Welt ist sie nach Kandinsky von innerer Notwendigkeit. Sie ist, wie er sagt, das Kompositionelle oder der »innere Klang der Dinge«, sie ist die »Summe der organisierten Spannungen«, eine Umschreibung, der auch Wolfgang Schmitz, der Realist, zustimmt.

Kriterium der Kunst ist die Faszination. Das Faszinierende der Blätter von Wolfgang Schmitz besteht darin, daß sie zwar dem Real-Erfahrenen oder wenigstens Erfahrbaren bis ins Detail entsprechen; doch selten ist ein Zeichner mit ihnen so unbefangen umgegangen, nur selten hat jemand mit ihnen im hohen, also im Sinne Schillers so ingeniös gespielt wie Schmitz. Es ist das Spiel der schöpferischen Freiheit eines Künstlers mit dem Gewordenen der Natur wie mit dem Gemachten der Zivilisation. Das Ergebnis ist ein Drittes, das Dritte einer eigenständigen und eigenwertigen Zeichnung.

Diese Unbefangenheit des Künstlers äußert sich bereits in seinem Umgang mit den Materialien. Schmitz faltet mit Vorliebe seine Zeichenblätter in vier Rechtecke. Aus den Vierteln wird aber kein Roman in Fortsetzungen; denn die Teile des ganzen Blattes hält er, wofern überhaupt, nur in loser Fühlung zueinander. Es gibt Blätter, auf denen er das junge Mädchen von Vermeer aus dem Mauritshuis und einen Rückenakt, vielleicht real am Strand im Sand oder ideal an einer Wand im Museum, mit dem unverwechselbaren Hut von Joseph Beuys zu einer dichten und doch durchsichtigen Einheit verwebt.

Real oder realistisch haben solche Momente auf solchen Blättern nichts miteinander zu tun. Das Simultane dieses Verfahrens, die Thematik dieser Komposition, läßt sich besonders deutlich an früheren Arbeiten ablesen. Da gibt es Venedig-Motive, die zugleich die heutigen »realistischen« Zustände auf dem Markusplatz darstellen und Veduten Canalettos vor dem identischen Gegenstand einbeziehen. Es träfe die Sache wohl nicht hinreichend, verstünde man sie als Zitate im Text, wie etwa Thomas Mann fremde Passagen, ohne sie als solche

zu kennzeichnen, in einen Romantext einbezieht oder (etwa im »Faustus«) Romangestalten nach bekannten Porträts des 16. Jahrhunderts, also nach malerisch-künstlerisch gestalteten Individuen erfindet. Man kennt Vergleichbares aus der Musikgeschichte. Worin bestünde, so möchte man fragen, der Realismus Schmitz', wenn er zwar die realen Felsen von Étretat an der normannischen Küste, aber in der künstlerisch-historischen Blickrichtung Gustave Courbets zeichnet? Wo anders ist das Bild Courbets in dieser Situation als in der Vorstellung, der schöpferischen Phantasie des Zeichners? Es ist ja nicht so, als zeichnete Schmitz die Felsen nach dem Vorbild des französischen Realisten; es geht nicht um eine Kopie nach alter Art. Der Felsen und seine Darstellung bilden in einer neuen, »organisierten Spannung« ein neues, eigenständiges Werk. Interpreten haben sich nicht ohne Grund an Marcel Proust und dessen Suche nach der verlorenen »Realität« seiner Vorstellung und Empfindung erinnert.
So wird es schwierig, Wolfgang Schmitz trotz seiner identifizierbaren Inhalte einem Realismus oder Neorealismus zuzuordnen. Ist es realistisch, auf solche Weise das räumlich Disparate, das zeitlich Getrennte, das künstlerisch Verschiedene, das Eigene wie das Fremde, überhaupt Gegensätze solcher Art, vielleicht nach dem Vorstellungsschema Hegels, in einer künstlerischen Koinzidenz aufzuheben? Vielleicht müßte man die Gegensätze, die Teile der Einheit, kennen, um ihre Einheit hinreichend zu verstehen. Wolfgang Schmitz, ein pictor doctus, setzt sie voraus. Fehlt die Fähigkeit, die innere, künstlerische Einheit der äußeren oder auch äußerlichen, der realen oder realistischen Dinge nachzuempfinden oder zu »verstehen«, so mangelt es, behauptet Kandinsky, selbst bei »enzyklopädischen Fachkenntnissen« an Bildung. Auch dem würde Schmitz wohl zustimmen.
Das Wesentliche dieser Kunst besteht also in ihrer Kunst und nicht in außerkünstlerischen Bedingungen. Um ihr darin nachzugehen, muß oder müßte man sich auf ihre nervösen, scheinbar flüchtigen Andeutungen einlassen, auf den Wechsel in der Intensität des Strichs, auf seine bewegte Rhythmik, auf die Vieldeutigkeit in der Bedeutung und die Eindeutigkeit im Ausdruck, auf die nicht selten exzentrische Konzentration der Schwerpunkte, auf die Komposition freier oder ausgesparter, auf verdichtende und verdichtete Passagen, auf den Wechsel zwischen fragilen, skizzenhaften Schraffuren und breiten, lavierten Flächen, die einen Hauch von Farbigkeit ins schwarz-weiße Spiel bringen.
Doch wer glaubt, trotz allem ginge es um Plätze und Straßen; wer sich in dieser Vermutung gar auf die Schriftzeichen einläßt, mit denen Wolfgang Schmitz gern seine Zeichnungen auch quer zu Bild und Sinn ausstattet; wer hofft, in den Krakelüren, sofern er sie überhaupt entziffert, Hinweise wenigstens auf Ort und Zeit in die Hand zu bekommen, der gerät aufs Glatteis der Weltweisheit. Er erfährt aus den Notizen zwar etwas über Abfahrtszeiten der Züge oder Personennamen,

daneben aber auch, was der alte Chinese Laotse oder was Wolfgang Goethe denkt und schreibt, aber nicht, was Wolfgang Schmitz mit seinen Zeichnungen im Grunde meint; denn diese handschriftlichen Spuren, manchmal rätselhaft, aber nie apokryph, sie sind letztlich wohl nicht mehr und nicht weniger als halbbewußte Lebensäußerungen einer rastlosen Tätigkeit, die auf explizite, professionelle Zurichtungen des schöpferischen Geschäftes deswegen verzichtet, weil sie immer und in jeder Lebenslage wirksam ist. Da er nun einmal ist, muß er auch tätig sein, ließe sich ein Vers aus »Faust« variieren. Es ist die homogene, innere, die schöpferische Lebensenergie, die keine Aufteilung ihrer selbst zuläßt, die letztlich nicht einmal zwischen innen und außen, zwischen heute und gestern, zwischen Venedig und Oberbarmen und schon gar nicht zwischen Kunst und Leben unterscheidet. Da er die Kunst in sein Leben und das Leben in seine Kunst einbezieht, lehnt er es (anders als andere Künstler in dieser Zeit) ab, programmatisch auf die Geschäfte der Öffentlichkeit einzuwirken. Er hält nicht viel von der gekonnten Empörung, mit der man das Elend durch die Mikrophone jault und Weltverbesserungen fordert. Auch Wolfgang Schmitz verhehlt wie jeder denkende Mensch beim Stand der Dinge sein Mißbehagen nicht; ihm reicht es schon, wenn er durchs Fenster seines Ateliers das Altersheim in der Normannenstraße sieht. Und wenn er es zeichnet und es (in den Krakelüren auf dem Blattrand) mit den abgründigen Versen zur Philemon-Szene aus dem fünften Akt des zweiten Teils »Faust«, diesmal ausdrücklich thematisch, erläutert, so hat wohl nie jemand etwas Abgründigeres über die Abgründe dieser Zeit gelesen, als in diesen Versen steht. Doch weiß er, daß er und andere nichts daran ändern werden, was schon Goethe vor 150 Jahren gesehen, festgestellt und in bitterböser Schärfe über die Scheinhumanität der Um- oder Aussiedlung von hilflosen Menschen gesagt hat.

Ein Meister in seinem Metier, verzichtet Wolfgang Schmitz darauf, sich und seine Kunst auf den Märkten der Lächerlichkeit auszusetzen. Aber er stellt sich den Tatbeständen und macht Gebrauch von der Macht und dem Recht des Künstlers, der Gegenwart mit der Gegenwelt der freien Phantasie zu antworten. Die verhaltene Ironie, eine unverhohlene Nuance seiner Blätter, wird nie boshaft oder frivol. Sie kennt und bestätigt die ungeistige Schwerkraft des menschlichen Daseins und weiß, daß an ihr sogar die humane Kunst ihre tragische Grenze findet. Diese behutsame, distanzierte Anerkennung der Realität ist weder Zustimmung noch Resignation. Sie versteht sich aus der zwiespältigen Einsicht in ihre Andersartigkeit.

Ist Wolfgang Schmitz deswegen ein Realist und seine Kunst die Fortsetzung des alten Realismus? Vielleicht. Doch was sie in Wirklichkeit ist, das wird man den Registratoren der Zukunft überlassen.

In: Weltkunst, 1986

Julian Schnabel

Mit etwa 40 charakteristischen, großformatigen Arbeiten von 1975 bis 1986 weist die Städtische Kunsthalle Düsseldorf auf den vielbeachteten Maler Julian Schnabel hin. Schnabel ist vor zehn Jahren mit einer Einzelausstellung in Düsseldorf zum ersten Mal in Europa gezeigt worden; die gegenwärtige Ausstellung, die zuvor in der Whitechapel Art Gallery in London und im Centre Pompidou stationierte, wird sonst nirgendwo in Deutschland gezeigt.
Der Künstler ist 1951 in New York geboren, wo er lebt und arbeitet. Wenn von ihm gesprochen oder geschrieben wird, ist weniger von den Bildern als von ihren Preisen die Rede, womit man nicht zuletzt andeutet, daß hier Sensationsmache, wenn nicht gar Vortäuschung über den künstlerischen Rang im Spiele seien. Ist dennoch vom Werk selbst die Rede, so bemüht man sich, wie im Einführungstext des Kataloges, weniger um das Augenfällige als um die Ortsbestimmung dieser Kunst. Solche Kategorisierungen können verdienstvoll sein und sogar dazu beitragen, Sinn und Rang eines Werkes zu klären. Hinweise auf Joseph Beuys oder auf Anselm Kiefer können, zumindest hierzulande, augenfällig und einleuchtend die Reichweite Schnabels abstecken. Es ist keineswegs nur oder vorwiegend die Ausstattung der Malfläche mit drastischen Materialpartikeln; es ist auch der kollagierende Ausbruch (mal wieder) in die dritte Dimension bis hin zu lockeren Dingkombinationen von Tafeln und sinnträchtigen Objekten, wofür besonders »Das Meer« (1981) als Beispiel dienen kann: ein blauer, unbegrenzter Untergrund, in horizontalen Schichten aus braunen Porzellanscheiben, aus Geweihresten und Gips auf Holz befestigt, woran sich ein verkohlter Baumstumpf lehnt. Das ist die reale Welt. Die Scherben im Vorbereich werden auf mythische Weise in eine Welteinheit entrückt. Ein solches Motiv aus der Reihe der »Tellerbilder« wird im Katalog als eine Metapher der Zeit ausgelegt, als ein »Meer aus Ruinen, das sich aus der Vergangenheit über die Gegenwart ergießt. Sie (die Zeit) ist ein ozeanischer Prozeß ohne innere Ordnung oder Notwendigkeit, Gegenstand ständiger zufälliger Verschiebungen wie Treibgut«. Wenn irgendwo Notwendigkeit herrscht, so in der Natur. Die Wissenschaft dieser Ordnung ist bekanntlich die Physik; die Natur eines solchen Bildes aber ist die Kunst und damit Ordnung. Daß Farbe, Gips, Öl und Porzellan eine »innere Notwendigkeit« zu einem in sich organisierten Bilde eingehen, das macht wohl das Gelungene eines solchen Bildes aus.
Wer auf Stilvergleiche Wert legt, wird ohne Aufwand die altvertraute Romantik begrüßen und sich nicht scheuen, direkt von Caspar David Friedrich und damit indirekt auch von Joseph Beuys zu sprechen.
Natürlich kann man auch hier Eklektizismen feststellen. Doch könnte es sein, daß die innere Einheit dieser Kunst weniger in ihren Objektivierungen als im Künstler selbst, besonders in seiner Fähig-

keit zur unverwechselbaren Veranschaulichung seiner »Ideen« zu suchen ist. Dann tritt eine fast klassische Tendenz zur Flächengliederung, eine wohlbedachte Farbendisposition mit jeweiligen Dominanzen, eine oft nur andeutende, zeichenhafte Zeichnung figurativer Silhouetten in den Blick. In ihnen nähern sich die Umrisse vorzeitlich-mythischer Gestalten, auch Heiliger und Märtyrer und Hinweise auf die Kreuzigung. Auf großen Flächen bewegen sich solche Andeutungen sogar zu einem fast epischen »Prozeß«, wie ein monumentales Querformat von 1985 heißt, den man, wenn man wollte, wohl bis in die Einzelheiten nachlesen könnte. Die Handschrift solcher Prozesse bevorzugt die Schwingung, das Ovale, gelegentlich die tropfenden Malspuren, sogar noch das verflüchtigende Spiel mit der Perspektive und scheut sich nicht vor rotem Samt als Bildträger für eine grottenhafte Erinnerung an Maria Callas.
Verzichtet man darauf, jeden Ausdruck als Expression zu apostrophieren, so wird man hier eher vom Gegenteil, von (einer) Verhaltenheit besinnlicher Bewegungen sprechen. Dann ist das große Bild »Der Wind« kein Sturm, nicht einmal ein Wind, sondern der Hauch eines Geistes, wie er sich mit Königs- oder Priesterzeichen seit alten Zeiten verbindet.
Daß Julian Schnabel wie Joseph Beuys die Relikte des Alltags in der Kunst und durch die Kunst in neuen Sinnvorgängen zu versöhnen sucht; daß er wie etwa Anselm Kiefer große, abgeschlossene Flächen bevorzugt; daß dieser sie mit historischen, jener mit mythisch-religiösen Hinweisen überhöht; daß also zwischen den drei Künstlern vielleicht eine äußere und innere Verwandtschaft besteht, ist einzuräumen, aber es ist nicht zu übersehen, daß aus den unterschiedlichen Voraussetzungen unterschiedliche, wenngleich vielleicht ähnliche Ziele sichtbar werden. Alle drei haben weltweite Beachtung gefunden; wenn Schnabel sogar überdurchschnittliche Markterfolge erzielt, kann man sich darüber mokieren, man kann ihm dazu aber auch gratulieren.

In: Weltkunst, 1987

Emil Schumacher

I

Die Lebensarbeit eines erfolgreichen Malers, Werkfülle aus einem halben Jahrhundert, ist Anlaß genug, um mit einem Blick auf das Ganze die Frage nach ihrer künstlerischen Einheit, ihrer inneren Notwendigkeit und ihrer Repräsentanz in der Öffentlichkeit zu stellen, ist doch die Malerei Emil Schumachers in Gesinnung und Leistung zugleich aufschlußreich für eine Generation, die sich durch die Verhältnisse vor besondere Aufgaben gestellt sah. Geschlossen, aber nicht

abgeschlossen, wird die Retrospektive in Hagen, der Vaterstadt des Künstlers, durch Ölbilder aus jüngster Zeit in der Kunsthalle zu Kiel eindrucksvoll ergänzt; denn die Arbeiten Schumachers haben im letzten Jahrzehnt noch an Rang und Wirkung gewonnen. So geht es in Hagen weniger um die Entstehung, die Themen oder Techniken bestimmter Bildgruppen als um ihren Anteil am Ganzen.
Emil Schumacher ist Westfale, im besonderen ein Sauerländer. Er war also kein Wunderkind. Aber deswegen wundert es auch niemanden, daß er sich für seine Kunst, seine Überzeugungen und Erfahrungen, nicht eben gleichgültig gegenüber den Märkten, Moden und Medien, Zeit genommen und gelassen hat.
Die Blätter jener Jahre variieren die realistische Thematik der damaligen Zeit. So war es vor, aber auch nach 1945. Es sind Realismen mit Anspielungen auf Noldes Ausdrucksmalerei oder spröde-sperrige Kritzeleien in Wols-Manier. Waren es also bis etwa 1950 noch die »Stilleben«, das »Wattenmeer« oder die »Ruhr bei Herdecke«, so heißt es schon bald darauf »Rotes Bild«, »Angewehtes Weiß« und schließlich nur noch »Bild ohne Titel«.
In diesem Bruch mit der realistischen Vergangenheit und der Hinwendung zum damaligen »Informel« hat man ein spekulatives Kollektivverhalten gemutmaßt, das der eben gegründeten Gruppe »junger westen« (mit Emil Schumacher und Thomas Grochowiak) eine internationale Beachtung erleichtern sollte. Andere kolportierten über Jahre hin und nicht ohne Pathos die Deutung, in der »Befreiung« vom Gegenstande habe das Informel zugleich die Befreiung von der Diktatur vollzogen. Doch Jackson Pollock, der Initiator des »lyrischen Expressionismus« in den USA, oder Jean Bazaine in Paris hatten mit den deutschen Verhältnissen und ihren Gegenständen nichts im Sinn. Wie auch immer: die Retrospektive in Hagen macht auf überwältigende Weise klar, daß die Überwindung einer Gegenstandsmalerei und die Hinwendung zur »freien, spontanen« Gestaltung zwar durch internationale Tendenzen begünstigt wurden, doch dem künstlerischen Temperament Schumachers von Grund auf entsprachen. Das bestätigt sich an dem, was und wie er es malt, an dem, was er experimentierend aufnimmt und wieder aufgibt, aber fast mehr noch an dem, worauf er sich erst gar nicht einläßt.
Daß das Informel schon bald an Standfestigkeit einbüßte, erklärt sich weniger aus der Wiederkehr des Gegenstandes als aus der inneren Unsicherheit eines Verfahrens, das vor der leeren Leinwand und im Verzicht auf die Realität nur der reinen Inspiration vertraut. Der gestische Automatismus der Tachisten war zwar voller Zuversicht, doch lebte und lebt er wie die »Psychogramme« letztlich vom arglosen Vertrauen des Betrachters. Kein Wunder, daß man nach Auswegen suchte. So hat auch Emil Schumacher, als die »gestaltlose Farbe« zu kreiseln begann, am »Kunstbegriff« gebastelt und ihn um »Tastobjekte« erweitert, die man andernorts das Taktile oder Haptische

nannte. Diese originellen Versuche, auf phantasievolle Weise differenziert und koloriert, gefielen und gefallen noch im Rückblick, bleiben aber in ihrer spielerischen Beziehungslosigkeit ein reizvolles Intermezzo. Denn Emil Schumacher ist Maler. Diese Feststellung gewinnt nun im Kontext mit dem Gesamtwerk und in dessen Konfrontation mit anderen Kunstbeständen nicht nur ihr affirmatives Gewicht, sondern differenziert auch die Werkgruppen.

Wenn Emil Schumacher über jene Parerga hinaus mit dem spezifischen Malmaterial, mit Papier und Holz, in Acryl und Öl, im Graphischen natürlich, mit Blei, Sisalfasern und sogar mit dem Hammer auf Sperrholzplatten experimentiert hat, so ist auch dies und ähnliches letztlich im Hauptgeschäft des Malens aufgegangen. Das ist um so bemerkenswerter, als vor allem die »Hammerbilder« in ihrer scheinbar, gewaltsamen, ausdrucksstarken, also expressiven Faktur das besondere Interesse der Kunstexperten finden. Wenn sie auch deswegen die Aufmerksamkeit reizen, weil das Gewaltsame so manchem Zeitgenossen hierzulande wie selbstverständlich imponiert, als ob eine kaputte Welt immer schon von Wahrheit und Stärke und nicht auch von Grobheit und Stumpfsinn zeugen könnte, so bleiben auch sie im ganzen doch nur eine thematische Gruppe. Werner Schmalenbach gibt zu bedenken, daß Schumacher nie mit »geballter Kraft« die »Schönheit der malerischen Haut« verletzt und (so möchte man hinzufügen) den Bildcharakter sogar steigert. Ähnliches gilt für die Sisalcollagen, sind doch selbst diese Fäserchen nicht nur »schockierende« Materialakzessorien, sondern auf weißem Grund »tachistische« Gebilde von subtiler Finesse.

Auch sollte man sich bewußt machen, worauf Schumacher von vornherein verzichtet hat. So gehören auch jene nachdrücklichen Bemühungen in den sechziger und siebziger Jahren, die Künste für außerkünstlerische Interessen zu aktivieren, in den Umkreis von Materialmanipulationen. Vor 1970 war es die Rechristianisierung der Künste. Das hat zwar niemandem genützt; doch Emil Schumacher hat weder zuvor noch hernach christlich gemalt, nicht weil er unchristlich, sondern weil er Maler ist. Aus vergleichbaren Gründen gibt es einige Jahre später bei ihm keine gesellschaftlich relevanten Themen. Denn die »Gesellschaft« müßte sich erst organisieren, die sich in diesen Bildern wiederfände. Schließlich hat er auch darauf verzichtet, seine Tafeln mit altchinesischem Geraune oder mit vorsokratischen Fragmenten zu vertiefen oder zu überhöhen. Vielleicht fließt tatsächlich alles; aber es fließt nicht, weil Heraklit es vermutet oder ein Maler es auf die Leinwand kritzelt.

Seit jenem Bruch vor vier Jahrzehnten, abrupt und bewußt wie eine Entscheidung, hat Emil Schumacher den Tachismus oder das Informel fortgesetzt, ausgemalt und für die Dauer vertretbar gemacht. Auf diesem Wege stellte sich ihm die alte, wenngleich damals auf fatale Weise aktuelle Frage, ob sich die Farbe in der Malerei selbst genügen

Emil Schumacher, »B–31«, 1971, Öl auf Leinwand, 170×130 cm

könne. So faszinierend und unerläßlich es wohl ist, die Kunst in ihren Grundvoraussetzungen zu begründen, so gerät sie letztlich, auf sich selbst angewiesen, in einen Leerlauf. »Die Zeichnung ist das Wesentliche«, notiert Kant; die »Farben gehören zum Reiz«. Schwerlich aber ist das Reizende, nicht einmal das Reizvolle, ein Ziel der ernsthaften Kunst. In diesem Punkt hat sich Emil Schumacher klar entschieden. Die »Zeichnung«, gemeint ist das Formale oder Strukturelle, gipfelt für ihn in jenem Bogen, der zwar schon, wenngleich nur angedeutet, seit den fünfziger Jahren auf seinen Blättern figuriert, sich zehn Jahre später aber zum charakteristischen Element dieser Malerei gefestigt hat. Er ist für ihn die universale Form im Formfreien des Informel geworden. Unbegrenzt in seiner figurativen Mehrdeutigkeit, doch immer identisch in Figur, Anordnung und Intensität, bändigt oder öffnet, steigert oder beschwichtigt er die Energie der Farben. So organisiert er die freigesetzten Farbflecken des Tachismus zum Bilde. Wie schon ehedem auf den titellosen Blättern entscheidet er zwischen rechts und links, zwischen Rumpf und Profil, zwischen Nebel oder Wolke und entscheidet darüber, was drinnen oder draußen ist, was steigt oder fällt. Schwarze Ovale einer liegenden Acht halten die roten oder tiefblauen Flächen in der Balance, nötigen ihr Vibrato in die Schwebe eines dynamischen Gleichgewichts oder werden in mehrfachen Übersteigerungen zum Durchblick in das Aufflammen einer kosmischen Glut. Im Wesentlichen sind sie Zeichen der künstlerischen Verfügung, der Formmächtigkeit über das nur Reizvolle.
So ist das Informel längst nicht mehr die negative Freiheit des Beliebigen. Das Lyrische oder Expressive, vom Gestischen ganz zu schweigen, Floskeln der Ratlosigkeit, sind relativiert. Aus Gesten sind Zugriffe und aus Experimenten Werke geworden, denen man wie Tafeln des 16. Jahrhunderts begegnet. Abgelöst von formalen Schemata und inhaltlicher Realität, ist diese Kunst zwar »absolut« oder autonom; doch insofern die Farbe jedem Ding zukommt und sie in ihrer Symbolträchtigkeit die menschliche Seele anrührt, wird sie zu einem unbegrenzten Spiegel des Daseins. Sie selbst, als Kunst, ist in der realen Welt gewichtlos und zugleich faszinierend wie Schattenbilder. Doch ihrer offenen Vieldeutigkeit widerspricht nicht ihr Anspruch auf Autonomie; denn was an Realitätsspuren, etwa aus Landschaftserlebnissen, oder als Hinweis auf unbekannte, noch unerfahrene Wirklichkeiten im Spiel ist, bedeutet nichts, fast nichts, für eine Malerei, die ihren Sinn und ihr Gesetz in sich selbst und durch sich selbst verwirklicht.

In: Frankfurter Allgemeine Zeitung, 1987

II

Die »Hammerbilder« von Emil Schumacher sind eine Werkgruppe, deren Malfläche durch Schläge bis auf den Grund beschädigt ist. Ihnen entspricht, vielleicht im Verhältnis von konkav und konvex, ein Bestand von Bildern, die durch schwarze Asphaltklumpen gleichsam ergänzt werden. Kerben jene ihn aus, so überhöhen diese den Malgrund. Wenngleich ins Auge fallend, sollte doch ihre Absicht nicht falsch gedeutet werden; denn hierher gehören auch jene Bilder, auf denen solche Akzessorien so verfeinert sind, daß sie nur noch wie beiläufige Materialverdichtungen erscheinen.

Eben dies gilt auch für die Tafel »B-31«. Ihr Thema ist die Farbe, ist das Rot. Seine Eigenhelle wird in wechselnden Intensitätsgraden und Modifikationen ausgebreitet und, durch Schwarz kontrastierend, gesteigert. Weiße Passagen an den oberen Rändern künden zusätzliche Vorgänge an.

Frei von Sinn und Bedeutung, wären Spekulationen auf Inhalte oder Gehalte, auf Ereignisse im Bereich des Menschen oder der Natur abwegig. Die Farbe, zwar nicht in ihrer materiellen Zuständlichkeit, wohl aber in ihrer malerischen Potenz ist hier der Gegenstand. Sie wendet sich in ihrer Sinnlichkeit unmittelbar ans Auge; als ein künstlerischer Tatbestand erwartet sie die bewußte und geübte Fähigkeit des Sehens, die passive Aktivität, die am Gegebenen nichts ändert, seine Wie-Beschaffenheit aber in ihrer Vielfalt tätig aufnimmt, nachvollzieht und »versteht«. Die sensitive Energie der Schumacher-Bilder, ihr »Tat-Charakter« (Schmalenbach), ist also ein Grundzug auch dieser stillen, sensationsfernen Tafel. So bewegt auch ihre inneren Vorgänge sind; so sehr sie sich, fast im Sinne Goethes, von verhaltenen Gelbspuren bis hinauf zum Purpur steigern und in den dunkleren Zonen Tiefenspannungen illusionieren; so spürbar auch das Schwarz die Erregung des Rots herausfordert und die Weiß-Andeutungen über die Ränder hinweg das Bild ins Weite öffnen, so deutlich bleibt doch die Ausgewogenheit der Grundanlage gewahrt. Das Feld ihrer gebändigten Widerkräfte ist letztlich die offene Dynamik ihrer Farben. Rot als das Thema ist gleichsam der Orgelpunkt des großflächigen Motivs. Schwarz steigert im rein sinnlichen Bereich des Bildes konzertierend die Rotbewegungen und übernimmt zugleich ihre Strukturierung. Die schwingende Führung der schwarzen Bauelemente entspricht den inneren Bewegungen der Farbe. Und einen Schritt weiter wäre auf die subtile Divergenz zwischen dem vordringenden Rot und dem fliehenden Schwarz hinzuweisen: Die Struktur wie ein schwarzes Gitter scheint die Vorwärtskräfte im Rot zu bändigen.

Was die Komposition betrifft, so verwendet Schumacher zwar auch hier den Bogen als eine durchgehende Präformation seiner Vorstellungswelt; doch wird der Bogen, gemäß dem sensiblen Leben dieser Tafel, auf bemerkenswerte Weise in vier flachen Segmenten variiert,

deren wechselndes Verhältnis zueinander auch aufschlußreich für den elementaren Reichtum dieses Bildes ist. Da, wo sie zu einem Oval streben, begegnen sie einander in einer zärtlichen Selbsterfahrung, wie sie gemacht wird, wenn sich wie zufällig die rechte der linken Hand nähert und sie einander berühren. In ihrer schwebenden Verschlingung deutet diese Schwarz-Komposition sogar eine Neigung zum Ornamentalen an. Aber trotz der pastosen Profilierung wird ihre innere Leichtigkeit nicht beeinträchtigt. Und was seine Modulierung betrifft, so scheint das Schwarz trotz seiner kompositionellen Aufgabe im feinen Wechsel von stumpfen und lasierenden Passagen und seiner unterschiedlichen Materialdichte wie ein Sfumato in das Grundrot zu verwehen. Der leicht geschwungene Horizont eines schwarzen Segmentes ist die Basis des Rot-Bildes. Auf ihr ruht die zarte Festigkeit seines Farbenspiels. Und diese Basis steht auf zwei schlanken Ausläufern der senkrechten Randbegrenzungen.
Die konzertierende Auseinandersetzung zwischen dem tiefen Rot und dem aufgelichteten Schwarz wird durch die Andeutung einer Spannung zwischen Fläche und Raum erhöht; denn der dunkle Kontur weckt, auf halber Höhe, gleichsam in Hüfthöhe, leicht eingebuchtet, den Eindruck von Leiblichkeit; und er wird durch die Schwellung der Leinwand, als wäre sie ein Polster, verstärkt.
Anschauliche Anspielungen kommen mit den Weiß-Bewegungen ins Bild: Sie werden zu welken Blättern im Rot-Bereich; und die schlanken Umrisse der Bildstruktur werden zu entlaubten, schwarzen Rebenzweigen vor einer untergehenden Herbstsonne.
Die sonore Melodie ist nicht zu überhören. Doch als Wesenszug des Bildes stellt sie den kritischen Betrachter vor ein besonderes Problem. Man wird mit Werner Schmalenbach sagen, daß solche Bilder Zeugnisse des Schönen und sogar des Kostbaren sind und die Tradition der »malerischen Malerei« fortsetzen. Um so aufschlußreicher ist es, wie man in allen Kunstsparten vor vergleichbaren Feststellungen fast wie mit schlechtem Gewissen zurückscheut; denn Schönheit gilt als Einwand gegen die Kunst. Doch wenn die Künstler und nicht die Kulturprogrammatiker die Kunst machen, so gehört neben den »Hammer-Bildern« auch die »malerische Malerei« zur Kunst Schumachers und damit zur Kunst überhaupt. Man weiß, daß spätestens der Expressionismus die Neigung zu einer demonstrativen und sogar zu einer gewaltsamen Geste nicht nur zum Merkmal, sondern sogar zum Rangbeweis deutscher Kunst erklärt hat. Dieses Auftrumpfen, dieser Anspruch, »mit dem Hammer zu philosophieren«, diese revolutionäre Empörung ist aber weniger eine ursprüngliche Regung der Künstler als eine Attitüde jener Theoretiker, die alles, nur nicht ihre eigenen Vorlieben, der Kritik oder gar der Zerstörung ausliefern und ihre kühnen Devisen, gern unter dem suggestiven Pathos des Fortschritts, einer verstörten Öffentlichkeit aufnötigen, aber nicht Aufklärung, sondern zusätzliche Verwirrung bewirken. Unter dem Postu-

lat einer »engagierten« Kunst, das immerhin Kunst voraussetzt, wird die »malerische Malerei« als ein überlebtes Relikt verketzert. Doch geht es um die Werke selbst, so verliert diese Polemik fühlbar an Gewicht. Denn die Maler malen Bilder und nicht Theorien.
Was Emil Schumacher betrifft, so wird man das Expressive vor allem in den »Hammerbildern« zwar nicht übersehen; doch die Spuren gewaltsamer Einwirkungen sind weder Selbstzweck noch Signale des Aufstandes. Die Einschläge wie die Teerbuckel sind zwar äußerlich auffallend fast wie Provokationen; künstlerisch aber (und darauf kommt es an) sind die Strukturelemente der Bildplanung; und insofern sie gelegentlich sogar eingefärbt werden, gehören sie auch zum Malerischen dieser Kunst. Schon deswegen sollte man sie nicht mit den spekulativen Wegwerfseln verwechseln, die in Torheit, Mache oder Geschmacklosigkeit den »Kunstbegriff« ins Beliebige verschieben. Entgegen dem Augenschein sind also auch die »Hammerbilder« Schumachers in sich Zeugnisse einer autonomen und homogenen Malerei.
Rohes und Gewaltsames gehört zum Leben; aber sie sind nicht das Ziel oder die Bestimmung der Kunst. Überdies kann man nur zerstören, was schon ist, was vorgefunden wird, wie die Natur oder eine Kultur, wie antike Plastiken, denen man die Nasen abschlagen, oder die mittelalterlichen Dome, die man zerstören kann. Auch Kunst kann man unter Umständen zerstören; ihre Zerstörung ist aber keine Kunst mehr, sondern Barbarei. Daß unsere Welt an allen Enden brüchig und unheil ist, gehört zu den Banalitäten menschlicher Erfahrung; aber es wäre unsinnig, Kunst zu machen, um sie als solche zu zerstören. Die Darstellung von Zerstörung ist etwas anderes als die Zerstörung selbst. Kunst ist immer heil; heil bis zur millimetergenauen Stimmigkeit sind auch die »Hammerbilder« Schumachers; denn ihre »Zerstörungen« sind kein Hinweis auf ein Unheil, das ihnen widerfahren wäre, sondern sind Wesenselemente ihrer selbst.

In: das kunstwerk, 1985

Heinrich Siepmann

Heinrich Siepmann ist 1904 in Mülheim an der Ruhr geboren. Seine Ölbilder und Collagen sind ein anschauliches Beispiel für eine Kunst, die von jeher auf Klarheit in ihrer Tendenz und auf Sicherheit im Handwerklichen bedacht ist. Dem kommt ihr ungegenständlicher Stil zwanglos entgegen. Siepmann hat zwar den Konstruktivismus seiner Anfänge beibehalten, verhehlt aber weder fremde Einflüsse noch die kurze Phase einer gestisch-tachistischen Lockerheit.

Heinrich Siepmann, »B8«, 1985, Öl auf Holz, 102,5×73,5 cm

Gemäß einer lebendigen, umsichtigen und produktiven Beständigkeit versteht sich, daß die malerischen Elemente der Abstraktion den Eindruck bestimmen. So spielen die vertikale, die horizontale, die isolierte wie die vervielfältigte Gerade, ihre Schrägstellungen wie ihre Kontrapunktik und über das Lineare hinaus auch die Fläche in ihrer zweidimensionalen Präsenz wie in ihrer perspektivischen Schachtelung eine ebenso bedeutende wie bewährte Rolle. Dem entsprechen die Farben: eine Vorliebe für durchlichtete Tönung, für ein kalkiges Grau, überhaupt für Nuancierungen von Weiß und kontrastierendem Schwarz.
Doch mag dies und ähnliches auch andernorts durchexerziert worden sein, für Heinrich Siepmann geht es von vornherein weniger um individuelle Besonderheiten als vielmehr und eindringlich um das Wesentliche, das sich in Elementarstrukturen andeutet. Das Rationale wird vergeistigt, das Abstrakte anschaulich.
Das kann man bis ins einzelne sehend verfolgen. Ein flüssiger, aber nie triefender Farbauftrag wird in seiner Behutsamkeit fast entmaterialisiert, und das künstlich Gemachte erscheint dann, als wäre es eine feine Faltung im Material. Umgekehrt sind auf den Collagen Einklebsel aus geripptem Wellpapier wie die Farbspuren von Haarpinseln. In der sinnlichen Wirkung des Artifiziellen besteht gemäß einem alten Wort die Faszination auch dieser Bilder. Sie stellt sich ein, wenn eine sensitive Intensivierung die Geometrie des Linearen und die natürliche Reaktionsunfähigkeit des Kunstmaterials gleichsam von innen heraus künstlich lockert, erregt und bewegt. Das Künstliche wird Kunst, worin das Ziel und die Berechtigung des Konstruktivismus besteht.

Zur Ausstellung in der Städtischen Galerie, Lüdenscheid, 1982,
in: Frankfurter Allgemeine Zeitung, 1982

Hans Steinbrenner

Es ist weder Zufall noch Beliebigkeit, wenn Hans Steinbrenner Holz oder Stein bevorzugt. Beide Materialien sind zwar der Natur entnommen, werden aber auch in ihren äußeren Maßen auf neue Zwecke so eingerichtet, daß sie fast austauschbar werden. Die Spuren ihrer Herkunft sind durch Bearbeitung fast aufgehoben. Von Eichen oder Pappeln bleibt nur das Holz der Eichen oder Pappeln, vom Besonderen also das Allgemeine. Das Gewordene wird durch die Bildhauerei zu einem Gemachten, aus der Gestalt wird die Figur. In den immanenten Unregelmäßigkeiten der Maserung erinnern sie bei näherem Hinsehen noch ans Lebendig-Organische; doch wie sie jetzt dastehen, gehören sie in einen ganz anders gearteten Daseinszusammenhang. Sie sind in den Zusammenhang der Kunst eingetreten.

Die Kunst hat es mit Kunst und nicht mit Natur zu tun. Das Ergebnis der Kunst ist das Werk, die Folge der Natur ist die Wirkung. Die Kunst ist das Gemeinsame im Holz und in den Basaltlavasteinen, die Steinbrenner künstlerisch bearbeitet. Gemeinsam ist ihnen die eigenständige Formung. Und wenn diese Formung das Material verändert und überwindet, sie auf andere, neue Weise belebt, so ist dies Leben von anderer Art als das Leben der Natur. Der Stein oder das abgestorbene Holz sind und bleiben tot. Ein Block oder ein Turm Steinbrenners, je für sich, ruht in sich selbst und weist durch nichts auf fremde Größe oder fremdes Elend hin. Wenngleich sie keine Monumente, keine Mahnmale sind, werden sie nicht in stumme Isolierung verbannt. Hans Steinbrenner verzichtet darauf, mit prophetischer Scheinkunst neue Ziele des Denkens und Handelns in Umlauf zu setzen. Nicht einmal um den sogenannten Menschen geht es ihm.

Es ist jedoch keine inhumane oder gar antihumane Demonstration, wenn Steinbrenner das Menschenbild auf sich beruhen läßt. Für ihn wäre ein direkter Humanismus wahrscheinlich zu an-

Hans Steinbrenner, Figur, 1987, Eichenholz, 302 cm

spruchslos, vielleicht sogar zu unprofessionell. Was ist schon der Mensch! Was soll er sein, und wie soll er denken! Diesen ungeheuren Gedanken, der längst zum Spielding für Hinz und Kunz verkommen ist, wird der nachdenkliche und redliche Künstler gern übergehen ihn da lassen, wo er immer schon hingehört, besteht doch das Humane vielleicht weniger in Bildern als in dem Ernst und der Könnerschaft, einen wesentlichen Gedanken ins Werk zu setzen.
Diese Bildwerke sind auf den ersten Blick fast schmucklos. Doch die unbegrenzte Vielfalt ihrer Proportionen, ihrer Kombinationen und im besonderen ihrer »Übereckungen«, das heißt die Verfugungen von Block zu Block innerhalb einer Figur, erschließen sich unschwer in ihren Entsprechungen zum wechselnden Lichteinfall oder zu den anderen Gegenständen ihrer Umwelt. Das will bedacht werden, und es wird besonders bewußt, wenn man sie noch im Provisorium ihrer Werkstatt sieht. Diese Kunst macht, indem sie ihre naturgemäße Herkunft hinter sich läßt und sich in reiner Direktheit den geometrischen Grundordnungen, den Horizontalen und Vertikalen, nähert, die formalen Bedingungen der realen Welt sichtbar. Gemäß ihrer Räumlichkeit nehmen also diese Stelen mit ihresgleichen Fühlung auf. Sie stehen sichtbar im Raum. In diesem Verbund erhöhen sie, künstlerisch geordnet, die räumliche Grundordnung des natürlichen Daseins. Doch sie, im Raum, opponieren nicht gegen Zeit und Sinn. In ihrer Zeit- und Sinnferne sind sie weder sinnwidrig noch sinnlos; aber sie sind sinnfrei. In der Kühle dieser ihrer elementaren Unmittelbarkeit bestehen ihre Eigenart und ihre Wirkung zugleich.

Eröffnungsrede zur Ausstellung im Museum »Quadrat«, Bottrop, 1986

Volker Stelzmann

Volker Stelzmann wurde 1940 in Dresden geboren, lebt und arbeitet in Leipzig, wo er ein Lehramt an der Hochschule für Graphik und Buchkunst ausübt. Mit Einzelausstellungen wurde er im Westen bislang nur in Paris und Frankfurt bekannt. Jetzt geben 160 Gemälde, mehr als die Hälfte des gesamten Werkbestandes, und etwa 350 Zeichnungen und Drucke einen aufschlußreichen Einblick in die künstlerische Entwicklung und bemerkenswerte Gruppierung ihrer Themen. So kann man von einer Retrospektive sprechen.
Neben einigen Stilleben geht es vor allem um eine realistische Darstellung menschlicher Zustände und Vorgänge. Die Parteidoktrin für den Sektor der »künstlerischen Arbeit« hat sich zwar von der Orthodoxie der Ulbricht-Zeit weit entfernt; doch wird der Realismus nur selten in Frage gestellt. So besteht das Spezifische in der DDR-Malerei wohl nur noch in der Negation der Ungegenständlichkeit wie überhaupt der »westlichen Dekadenz« von Formexperimenten. Geht es

zuweilen auch recht freizügig auf der Leinwand zu, die Diskussion um den »sozialistischen Realismus«, um die »Eigengesetzlichkeit« oder die »Volksverbundenheit« der Kunst, ist drüben keineswegs verstummt. Sie wird, wenngleich vorwiegend von Theoretikern, in Zeitschriften, Katalogen und Programmheften weiterhin fortgesetzt.
Das gilt auch für die ausgestellten Bilder und Texte. Zwar hat schon Plato die Kunst als ein Ferment der Politik verstanden und die Staatswächter ermahnt, selbst in unscheinbaren Veränderungen der Harmonie bereits Anzeichen politischer Neuerungen zu sehen; es wäre jedoch verfehlt, auf Grund eines größeren Freiraums in der praktischen Ausübung von Kunst darauf zu spekulieren, daß sich drüben auch im Politischen »etwas bewege«. Der sozialistische Realismus verstand sich lange als die bejahende Darstellung »unserer« Wirklichkeit aus proletarischer Perspektive und demgemäß als die kritische Antithese zur Kunst in der »westlich-kapitalistischen Gesellschaft«. Heute indes, da sich der genüßliche Wohlstand im Westen wie im Osten quer durch alle Einkommensschichten durchsetzt, würde sich eine sozialistische Kritik an sozialen »Errungenschaften« selbst aufheben.
Mit dieser Einsicht stand Mitte der siebziger Jahre auch Volker Stelzmann vor erheblichen Schwierigkeiten. Im Hinblick auf die veränderten Verhältnisse mußte die Formel vom sozialistischen Realismus »wieder praktikabel«, der »Realismusbegriff erweitert«, endlich die »ergiebige Haltung« Brechts gewonnen und der »Hemmschuh des Naturalismus« überwunden werden. Doch sollte bei alledem der »parteiliche Standpunkt des Künstlers« (Honecker) gesichert bleiben. Dies muß beachten, wer den künstlerischen Fortgang Stelzmanns verstehen will. Er distanziert sich thematisch und formal von den meisten sozialistisch-realistischen Traditionen, aber auch von seinen Zeitgenossen, vom leichtfüßigen Welttheater Werner Tübkes, vom fröhlichbarocken Vitalismus eines Willi Sitte, wie vom Expressionismus Heisigs. Stelzmann und Mattheuer dagegen, das wäre, dem Rang beider Künstler gemäß, ein Problem für sich.
Zwar hält auch Stelzmann an der Realität des Augenscheins fest. Doch er denkt nicht daran, sich damit zu begnügen, sondern begibt sich auf die »Suche nach Wahrheit«. Da diese sich im Antlitz der Mitmenschen spiegelt, gewinnen die zahlreichen Bildnisse und Selbstbildnisse eine besondere Bedeutung. Die Wahrheit aber äußert sich auch in existentiellen Erfahrungen, in der Bewußtwerdung eines inneren Auftrags (»Berufung«, 1984), in Angst und Lebensunsicherheit (»Anschlag«, 1985); sie wird dringlich im Abgrund des Mitmenschlichen, aber auch in der animalischen Dumpfheit der Narrenfeste, der verschlossenen Schwermut (»Melancholie«, 1982) oder im wortlosen Vollziehen eines Liebesdienstes (»Kreuzabnahme«). Um diese und ähnliche Themen gruppieren sich die Bilder Stelzmanns, was (unter Vernachlässigung der Formprobleme) aus dem Gewicht der Bildinhalte hervorgeht.

Volker Stelzmann, »Für R. D.«, 1980/81, Mischtechnik auf Hartfaserplatte, 116×122 cm

Volker Stelzmann hat nach einer Lehre als Feinmechaniker diesen Beruf bis zum 23. Lebensjahr ausgeübt. Wie diesem nachdenklichen Künstler die Malerei dann nicht nur aus »kreativen« Regungen oder durch Berufssteuerung zugefallen ist, das legt zwar schon der Gesamteindruck seiner Werke nahe; allein, unter dem verbindenden Titel »Berufung« tritt auf vier steilen, isolierten Tafeln je ein Mann schwerfüßig gleichsam aus dem Rahmen heraus; der eine zieht den Mantel an, die anderen werfen eine Decke oder einen Schal um, ernst und entschlossen, als machten sie sich auf einen beschwerlichen Weg. Sie sind berufen, das Aktuelle auf seinen Grund, auf seine Wahrheit hin zu erkunden und dieselbe exemplarisch im Bild zu bewahren. Das ist weder Job noch Hobby, weder eine Stelle noch ein Arbeitsplatz; es ist Bestimmung »Berufung«, vielleicht das »Schicksal des Künstlers«, wie behauptet. Ein solcher Beruf will von Grund auf gelernt, geübt und beherrscht werden. Erst daraus ergibt sich eine virtuose handwerkliche Perfektion.

Mit dem Verzicht auf Kritik an gesellschaftlichen Mißständen überwindet Stelzmann den Leerlauf abgegriffener Klischees, das Versteckspiel mit spekulativen Fragen, vor allem aber die verschlüsselte Allegoristerei. Die »Wahrheit« tritt, wenngleich verhalten, unmittelbar ins Bild. Da bleibt nichts mehr von bornierter Selbstzufriedenheit, wenn er unter dem Titel »Anschlag« (1985) die Lebensunsicherheit ins Bild übersetzt. Die tastenden, fast taumelnden Schritte von vier bedrohten Personen lassen sich als Flucht oder Abwehr, aber auch als ein Experiment mit Kompositionsproblemen auffassen. Doch »Anschlag« ohne einen Hinweis auf Zeit, Ort und Motiv ist wie die »Kapuzinergruft« (1982) oder »Amokläufer« (1983) ein anschaulicher Hinweis auf die Offenheit der Lebenshintergründe.
Wahrheit liegt nicht hinter den Bergen, sondern auf der Straße. Das ergibt sich auf besondere Weise aus dem Epitaph »Für R.D. 1980/81«. Das Bild dokumentiert nicht eine »konkret-historische Situation«, nimmt nicht Partei, sondern vergegenwärtigt das stumme Rätsel eines Unfalls. Es zeigt als ein »Musterbild« den Tod Rudi Dutschkes. »Als Musterbilder menschlicher Beziehungen sind sie über Jahrhunderte gegenwärtig, und unsere Kunst ist ohne diese Prägungen undenkbar« (Stelzmann im Katalog). Da beugt sich im hygienisch gekachelten Bad mit den metallischen Reflexen der Röhren und Platten ein Mann im Pullover, gestriegelt und mit einer Uhr am Handgelenk, über eine Wanne und starrt mit geschlossenen Augen in einen Abgrund. Rudi Dutschke ist bekanntlich in einem Badezimmer tödlich verunglückt.
Was und wo ist die Wahrheit, die Stelzmann sucht? Es überrascht nicht die Aneignung alter, stets gegenwärtiger »Musterbilder« von Szenen aus dem neuen Testament und ihrer tradierenden Darstellung. Unter ihnen berührt vielleicht noch stärker als die Bilder der Leidensgeschichte das »Gastmahl in Emmaus«, ein Ölbild auf einer mittelgroßen Hartfaserplatte. In einer klassisch komponierten Dreiergruppe sitzt er, der Gottesmann, in der Mitte und hält in den Händen die beiden Hälften des gebrochenen Brotes. Die Jünger, vom Schein auf seiner Stirn erhellt, erleuchtet, halten im Tun inne, wie vor einer leidenden Offenbarung verstummt.
Niemand wird in solch religiösen Themen den Hinweis auf ein dogmatisches Christentum vermuten; gleichwohl deutet sich da eine Gesinnung an, die im Religiösen dem Humanen oder im Humanen dem Religiösen nachspürt und sich im normalen Leben jener Wurzeln vergewissert aus denen allein wohl Glück und Elend der »Gesellschaft« zu verstehen und womöglich auch zu verändern sind. Doch ist dies für den Maler keine Frage theologischer oder etwa wissenschaftlicher Begriffe, vielmehr Sache des unmittelbar-anschaulichen Bildes. Bar aller Sinnzeichen, geben sich die Gestalten nur in dem zu erkennen, was sie sind oder tun, im Brechen des Brotes zum Beispiel.
Unter Verzicht auf ausdrückliche Experimente orientiert sich Stelz-

mann in Komposition und Farbe an den Vorbildern der Geschichte. Während mehrerer Studienaufenthalte an Ort und Stelle hat er sich in der italienischen Renaissance umgetan. Auch er hatte sich (wie Werner Tübke) zunächst auf die Unruhe, die spielerische Dezentralisation und das Anekdotische des Manierismus eingelassen, in der Regel mit sozialkritischen Vorbehalten, etwa in der Kritik an einer sinnverlassenen Medizin (»Forschung«, 1976), an gängigen Freizeitgestaltungen (»Bunkerkarneval«, 1976) oder an Befragungen (»Befragung«, 1975). Solche Bilder haben im Rückblick allerdings erheblich an Rang eingebüßt. Die Umrisse werden zunehmend schärfer, die Inhalte, um die Wirkung zu erhöhen, einfacher. Der Umgang mit den Vorbildern ist bewußt großzügig gehalten. So wird beispielsweise die Anatomie in der Darstellung der Leidensgeschichte im spätgotischen Sinne vernachlässigt, die Perspektive nur noch als zwanglose Anwendung einer Sehgewohnheit praktiziert. Hierher gehört auch die Verschachtelung der Personnagen in die Enge von Kästen, um die Leiblichkeit der Dargestellten plastisch und fast greifbar in die Verfügung des Betrachters zu rücken. Der Hintergrund verliert deutlich an Bestimmung. Das Dasein ist Gegenstand der Darstellung. Auch ohne Verflüchtigung oder Entwirklichung ist es in seiner Wahrheit für Stelzmann rätselhaft genug. Nicht mit Novalis durch Kunst dem »Gemeinen einen hohen Sinn« zu verleihen, sondern umgekehrt, das Rätselhafte im Alltäglichen sichtbar zu machen, scheint Absicht des Malers zu sein.

Zur Ausstellung in der Städtischen Galerie, Schloß Oberhausen, 1986,
in: Frankfurter Allgemeine Zeitung, 1986

Franz von Stuck

Für die Moden ist der Zeitgeist vielleicht ein angemessener, für die Kunst bestimmt ein fataler Berater; denn er bestätigt in allem immer nur sich selbst, damals wie heute. Ob und wie Franz von Stuck heutigen Vorlieben entspricht, bleibt dahingestellt. Was aber ihn selbst und seine Kunst betrifft, danach wird wieder einmal in München gefragt. Die Ausstellung in der Stuck-Villa hat fast 150 Arbeiten zusammengebracht. An den wenigen, aber aufschlußreichen Landschaften, an zwei sehr spröden, menschenfernen Bauernhöfen im Winter, Ölbildern des Sechzehnjährigen; an einem manirierten Wasserfall mit Blümchenwiese (fast 20 Jahre später); am »Abendstern« sodann, der (1912) tatsächlich wie ein Metallknopf am Himmel über einem Liebespaar im Jugendstil flimmert, und schließlich an zwei großzügigen Aussichten stürmischer, wieder menschenleerer Herbstlandschaften spürt man die gewiß problematische, aber auch wesentliche Reichweite und Intensität dieses Mannes, der nicht nur einem gängigen Zeitgeschmack nachgegeben, sondern auch die Auseinandersetzung mit ihm gesucht hat.

Vergleichbare Einsichten lassen sich vor den Porträts gewinnen. Das Darbietungsgehabe der Dargestellten wie der Darstellung ist nicht zu übersehen. Daß sie dennoch nicht so beschränkt und oberflächlich gewesen sind, wie es eine billige Besserwisserei haben möchte, deuten die besten unter den Frauenporträts an. Ihre Selbstgewißheit muß nicht Arroganz, sie kann auch die Verpflichtung ausdrücken, nicht allem und jedem, was sich so tut, nachzugeben. Überdies wird man sich auch heute mit guten Gründen daran erinnern, daß die Jahrhundertwende, daß Neuromantik, Symbolismus und Jugendstil vorweg sehr bewußte Proteste gegen andere, entgegengesetzte Tendenzen gewesen sind. Was sich letztlich in seiner Kunst abspielt, ist nicht so leicht zu fassen, wie es scheint. Für den Vorbereich genügt schon der Umstand, daß nicht nur Klee, sondern auch Kandinsky und merkwürdigerweise auch Albers bei ihm mit nachweislichem Gewinn in die Schule gegangen sind.

Es ist nicht nur der unübersehbare Humor (vor allem in den Tierphantasien); nicht nur der Sinn für Ironie und in seinen Selbstbildnissen für verhaltene Selbstironie; es ist auch der leichte, fast spielerische Umgang mit den Bildungstraditionen, der eine innere Distanz und damit eine persönliche Freiheit zur Umwelt verrät. Es ist da eine urtümliche Daseinsfreude, die sich mit Vorliebe im Panisch-Faunischen ausspricht, und auch eine Tendenz zur menschlichen und vor allem künstlerischen Würde, die sich in der Zuwendung zum Besonderen, Aufrechten, ja auch zum Aparten oder Exquisiten vergegenwärtigt, eine Tendenz, die man weithin wieder zu verstehen scheint.

Natürlich kann man dies und überhaupt die ganze Richtung ablehnen. Mißachtung des Dekors, des Ornamentalen, ist nach einem fast verstockten Kult der Schmucklosigkeit und einer Verödung des Lebens nur noch reaktionär. Über die unbestrittene Peinlichkeit großer Themen (etwa aus der Leidensgeschichte) und ihre schillernde Virtuosität im Künstlerischen hinaus spürt man sogar einen Hauch von unartikulierter Schwermut, die mehr von sich weiß und sagt, als man ahnt, wenn man sich nur am Dargestellten orientiert. Die Düsternis mancher Bilder ist nicht nur ein Effekt von Farben, die lauernde Verhaltenheit eines Blicks nicht nur ein Zug des Verruchten und die offene Sinnlichkeit eines frontalen Mädchenbildnisses nicht nur die lüsterne Leere eines faden Lebens. Franz von Stuck ist, so scheint es, mehr als der Nachglanz einer ehedem glanzvollen Zeit; und er überliefert mehr als nur das, was man summarisch das »Wilhelminische« zu nennen beliebt. Das spüren wir heute, wo sich wieder einmal ein herrliches und selbstherrliches Jahrzehnt zu verdunkeln scheint, wohl deutlicher als die Generation zuvor. Wie es abwegig wäre, zu sagen, Schiele sei vulgär, so wäre es voreilig, die Kunst Stucks in den Banalismus eines »Großbürgertums« abzuschieben.

In: das kunstwerk, 1982

Alan Sundberg

Alan Frederick Sundberg ist 1948 in New York geboren. Nach Jahren in Venedig lebt er heute vor allem in Berlin. In Italien, in Skandinavien und in der Schweiz wohlbekannt und bei uns bislang nur am Rande beachtet, zeigt er in der Galerie Utermann, Dortmund, zum ersten Male in der Bundesrepublik einen größeren Bestand seines Werkes. Seine Hinsichten auf Klee oder Feiniger (zum Beispiel) verleugnet der junge Künstler nicht. Doch abgesehen davon, daß auch die Sucht nach Originalität nicht eben originell ist, geht es hier weder um eine spekulative noch um eine naive Nachfolge. Im Gegenteil, als Sundberg in New York im Geiste des drüben nachwirkenden »Bauhauses« seine Lehrzeit absolvierte, war die Pop-art en vogue, so daß die Neuorientierung am »Bauhaus« weniger die Fortsetzung eines überlebten Stils als vielmehr bereits wieder Opposition gegen neue Moden bedeutete. Das ist nicht nur ein historisch-biographisches Faktum, das man den Bildern hinzudenken könnte; es läßt sich aus den Blättern Sundbergs ablesen. Über diese lebendige Auseinandersetzung mit Zeitgenossen hinaus entwickelt er mit dem Hinweis auf frühere deutsche Meister auch Tradition und damit Kultur.
Für den hiesigen Betrachter wirken seine Blätter auf Anhieb wie ein Echo von drüben und damals. In freien Kombinationen spielen sie auf fremde Skripturen, auf Motive der Technik, auf Stadtbilder und Landschaften an. In ihrer künstlerischen Ungebundenheit mißachten sie, als wären sie in einem unendlichen Prozeß begriffen, nicht selten

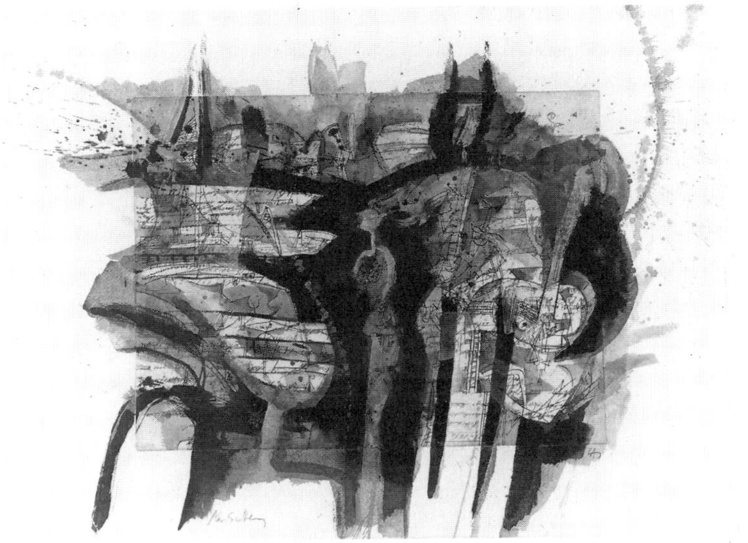

Alan Frederick Sundberg, Ohne Titel, 1985/86, Aquarell mit Tusche, Collage auf Bütten, 51×72 cm

die Blattränder. Daraus versteht sich wohl auch eine Neigung für kleine Serien, die dann ein Grundthema auf identischen Blattformaten und in gleichgestimmten Farbtönen variieren. In schwungvoll ausgreifenden Gesten folgt der Künstler nur den Bildern seiner Phantasie, auf die Phantasie der Betrachter vertrauend. In der schlanken Strichführung, kantig, spitz und spritzig, äußern sich Witz und Ironie eines temperamentvollen Intellektuellen. Vielseitig im Zeichnen, im Aquarellieren, Lavieren oder Collagieren, ist diese flächige Kunst mehr auf das Zeichnerische als auf das Malerische bedacht. Sie stellt und löst keine Weltprobleme, nicht, weil sie probemlos, sondern weil sie Kunst ist.

In: Frankfurter Allgemeine Zeitung, 1980

Fred Thieler

Fred Thieler gehört zu den wenigen unter den deutschen Malern, die das Informel über die Jahrzehnte hin beibehalten haben. Kein Wunder also, daß er den Stil der frühen fünfziger Jahre mit der Zeit bis zum äußersten entwickelt und verfeinert hat. Unbeschwert von verschleierten oder verschleiernden Hinweisen auf Wirklichkeit, aber auch deutlich distanziert von einer Abstraktion konkreter Einzelbefunde, selbstverständlich ohne Spur von psychographischen Krakelüren oder fahriger Gestik, ist diese Malerei auf nichts als auf Malerei bedacht. Sie verwirklicht sich ausschließlich im Wirkungsbereich der Farben. So kommt ihre eigentätige Energie breit und intensiv zum Ausdruck. Im offensichtlichen Verzicht auf abrupte, dramatische Effekte organisiert sie der Maler zu einem behutsamen, doch bewegten Gleichgewicht. Rote Verdichtungen leuchten, aber bedrohen nicht; denn eine empfindsame Heiterkeit, so scheint es, äußert hier ihre Daseinszustimmung. Und selbst da, wo etwa ein Blau und ein Rot einander begegnen, ist es nur wie eine flüchtige Berührung, wie eben gelegentlich helle und dunkle Wolkengebilde einander durchdringen. Die innere Bewegung dieser malerischen Motive (es gibt keine statischen oder konstruktiven Elemente) ist also das eine.
Das andere ist eine Tiefe, die allein aus dem unterschiedlichen Gewicht der Farben illusioniert wird. Sie erinnert manchmal an Eishöhlen, die ein unbestimmtes weißes Licht aufhellt. Da liegen die Nachtbilder der deutschen Romantiker nahe, etwa die Bilder der Dämmerung oder der Mondnächte von Caspar David Friedrich; man könnte sagen, daß Fred Thieler die romantischen Grunderfahrungen der unendlichen Bewegung und der offenen Tiefe, wenngleich nur durch Farben oder in Farben, wieder vergegenwärtigt. Die behutsame Verhaltenheit der inneren Bewegungen verdichtet sich gelegentlich zu einem sonoren Blau oder mit Vorrang zu einem stillen, rostroten Braun, das dann, auf Abstand betrachtet, die Erinnerung an die Intensität des »Walzwerkes« oder an die bewegte Intimität des »Flötenkonzertes« von Menzel belebt. Ein wohlproportioniertes Querformat ist aus der Verwandtschaft jener grünen Fresken altrömischer Villen, die drinnen, im winterlichen Atrium, eine sommerliche Gartenszene, wenn auch nur in Wandbildern, bewahren möchten. So sehr, im ganzen, die leichte Beweglichkeit der Motive auch die Phantasie des Betrachters beschäftigt, sie nötigt sie nicht und läßt ihr die Freiheit zum Nachvollzug im Unbegrenzten.

Zur Ausstellung in der Galerie »oben«, Hagen, 1982
in: das kunstwerk, 1982

Wilhelm Thöny

Nicht nur Bücher, auch Bilder haben ihre Schicksale. Das gilt auf besondere Weise für Wilhelm Thöny und seinen Nachlaß. Etwa 1000 Arbeiten dieses Malers sind 1948 in New York durch Brand vernichtet worden; und was er 1938, als er mit seiner Frau, einer Amerikanerin, seinen Wohnsitz in die USA verlegte, in Europa zurückließ, ist noch verschollen. Doch nicht nur das Geschick seiner Arbeiten, auch die unstete Lebensweise des Malers haben es mit sich gebracht, daß sich in der Öffentlichkeit trotz zahlreicher internationaler Ausstellungen kein rechtes Bild von ihm und seinem Werk gebildet hat. Überdies war Wilhelm Thöny kein Mann der Neuerungen und schon gar nicht der Sensationen. 1888 in Graz geboren, ab 1910 Student an der Münchener Kunstakademie, dann Freiwilliger im Ersten Weltkrieg, danach viel auf Reisen in Italien, Österreich, den USA und vor allem immer wieder in Paris, ist er 1949 in New York einem Hirnschlag erlegen.

Seine Eigenständigkeit hat er zwischen Impressionismus und Expressionismus entwickelt. Das Gegenständliche ist die Dominante in seinem Lebenswerk geblieben. In den großen Experimenten seiner Zeit hat er für seine Personnagen Hilfe bei Oskar Schlemmer und für ein offenes, atmosphärisches Kolorit Anregungen bei August Macke gefunden.

Die augenfällige Sinnlichkeit und die Passion für das Farbig-Unmittelbare begründen sich wohl weniger in einer gelegentlich vermuteten Musikalität des Malers als in seiner Verwandtschaft zu den frühen französischen Impressionisten. Charakteristische Bildinhalte und Kompositionselemente sind die Silhouetten von Türmen und Kuppeln, von Masten, Bäumen und Hochhäusern und die (wie verständlich) immer flatternde oder winkende französische Trikolore. Wohl werden die Bilder, etwa die Stadtbilder von Marseille, Paris und New York, in flimmernden Farbspuren oder andeutenden Lineaturstrukturen aufgelöst; doch ist von Pointillismus wie überhaupt von Kunstdoktrinen keine Spur.

Dennoch ist Wilhelm Thöny alles andere eher als ein naiver, problemloser Schilderer. Deutlich ist nicht nur die äußere Distanz, fast zu deutlich der Abstand sowohl zu den Seine-Brücken wie den Wolkenkratzern von New York, die wie verwitternde oder schon verwitterte Ruinen aus einer menschenfernen Zeit vor einem unbestimmten Horizont stehen. Ihre Wirklichkeit ist stumm und leer; ihren Glanz verdanken sie nur noch der Malerei. Vergleichbares gilt für seine Gartenmotive. Auf den ersten Blick erinnern sie an Manet und Monet, an den Kult der Farben und an die Lebensheiterkeit damals. Doch diese Gärten (etwa in Südfrankreich) verfallen, das Blau verfliegt im weiten Himmelsraum, und das Rot der Blüten und der Dächer oder Gartenpfeiler wird stumpf und vieldeutig.

Was sich in den Naturthemen wie ein ermüdetes Leben andeutet, das wird in den verdüsterten Personnagen, selbst da, wo sie sich in großer Robe verkleiden, hart und starr wie die Fassaden ihrer unpersönlichen Domizile im Hintergrund oder zu einer fast schon komischen Konventionalität in der »Überführung des Marschall Lyantey nach Marokko« (1934/35). Es wird fast archaisch bedrohlich in der »Invasion« in Nordafrika (1942/43), wo die militärische Ordnung des Landevorgangs zur Komposition des Bildes wird. Schon die Schwermut der frühen Arbeiten ist nicht mehr die Atmosphäre eines Gegenwärtigen, ist nicht mehr das Verblühen der Blumen in den Gärten und Vasen oder überhaupt das Verblassen des Schönen in jeder Gestalt; sie ist schon damals nur noch die Erinnerung an ein Gewesenes. Wilhelm Thöny hatte mehr zu sagen, als in den hinterlassenen Arbeiten auf Anhieb sichtbar wird.

Zur Ausstellung in der Galerie Welz, Salzburg, 1983,
in: das kunstwerk, 1983

Hann Trier

Was sagt, wer Realismus oder Neorealismus, was, wer Informel oder Tachismus sagt? Man weiß es nicht genau, heißt es in einem Begriffslexikon für moderne Kunst. Man muß es auch nicht wissen, wenn man sich mit Hann Trier befaßt.
Er ist einer der wenigen seiner Generation, der das Informel durchgehalten und weiterentwickelt hat. Wiederholt er seine eigene Vergangenheit, oder ist das Informel in seiner tachistischen Variante wider Erwarten doch so ergiebig, daß es immer noch und mit Recht das Interesse und die Kunsterfahrungen zumindest jener bereichert, die sich mehr vom Werk als von der Nomenklatur beeindrucken lassen?
Wäre es so (wahrscheinlich ist es so), so wird man die Arbeiten Triers nicht nur als die Spuren seelischer Regungen, als Psychogramme (wie man damals sagte) lesen. Denn wie und warum sollten sie ihre Wirkung auf den Betrachter ausüben, wenn sie nur die persönliche Äußerung eines sensiblen Menschen wären? Sie folgen auch nicht den konstruktiven Zeichen der Kreise, der Quadrate oder Dreiecke, die als Gebilde des idealen Seins allen Menschen grundsätzlich zugänglich sind, sondern eher den Inspirationen des Dynamischen, Rhythmischen oder Melodischen, die auf andere Weise als jene »Abstraktionen« zur Grundordnung der Welt gehören. Jene kommen der Fläche oder dem Raum, diese der Zeit zu. Ob nun ihr Ort in der Seele des Künstlers und des Betrachters oder in der Sphäre eines überpersönlichen Seins zu suchen ist, wo sie geschaut und dann künstlerisch dargestellt werden, bleibt für das Bild als Ergebnis fast belanglos. Anders als das Psychogramm, das vielleicht für die Psychologie interessant

ist, erweist sich das Kunstwerk als ein »selbständiges Leben« von »innerer Notwendigkeit«, wie Wassily Kandinsky vermerkt; und nur so macht es seine überpersönliche und durch die Geschichte beständige Wirkung verständlich. Der Objektivität des Werkes widerspricht nicht die Subjektiviät des Künstlers, der es schafft. Das Objektive im Subjektiven, nur das Allgemeine rechtfertigt seinen besonderen Anspruch.

Das muß man im Hinblick auf Arbeiten von Hann Trier im Auge behalten, wenn man sie in ihrer Art nicht als eine gewiß interessante, aber im Grunde doch nur subjektiv-beliebige Gestik mißverstehen will.

Die frühen Blätter veranschaulichen noch am Beispiel des »Liegenden Hundes« die kubistischen, am Beispiel der Kreise die konstruktivistischen Versuche und am Beispiel von surrealen Schimären die Versuche, einen Rückhalt für die künstlerische Freizügigkeit im Figürlichen zu finden. Dann treten jene kurzen, kräftigen Farbrippen in den Vordergrund, die zwar freie, aber doch gestalthaft-regelmäßige Grundvorstellungen suggerieren. Sie deuten, weil Trier bekanntlich mit beiden Händen gleichzeitig malt, zwar nicht mehr geometrische Figuren, wohl aber die vorgegebene Ordnung der organischen Natur an. Sie ähneln einem skelettierten Brustkorb. Auf den folgenden Arbeiten werden sie immer heller, bewegter, unregelmäßiger und öffnen, fast rauschhaft, die Aussicht auf ferne Himmel.

Sie beherrschen, wie verständlich, auch die Deckenausstattung im Charlottenburger Schloß, wo das tachistische Informel mit einer variationsreichen Entwicklung seine Beziehungen zum Barock und vor allem zum Rokoko veranschaulicht. Das leuchtete in Charlottenburg zwanglos ein, als die alten Räume in ihrer Erneuerung durch Trier mit den Bildern Watteaus konfrontiert wurden. Da das Musikalisch-Tänzerische bis in seine Inhalte hinein das existentielle Interesse des französischen Malers beherrschte, ist auch die künstlerisch-biographische Feststellung Triers besonders aufschlußreich, daß er sich während seines Aufenthalts in Südamerika in der vitalen Rhythmik der dortigen Tänze wiedererkannt habe. Das Kraftvoll-Bewegte seiner künstlerischen Geste ist dem Barock, ihre Verfeinerung im Figürlichen und im Kolorit dem Stil des Régence, also der Zeit Watteaus, vom Wesen her verwandt.

So aufschlußreich in diesem Sinne die Arbeit Triers im Charlottenburger Schloß ist, seine freie Unfigürlichkeit gipfelt wohl in jenen fünf Aquarellen von 1984, die mit Recht eine eigene Gruppe bilden. Auf den Blättern von mittlerem Format wechseln jeweils wenige Farben einander in thematischen Funktionen ab. Ihre silhouettenhafte Vordergründigkeit, selbst da, wo sich die Farbmaterie verdichtet, illusioniert Gebilde von gehauchter Transparenz und flüchtiger Augenblicklichkeit. Ihre Dynamik entspricht den zögernden Bewegungen eines Weihers, den leisen Schwingungen von Wiesenhalmen oder dem

Hann Trier, »Schlemihls Schatten«, 1984, Eitempera auf Leinwand, 162×130 cm

schwebenden Gestaltwechsel der instabilen Zirruswolken. Das sind keine Vergleiche, sondern Hinweise auf die zwanglose Identität von Natur und Kunst, in der sich ihre Objektivität äußert.
Auf den Blättern an der Wand bewegt sich natürlich nichts. Selbst noch die leichten Wasserfarben sind künstlich-künstlerisch fixierte Farbflecken. Ihr inneres Leben, von dem Wassily Kandinsky spricht, wie überhaupt das Leben der Kunst, besteht darin, daß es ebenso rätselhaft wie spürbar die Phantasie des Betrachters anrührt. Das ist weniger Erkenntnis oder Einsicht, weniger Bekenntnis oder gar Engagement, sondern die Verwandtschaft dieser Kunst mit den orphischen Grundvorgängen der Natur. Deswegen entsprechen die Bilder Triers der leichtfüßigen und doch tragischen Anmut des 18. Jahrhunderts. Es wäre gut, wenn sie nicht nur an Vergangenes erinnerten, sondern auch das Künftige unseres Lebens stärker bestimmten.

Zum 70. Geburtstag des Künstlers,
in: Weltkunst, 1985

William Turner

Die Pariser Turner-Ausstellung von 1948 in der Orangerie und die thematisch begrenzten Repräsentationen des Malers von 1972 und 1981 sind zwar nicht vergessen; doch diesmal ist bis auf wenige, nicht transportable Werke alles versammelt, was der englische Maler hinterlassen hat. Dieses Ensemble ist zwar eindrucksvoll; doch so sehr auch die atmosphärische Schwerelosigkeit der Bilder den Betrachter fasziniert, wird die Erwartung wenn nicht eben enttäuscht, so schließlich doch etwas beeinträchtigt. Wahrscheinlich ist sie für einen deutschen Besucher, der nach Jahren der Vulgarisierung oder Brutalisierung, der nach einem Kult der »Antikunst« im Grand Palais auf etwas anderes hofft, ein wenig zu hoch gespannt; denn selbst vor diesen Motiven und ihrer Darstellungsweise, vor den humanen Sujets und einer fast nur noch gehauchten Verfeinerung von Linie und Farbe ist am Ende doch nicht zu übersehen, daß selbst ein ursprüngliches Gefühl für das Unverwechselbare durch Wiederholung, um nicht zu sagen durch Routine verblassen oder erstarren kann.
Die historische Wirkspur Joseph Mallord William Turners (1775 – 1851) reicht von der Romantik bis hin zu einem frühen, aber bereits charakteristischen Impressionismus. Kein Wunder, daß er vor allem Monet und Signac entzückte. Seine nie verleugneten Orientierungen suchte er in der venezianischen Renaissance, was Komposition und Kolorit betrifft, vor allem bei Tizian, und bei den Holländern, im besonderen bei Rembrandt, was die Landschaftsmalerei angeht. Breiten Raum in Turners Werk nehmen sowohl die bewegten, »heroischen« Landschaften im Sinne Poussins, wie die stille, klassische Ge-

lassenheit Lorrains ein. So versteht sich, daß nicht nur die Manier, sondern auch der Geist Watteaus auf großartigen Tafeln, wie auf »Richmond Hill« oder »Was ihr wollt«, nachwirken; und zwei breitflächige Landschaften von 1803 und 1809 vergegenwärtigen über ihre mythologischen Themen hinaus zugleich das Fluidum der mediterranen Serentität Claude Lorrains.

Fast makabre Züge der damals modernen Romantik äußern sich in einem Menschenskelett, das von einem galoppierenden Gaul herunterhängt; und dämonisch-untergründig rührt das Bild eines heulenden Hundes an, der in einem verdämmernden Watt seinen ertrunkenen Herrn sucht.

Doch solche Hinweise wollen diese bedeutende Malerei nicht kunsthistorisch kategorisieren, wohl aber an den fremden Einwirkungen und den vielfältigen Inhalten die im Grunde unverkennbare und unverwechselbare künstlerische Konstanz dieses Malers bewußt machen. Sie wird von Bild zu Bild dieser Ausstellung immer klarer. Und wenn sie um 1830 ihre Meisterschaft erreicht hat, überwältigt sie zwar, verliert dann aber in der unentwegten Abwandlung der Grundmanier doch fühlbar an Spannkraft, innerer Notwendigkeit und Originalität. Und man versteht, warum auch Turner (wie Lorrain) schnell und in Serien gearbeitet hat. Je mehr die Inhalte mit ihrer immanenten Forderung nach Detail und Genauigkeit zurücktreten, um so stärker wird das flimmernde, in seiner Unbestimmtheit faszinierende Fluidum der Farben zum Wesentlichen dieser Malerei. Mit der Prävalenz der Darstellungsweise werden die Inhalte gewichtlos und verkümmern in fortschreitender Distanz zu den mythologischen oder höfischen Themen zu Ansichten von Schlössern, Häfen und Städten. Schließlich ist es nicht einmal mehr die atmosphärische, sondern nur noch die spezifisch malerische Farbenwirkung, die den Meister zu interessieren scheint.

Das zeigt sich unter anderem in den Aquarellen und Ölbildern von 1834 und 1835, die den Brand des Londoner Parlaments darstellen: Es ist weniger die Katastrophe als der Reiz lodernder Flammen und ihrer Spiegelung im Wasser. Noch eindringlicher wird das Verfahren an »Julia und ihre Amme«, wo die Tragödie von Verona nach Venedig verlegt und wie beiläufig an den Rand des Bildes gedrängt wird, während der riesige, schattenhafte Kampanile von San Marco und das verwehende Blau des Himmels, das sich in der nahen Lagune spiegelt, den Eindruck beherrschen, und wo die Menschen auf dem Platz nicht etwa in das Amorphe einer Masse, sondern in den schimmernden Glanz sommerlicher Farben übergehen.

Diese Entwicklung gipfelt in dem viel erörterten Bild »Regen, Dampf und Schnelligkeit« (1834), das eine Lokomotive auf einer Eisenbahnbrücke in sensitive Impressionen entwirklicht. So versteht man gleichsam vom Ende dieses Malerlebens her, warum Turner in seiner Handschrift bewegte, erregte oder sogar rasende Vorgänge bevorzugte: Kü-

stenbrandungen, Orkane auf dem Meer oder Stürme im Gebirge, von der fluktuierenden Atmosphäre des Himmels ganz zu schweigen, löst doch die Bewegung des Sujets schon von sich aus die stabilisierenden Konturen auf und überführt sie in flimmernde Farben.
Schließlich liegt es nahe, daß sich auch Turner auf dem Venedig-Motiv »La nouvelle lune« (1840), dem »Château de Flint« (1834) und vor allem in der merkwürdigen Wiedergabe von Dinant im Maastal (um 1830) mit der Isolierung der Grundfarben befaßt hat, woraus John Gage die Feststellung trifft, daß es für Turner zu guter Letzt um die Malerei selbst geht und er wohl schon im Grunde ein Abstrakter gewesen ist; und Signac notiert in London vor solchen Bildern: »La couleur pour la couleur«, Farbe als Farbe und nicht als Bedeutungsvehikel.
Weit davon entfernt, gegen das Artistentum Turners Einwände unter dem Gesichtspunkt einer zeitgenössischen Wirklichkeitsmanie zu erheben, bringt diese fast komplette Ausstellung einerseits noch viel an kaum verarbeiteter Tradition mit sich; andererseits werden vor allem die letzten Arbeiten eines Aufenthaltes in der Schweiz so gewichtlos, daß sie fast schon ins Unbestimmbare, Nichtige übergehen. Jemand soll diese Landschaften »Porträts von Nichts« genannt haben, heißt es bei Gage.

Zur Ausstellung im Grand Palais, Paris, 1983/84,
in: das kunstwerk, 1984

Dietmar Ullrich

Dietmar Ullrich gehört zu den vier Begründern der Gruppe »Zebra«. Ihr Manifest von 1965 fordert die Abkehr von tachistischer oder konstruktivistischer »Unverbindlichkeit« und die Hinwendung zu einer neuen Figuration. Gruppeninterne Unterschiede und vor allem die Abgrenzung gegen die vielfachen Realismen, die seit Jahren die »Szene« beherrschen, bleiben hier auf sich beruhen.
Personnagen und Dinge sind, obwohl sie auf überraschende Weise vom gewohnten Sinneseindruck abweichen, klar identifizierbar. Ihre Abweichungen sind nicht als Deformation oder »Verfremdung«, nicht als Plakatierung oder »Entlarvung« sondern als ein merkwürdiges Übersteigen der Sinnenwelt zu verstehen. In dem Maße, in dem Ullrich das Allgemeine, Typische, Formale oder Wesentliche (wie es bemerkenswerterweise in solchen Zusammenhängen wieder heißt) anstrebt, eliminiert er das Zufällige, Individuelle oder Anekdotische, das vor allem in der sensualistisch orientierten Malerei des späten 19. Jahrhunderts eine so wirksame Rolle gespielt hat. Was aber diesen Arbeiten als Leitbild vorschwebt, ist nicht die Allgemeinheit des Begriffs (es geht um Kunst und nicht um Wissenschaft), sondern die All-

Dietmar Ullrich, »Zuschauer«, 1973, Öl auf Leinwand, 95×145 cm

gemeinheit der »reinen Anschauung«. Sie bringt im Kontrast zur Sinnenwirklichkeit die Überraschungen ins Bild.

Die dargestellte Realität ist nicht mehr die gemütvolle Mutter Natur; sie ist längst zerstört oder technisch überformt. Kurz: Das Gewordene ist ins Gemachte überhöht. Und diese neue, entwirklichte Wirklichkeit ist Gegenstand dieses neuen Realismus. Die Gegenstände, vor allem die Menschen, werden aus ihren alten, »natürlichen« Zusammenhängen isoliert und vor flächigen Hintergründen exemplarisch und plastisch exponiert.

Doch nicht nur die Gegenstände (unsere Gegenstände), auch ihre Betrachter (wir) sind verändert worden. Unsere Hinsicht auf die gegebene Welt wird weitgehend durch die Photographie bestimmt. Auch Ullrich geht davon aus. Doch anders als der amerikanische Photographismus setzt er in bewußter Anerkennung neuer »Sehgewohnheiten«, wie man so sagt, die Malerei in einer fast konservativen Weise fort.

Aus der Tendenz zum Typischen; aus der technisierten Umwelt wie aus der artifiziellen Hinsicht auf diese Welt ergibt sich nicht nur eine neue Realität und ihr entsprechend der neue Realismus dieser Malerei; auch die Details der Darstellung: die scharfe Konturierung der Gegenstände, der reflexionslose Seidenschimmer der Oberflächen, die grelle, kontrastierende Härte der Farben (der Farbstichigkeit) und nicht zuletzt auch die Interpretation des Menschen und der Menschendinge sind wohl von da her zu verstehen. Wenn nun Menschen als Typen dargestellt werden, so gerade nicht in gesellschaftskritischer Absicht, sondern als Wiedergabe in ihrer heutigen Wirklichkeit. Auch das macht den Realismus dieser Malerei aus. Diese Tendenz zum Typischen oder Generellen steigert Ullrich gelegentlich bis zu maskenhaften, ungeschlechtlichen Gruppen oder Puppen. Auch das ist weder Kritik noch Verherrlichung einer »modernen« Anonymität. Ebensowenig sollte man eine dargestellte Prothese, isolierte Vogelfüßchen oder einen Puppenkopf (am Faden nach unten aufgehängt) als Verirrungen ins Surreale lesen. Das alles, selbst eine gelegentliche Ironie gegen die Unzulänglichkeit des Dinglichen hat nur das Aufweisbare vor Augen. Es überrascht vielleicht, und dennoch steht diese Kunst, zumindest in ihrer generalisierenden Anthropologie, gewissen Vorstellungen und Darstellungen des hohen Mittelalters nahe. Ob Grenze oder Größe heutiger Möglichkeiten, ob Verirrung oder von zentraler Bedeutung, wie »Zebra« für sich in Anspruch nimmt, läßt sich heute noch nicht sagen.

Zur Ausstellung im Studio Jaeschke, Boschum, 1978,
in: Frankfurter Allgemeine Zeitung, 1978

Timm Ulrichs

Gewiß nicht wie ein Sturm, wohl aber wie ein leises, nachdrückliches Säuseln ist es über Lüdenscheid gekommen, wo nun Timm Ulrichs eine spürbare Bewegung bewirkt. Der schlanke Künstler, fast hager wie ein romantischer Asket, bastelt entweder an seinen Aufbauten, die jedoch programmgemäß auch am letzten Tage der verlängerten Ausstellung nicht fertig sein werden, und geht zwischendurch mit freundlicher Geduld, doch nicht ohne einen Anflug von wohlwollender Ironie auf die vielseitigen Fragen seiner Besucher ein. Wenngleich auf den Plakaten immer noch von »Totalkunst« die Rede ist, ist in den vier Ausstellungsräumen schockierend wenig zu sehen. Unter den spärlichen, doch bedeutungsträchtigen Andeutungen liegt eine Scheibe, jeweils zur Hälfte aus schwarzem Granit oder weißem Marmor. Sie mißt 140cm im Durchmesser und etwa 8cm in der Höhe. Eine handliche Glaskugel von bläulicher Transparenz kann auf einer Furche parallel zum Plattenrand in Lauf gesetzt werden. Sie erzeugt dann durch Reibung und durch Schwingungen der Platte sirrende Geräusche. An den Nahtstellen der geteilten Platte steuern die Worte »Nacht-raum« und »Nach-traum« ihre anschauliche Auslegung. Solche Spannungen im Denkbaren der Welt nannten die Romantiker Ironie. Sie »setzt etwas in Bewegung«, indem sie am konkreten, überprüfbaren Gegenstand in darstellender Absicht Grundbefunde der materiellen Welt vergegenwärtigt. Darin hat sie wohl etwas mit Erforschung, vielleicht sogar etwas mit einer Grundwissenschaft im Sinn. Insofern diese anschaulich vorgeht, bleibt das Verfahren in konservativer Weise künstlerisch. Und insofern Ulrichs fundamentale Zustände oder Vorgänge in den Blick nimmt, kann er in ontologischer Absicht immer noch von einer »Totalkunst« sprechen. Er sucht aber das Fundamentale nicht nur im Materiellen oder Energetischen (die »Licht-Pyramiden« und »Mond-Phasen« bleiben in Andeutungen stecken), sondern auch in den verwirrenden Beziehungen von Wort und Schrift, von Sinn und Sein, von Bedeutung und blindem Faktum. Darin setzt er ebenso deutlich wie unverhohlen den Rationalismus der deutschen Romantik fort.
Da liegen also im ersten Raum der Ausstellung Köpfe herum, wie beiläufig oder zufällig abgelagert. Diese gegossenen Steinköpfe sollen als Kopfsteine im Lüdenscheider Fußgängerviertel eingepflastert werden. Man weiß nicht, was daraus wird, weil man nicht weiß, wie sich der Sinn für das Tragisch-Ironische oder für das Ironisch-Tragische in Lüdenscheid entwickeln wird.

Zur Ausstellung in der Städtischen Galerie, Lüdenscheid, 1980,
in: Frankfurter Allgemeine Zeitung, 1980

Ursula

Sinn und Talent fürs Phantastische, Irreale oder Surreale sind keine erworbenen, sie sind angeborene Eigenschaften Ursulas, die heute in Köln lebt. Das verraten sowohl ihre künstlerischen Anfänge, die sie eingangs der Ausstellung unter Glas ausbreitet, wie ihre jüngsten Hervorbringungen im Raum und an den Wänden. Sie sind charakteristisch für ein vielgestaltiges und vielfarbiges Grundbild, das ohne eine eigentliche Entwicklung in sich oder um sich kreist und kreist. Was uns da anblickt, sind keine Gesichter, eher Gesichte, wie sie in prähumanen Bereichen, im Märchenhaften, Archaischen oder auch in den Alpträumen umgehen. Wo das Vegetative blüht oder das Animalische eines weichen Jungtierfells zum Streicheln animiert; wo es beim scheuen Tasten im Sinnlos-Sinnlichen bodenlos zugeht; wo sich die sonst so sparsame Natur ins Verspielte vorwagt und uns die irisierenden Augen steiler Pfauenfedern anstarren, da floriert die Phantasie Ursulas.

Ursula (Schultze), »Die Wächter-Familie«, 1986, doppelseitig bemalte Holzfiguren, Öl und Lack mit vergoldeten Rändern, 180 bzw. 139,5 cm hoch

Maßlos, wie sich ein solches Wuchern aufspielt, weicht es auch vor dem Vertrauten nicht zurück. So hängt »Er« am Eingang zu diesem Paradies sensitiver Gelüste in Öl auf Hartfaser im Rahmen, wegen seines wohlwollend-ironischen Lächelns unter der schlanken Nase und wegen seiner steilen Stirn natürlich im Profil. Aus den Dächern ringsherum wachsen zu seinem Geburtstag die Räume der Imagination in den Himmel, und viele Blaublümelein schweben in Sträußchen um seine Luftschlösser. En face, wenngleich klein und bescheiden am unteren Bildrand, faßt sie, Ursula, uns mit schrägem Katzenblick ins Auge. An ihren Ohren baumelt rotes Gehänge.
An der Rückwand begegnen wir, nicht unerwartet, der alten Königin von Saba mit ihrem weisen Salomon und neben ihr der noch älteren Eva mit ihrem Adam. Sie präsentiert ihm in der Rechten einen roten Paradiesapfel, und mit der Linken tätschelt sie die gezähmte Schlange. Zwei Hähnen daneben stehen die Federn zu Berge, und die »Flammenkatze«, Rot auf Gelb, ein grelles Biest, faucht uns aus aggressiven Augen wie aus Astlöchern an, von Hundertwasser in Öl angerührt. Zwei Wächter, der eine, ein optimistisch-moderner Teufel, spitzt die Ohren, der andere, ein blauäugiges Einauge wie Polyphem, resigniert.
Es ist keineswegs blasphemisch, nur konform in zwei »Schränken der Pandora« die Heiligtümer dieser Höllenwelt zu sehen. Beide stehen sperrangelweit offen. Schweinsrüssel grunzen, vorzivilisatorische Urmänner unter Revolutionsmähnen sitzen da wie auf dem Sprung, schräge Frauenzimmer schielen uns an, vermummte Inkogniti von unbestimmter Bestimmung beobachten die Szene, und in hinterhältigen Spiegeln begegnen sich die Augenblicke naiver Betrachter. Vermutlich hat Pandora, die Göttertochter, diesmal und endgültig sogar die Hoffnung entwischen lassen.
Seriöse Kunstfreunde werden die Brille zurechtrücken und sich nach Relevanzen umsehen, gewissenhaft die Arrangements und bemalten Holzplastiken, das baumelnde Felltier unter der Decke, die 15 Ölbilder an den Wänden und die 25 Zeichnungen hinter Glas registrieren. Vor jenen werden sie die lockere und witzige Anordnung, vor diesen die sichere, fast routinierte Technik in Komposition und im Detail der Federkritzeleien respektieren. Sie werden leichte Anklänge an die doktrinären Surrealisten nicht überbewerten, aber eine Nähe zur »Phantastischen Kunst« der Franzosen feststellen.
Was sich hier tut, ist weder einem Stil noch einer Schule verpflichtet. Die Assemblagen könnten, vor allem in ihren schillernden Fluseln, sensibleren Zeitgenossen spürbar die Nerven kräuseln. Doch bevor sie da Verwirrung anrichten, werden sie von einer Prise diabolischer Ironie abgefangen. Man könnte von einer enthemmten Romantik sprechen, sofern man den Romantikern die Lust und Fähigkeit zum Rational-Widersprüchlichen, zum ergötzlichen Jonglieren mit Schein und Sein einräumt. Sind die Experten vielleicht etwas ratlos gewor-

den, so nicht die vielen Kinderchen vor Ort. Sie staunen und jubeln über dies und das und nicht zuletzt vor den sechs herzigen Chinesenmädchen an der Wand. »Immer nur lächeln«, empfiehlt ihnen nicht zuletzt auch Ursula.

Zur Ausstellung im Museum Folkwang, Essen, 1988,
in: Frankfurter Allgemeine Zeitung, 1988

Joachim Utech

Im Lippischen Landesmuseum, Detmold, überrascht eine Ausstellung mit Werken des Bildhauers Joachim Utech. Sie überrascht, weil der Name des Künstlers fast vergessen, sein künstlerischer Rang aber ungeschmälert ist. Zwar hat er auch zu Lebzeiten keine neuen Wege gewiesen; aber er tat, was seiner Natur entsprach.
Joachim Utech wurde 1889 in Belgard (Pommern) geboren, absolvierte das Gymnasium am Orte, bemühte sich danach um eine Ausbildung als Bildhauer in Kolberg und dann in Berlin. Aber erst nach Wehrdienst und Kriegsdienst und einer schweren Verwundung fand er die Möglichkeit, sich in seinem Talent zu bewähren. Seine Ausstellungen wurden beachtet und unter anderen von Julius Maier-Gräfe gefördert. Auf der Biennale 1936 in Venedig erwarb das Nationalmuseum in Rom eine Skulptur. Hitler lehnte ihn 1937 für die »Große Deutsche Kunstausstellung« in München ab, und seine Einladung zur Weltausstellung in Paris wurde zurückgenommen. 1945 fiel ein erheblicher Bestand seiner Arbeiten den Russen in die Hand; sie richteten in Belgard ein Museum ein, das sie dann den Polen für Stettin überließen. Ein Teil daraus wurde dem Künstler 1957 auf seine Bitte zurückgegeben. Diese Arbeiten wurden zunächst in Marburg in einem Verschlag untergebracht und später auf der Burg in Marburg aufgestellt.
Dieses Lebenswerk läßt sich nicht im Sinne einer spezifischen Phasenentwicklung gliedern. Eher könnte man die meisten der etwa 80 Plastiken als Varianten einer Grundvorstellung und andere als gelegentliche Experimente im Zeitstil auffassen. Utech hat sich vor allem mit der menschlichen Gestalt und besonders mit der Darstellung des Antlitzes befaßt. Auf den ersten Blick scheint er im Statuarischen auch klassizistische Züge zu tradieren; doch trotz einer gewissen Strenge, besonders der Mädchenköpfe, die sich den archaischen Koren oder den Karyatiden und sogar ägyptischen Profilen nähern, wird eine Stilisierung der Nasenrücken nur angedeutet; die atmenden Lippen bleiben geschwungen, die Wangenhügel, wenngleich fast unmerklich, wölben sich; und die Augenlider, meistens gesenkt, schließen sich nach innen. Fast alle leben aus einer existentiellen Schwermut. Die wenigen Sensationen, die das Gestein mit sich bringt, seine körnigkernige Substanz und seine trockene, je unverwechselbare Farbigkeit

werden in die künstlerische Gesamtwirkung aufgenommen. So scheint es, daß sich Utech auf der Spur eines psychologischen Realismus bewegte.
Das Experimentelle dieser Hinterlassenschaft täuscht nicht über ihre innere Beständigkeit. Es gibt nach dem Ersten Weltkrieg Versuche in expressionistischer und nach 1945 in abstrakter Manier. Für diese detaillierenden und bewegteren Motive bevorzugte Utech Holz (Eichenholz) und den weicheren Marmor; doch in Konzept und Faktur leuchten sie nur bedingt ein; denn für den Bildhauer Utech blieb (wie er es wiederholt und fast bekennerhaft äußert) der Stein das eigentliche Medium. Seine Tonmodelle und polierten Schnitzwerke erklären sich nicht zuletzt daraus, daß ihm zum Meißeln nicht immer sein Handwerkszeug zur Verfügung stand.
Es ist zu bedauern, daß die Figuren, wie in einem Magazin aufgereiht sind. Gewiß hat man zum 100. Geburtstag des Bildhauers eine Retrospektive gewollt; doch selbst sie ließe sich zuvor sondieren und dann präsentieren. So würden die Steine und unter ihnen die Koren in die Mitte des Blickfeldes rücken, um auf diese Weise eine möglichst zwanglose Rangordnung auch unter den Parerga anzudeuten. Dabei würde auch den etwa 20 Kreidezeichnungen an den Wänden eine interessante Aufgabe zufallen.

In: Frankfurter Allgemeine Zeitung, 1989

Vieira da Silva

Zum 80. Geburtstag der portugiesischen Malerin Maria Elena Vieira da Silva veranstaltete das französische Kultusministerium zusammen mit dem Lissabonner Zentrum für moderne Kunst im Pariser Grand Palais eine Retrospektive.
Ihr Grundduktus ist der schlanke, oft nur andeutende Kontur identifizierbarer Gegenstände. Ihre Inhalte werden bis an die Grenzen ihrer Wirklichkeit entwirklicht. Wenn auch das Lineare bevorzugt und die Farbe nicht ohne eindringliche Spuren in einer fast graphischen Manier auf einem kalkigen Weiß-Grau reduziert wird, so ist das Ergebnis doch nicht die Leichtigkeit einer geträumten oder verträumten Welt, sondern die unromantische, spirituelle Verfeinerung des Beobachteten, soweit es einer Sublimierung zugänglich ist. So kann man in Übereinstimmung mit einem Fotoplakat der Ausstellung einen gewichtlosen Pinsel (wie ein Silberstift in der Hand der Künstlerin) als das Signum dieser »graphischen Malerei« verstehen.
Sie vollzieht sich in einer Welt, deren Zugang weder versperrt noch erleichtert wird. Sie verleugnet nicht gewisse Anregungen durch Bissière und Manessier, durch Matisse, Léger und vor allem durch Bonnard. Vergleichbar mit Matisse und Bonnard ist ihre Neigung zur Inti-

mität von Innenräumen. Von Bissière und Manessier kommt die vorherrschende Geradlinigkeit des Linearen mit irregulären prismatischen Deformationen oder auch mit einer explosiven Konzentration kristallinischer Splitter.
Flache Tafeln von mittleren Ausmaßen berichten weniger von Phasen einer inneren Lebensentwicklung als von der variabel-vielseitigen Entfaltung eines Grundbildes. So sind es von Anfang an die Straßenschluchten und steilen Häuserfronten in Lissabon und dann in Paris; es sind die Muster im Pflaster, es ist die Geometrie des Schachbretts oder das filigrane Netz technischer Konstruktionen, wie das Skelett eines Turmes oder die Einritzungen bestellter Felder. Es sind die flimmernden Kacheln der Metro oder (bereits an den Rändern einer Vision) die »Wegspuren des Friedens«. Es ist das Seiende jedweder Art, es sind »Les êtres«, wie ein aufschlußreicher Titel sagt, deren Seinsordnung der Bildordnung entgegenkommt. Allerdings ist die Außenwelt nur der eine, der andere und eindringlichere Bereich ist der Innenraum, ist das Atelier mit der Staffelei und vor allem und von Anfang an die Bibliothek daheim im väterlichen Haus und später in Paris bei André Malraux und anderen.
Gewiß bestimmen auch hier die Waagerechten und Senkrechten des Zweckdienlichen, der Regale und der Bücherrücken den Eindruck. Doch ist es im Grunde die konzentrierte Welt des Lesers, die getragen wird von der fundamentalen, »stillredenden« Festigkeit der Dinge. Sie wird charakterisiert von der Disziplin des Gedachten, das auf den Linien der Folianten niedergeschrieben und dann in die Reihen der hohen Regale eingefügt ist. Es ist eine Malerei der ebenso offenen wie verschlossenen Welt des Intelligiblen.
Es wäre allerdings nicht Maria Elena Vieira da Silva, bliebe es bei einer gewiß sublimen Registrierung; denn fast alle Tafeln dieses umfassenden Rückblicks werden manchmal wie von blitzenden Reflexen erregt und erhellt. Dann fällt durch ein rechteckiges Fenster, durch die Rückwand eines Naturtheaters oder durch den fernen Ausschnitt im Horizont einer Avenue ein intensiver, begrenzter Glanz in die stillen Szenen des Vordergrunds. Die sich verjüngenden Parallelen eines Bildes der achtziger Jahre illusionieren eine Startbahn ins Licht.

In: das kunstwerk, 1988

Antoine Watteau

Watteau ist 1684 in Valenciennes geboren und in Paris 1721, also in einem Mozartalter, an Lungentuberkulose gestorben. Er hat von jeher jenen Kunstliebhabern besondere Schwierigkeiten bereitet, die Rang und Wert eines Bildes an seiner Bedeutung für die »Gesellschaft« messen; denn bei ihm gibt es weder die Herrschaft der Mächtigen, noch den Übermut der Ämter, weder das Gelächter der Frivolen, über das wir uns empören, noch den Jammer der Mißhandelten, den wir beklagen könnten; es gibt nicht einmal den geringsten Hinweis auf die Große Revolution in Frankreich, die angeblich schon damals mancher geahnt, gefürchtet oder angebahnt hat, wohl aber die malerische Verherrlichung einer Zeit, von der wenige Jahrzehnte später Talleyrand bemerkt, daß niemand die Süße des Lebens kenne, der jene Epoche nicht erfahren habe. Seitdem der pathetische Kult des Banalen und mit ihm der rigorose Moralismus des Bürgertums die Lebensmaximen fast über ein ganzes Jahrhundert hin beherrschen, wird kaum noch jemand, wenn nicht in Ablehnung, von der Kunst Watteaus Notiz nehmen. Allerdings wurde er schon in seiner Zeit nur von wenigen, unter ihnen etwas später von Friedrich dem Großen, geschätzt. Beachtung im heutigen Sinne findet er erst seit den Brüdern Goncourt, die in den sechziger Jahren des vorigen Jahrhunderts notieren: »Kein anderer hat wie Watteau die Wandlung gemalt«, womit sie sowohl die Instabilität der Menschen wie das flüchtige Fluidum des Lichtes und vor allem die so bewegten Reflexe seiner Bildfarben meinen.

In jenen Jahren der französischen Geschichte, in denen sich (noch zu Lebzeiten des »Sonnenkönigs«) die gestelzte Repräsentanz des Versailler Hofes überlebt und nun namenlose Kavaliere und Damen, Offiziere und Komödianten der italienischen und französischen Bühnen in Paris ihr Leben spielen, ist es Watteau, der sein malerisches Genie an ihre Beiläufigkeit verschwendet. Was er darstellt, ist gleichsam ortlos, ist weder Hof noch Salon, weder Geschäft noch Beruf; und nicht nur seine wenigen religiösen und mythologischen Motive, auch seine Gärten und Landschaften mit Bäumen und Stelen und den offenen Durchblick auf die helleren Horizonte entlehnt er der Tradition. Nicht, als mangelte es ihm an Ursprünglichkeit; aber sein Thema ist nicht die unmittelbare, handfeste Wirklichkeit, sondern das geträumte oder inszenierte Spiel, doch nicht mehr das Theater des Lebens, wie es eben noch unter Ludwig XIV. alle Welt beeindruckte, sondern das Leben des Theaters, wie es auf den Bühnen der Stadt oder irgendwo im Freien nach den Regeln der Komödianten stattfindet. Sie spielen den Schein, und er malt ihn.

So versteht sich, warum es unter den zahlreichen Personnagen Watteaus nur wenige identifizierbare Porträts gibt und warum ihn an ihnen weniger das Unverwechselbare als ihr Gehabe interessiert. Viele

Zeichnungen sind Bewegungsstudien und vielleicht sogar ungewollte Verhaltensmodelle für bestimmte Situationen, für das Lehnen an einer Brüstung, für das Schreiten auf dem Rasen oder über Stufen hinauf, für das Knien vor einer Dame, für manierliche Gesten bei der Konversation und nicht zuletzt für die Handhabung einer Laute. Es sind zwar nur flüchtige, gewichtlose Augenblicke; doch, manchmal auf einem einzigen Blatt kombiniert und komponiert, werden sie über ihren Anlaß hinaus zu eigenwertigen Zeichnungen großen Stils. Sie vor allem, gemeinhin in berühmten Sammlungen gehütet, werden zur Offenbarung dieser Ausstellung. Die subtile Verfeinerung der Einzelheiten und der flimmernde Glanz eine Ärmelfalte, oft einem nur angedeuteten Gesichtsausdruck gleichwertig, nötigen zur genaueren Betrachtung und so zur Einsicht in ihre meisterliche Darstellung. Stellvertretend für sie alle sind auch die beiden berühmten kleinen Ölbildnisse des »Indifferenten« und der »Finette«, er tanzt, und sie musiziert auf einem Zupfinstrument, mit nichts als mit sich selbst beschäftigt.

Watteau malt nicht mehr die Selbstgewißheit der Renaissancemenschen oder die kalkulierte Beflissenheit eines Höflings, sondern die gelassene Selbstseligkeit im größeren Gefüge der Kultur, in der spielerischen Pflege all dessen, was schon von Geburt mitgegeben ist. So sind die Bilder Watteaus die Gegenwelt zu Rousseau, zu einer Welt, in der seine Träume und seine Wirklichkeiten unter dem Fallbeil enden werden. Vor dem Frauenkult dieser Bilder ist und war merkwürdigerweise auch viel von Erotik die Rede; doch man verfehlt sie von Grund auf, wenn man sie im heutigen Sinne betrachtet. Die wenigen überlieferten Akte (wie »Jupiter und Antiope«) sind dekorative Auftragsarbeiten, wie überhaupt diese Verfeinerung des Lebens im Medium der Kunst weniger vom Inhaltlichen oder Kompositionellen als von der spielerischen Auflockerung des Sujets und vor allem aus dem Kolorit zu verstehen ist. Ihr Sinn ist die Sinnlichkeit des Augenfälligen, ist die empfindsame Überantwortung an das, was gefällt und gefiel. Dem entspricht der künstlerische Werdegang Watteaus, der (wie E. Hildebrandt vor Jahrzehnten nachgewiesen hat) seine heimatliche Vorliebe fürs flämische Genre in Paris zur Malerei der »galanten Feste« überhöht und die statische Bildordnung der Italiener in die geschwungene Muschelform des Rokoko aufgelöst hat. Niemand wird deshalb zwei frühe und große Dekorationsentwürfe in dieser Ausstellung übersehen, die gleichsam in reiner Ausprägung das Wesentliche seiner Kunst repräsentieren.

Es traf sich günstig, daß Watteau noch mit aufnahmefähigen Freunden rechnen konnte. Das war seine Gegenwart; und sie wurde bald zur Vergangenheit; es bestand für sie kein Lebensraum mehr. Und wenn immer wieder ihre stille Gelassenheit bis hin zu ihrer heiteren Schwermut den Betrachter verwirrt, so ist nicht erwiesen, ob sich darin nur persönliche Lebenserfahrungen oder das Ressentiment der

sozialen Inferiorität des Künstlers äußern. Immerhin gehört zu einem solchen Leben in allen Zeiten das Bewußtsein, daß die Vergänglichkeit aller Lebensgestalten dem vorgegebenen Rhythmus der Geschichte entspricht. Bei uns bleibt die Nachwirkung Watteaus spürbar von Menzel bis hin zu seiner bewußten Wiederaufnahme durch August Macke.
Die Ausstellung im Pariser Grand Palais beginnt mit der überwältigenden Vielfalt der Zeichnungen und Radierungen, konzentriert sich im Rondell auf die Bilder von mittleren Formaten und präsentiert schließlich in dichter Wechselwirkung die großen Werke der letzten Lebensjahre. Da hängen die Berliner und die Pariser Fassung der »Fahrt nach Kythera« und überlebensgroß, im weißen Gewand der rätselhafte Pierrot. Ende und Vollendung und Ausgang der Ausstellung zugleich ist das »Ladenschild«, das Watteau kurz vor seinem Tode für seinen Freund, den Kunsthändler Gersaint, gemalt hat. Man sieht in das Innere der breiten Verkaufsgalerie, sieht die vertrauten Gestalten, die Damen und Kavaliere, sieht sie en face, im Profil und in der Rückenansicht, sieht den Kaufmann und seine beratende Gehilfin und sieht die Käufer, hingerissen in Betrachtung eines intimen Motivs oder fasziniert, kniend und mit einer Lorgnette bewaffnet, beim Studium eines minutiösen Details. Über dieses Bild ist viel geschrieben worden. Doch was anderes ist es als die Verherrlichung der Malerei durch den Maler und zugleich sein generöser Dank an die Freunde seiner Kunst, die er, der Maler, in seiner Malerei verewigt.

Zur Ausstellung im Grand Palais, Paris, 1984/85,
in: Weltkunst, 1984

Friederich Werthmann

Der Künstler ist 1927 in Wuppertal geboren, lebt in Düsseldorf und ist durch Ausstellungen und Sammlungen in aller Welt bekannt geworden. Frühe Stahlplastiken erinnern in ihrer spröden, fast drahtigen Transparenz an den Einfluß des westdeutschen Tachismus. Ihre heftigen, wie wehende oder verwehende Gesten sind inzwischen einer Gelassenheit gewichen, die der natürlichen Stabilität und Statuarik des Stahls entspricht. Nun wird das Volumen auf eine schlanke, manchmal gertenhafte Leichtigkeit zurückgenommen, und die verhaltene Nuancierung der Oberfläche ist nur noch wie eine Erinnerung an die fast explosive Dynamik früherer Arbeiten. Irreguläre Röhren oder Stahlflächen, vereinzelt oder in Gruppierungen, stehen da, als fußten sie im Boden und wiesen in konkaven oder konvexen Schwellungen auf Organisch-Pflanzliches oder nach Art von Zitaten auf Human-Figürliches hin; doch wahren sie letztlich, bis in den metallisch-reakti-

Friederich Werthmann, »Preller«, 1980, Chromnickelstahl dynamisiert, 236×148×68 cm

ven Schimmer der Oberfläche, die spezifisch anorganische Beschaffenheit ihres Materials. Darüber hinaus entspricht es ihrem abstrakten Grundduktus, wenn auch Friederich Werthmann mit nuancierenden Wiederholungen eines bestimmten Motivs Serien zu bevorzugen scheint, in die man wie in offene Räume eintritt und deren Nötigungen man dann spürt. Sie begnügen sich aber nicht mit Formalbeziehungen; denn ohne inhaltliche Hinweise bilden sie dennoch ein Fluidum, das in einer zwanglosen, meistens wohl humorigen Art auf das Verhalten von Gruppen anspielt. So stehen (zum Beispiel) 32 Röhren wie ratlos einander gegenüber, als hätten sie sich, gemäß dem Titel, »Schach-Patt« gesetzt, oder andere, als kämen sie wie Müßiggänger zusammen, um unter den Bäumen des Düsseldorfer Parks Erinnerungen an ihre tachistische Vergangenheit auszutauschen.

Zur Ausstellung im Park des Stadtmuseums Düsseldorf
in: Frankfurter Allgemeine Zeitung, 1983

Walter Wohlfeld

Die Malerei ist nicht nur eine Sache von Talent und Fleiß und in jedem Falle mehr als ein »kreatives« Zeitvertreiben. Wenngleich sie von jeher die ganze Kraft des Künstlers in Anspruch nimmt, so werden doch ihre Bedingungen manchmal durch persönliche und allgemeine Miseren bis zum äußersten erschwert. Für Walter Wohlfeld, der aus den kleinen Verhältnissen eines norddeutschen Dorfes kommt, war fast nichts vorgegeben.

Nach einer schweren Kriegsverletzung mußte er aus eigener Kraft das Seine erst schaffen. Das betrifft gewiß auch manchen anderen; doch darüber hinaus bedurfte es in einer Zeit, in der nicht nur Maler, sondern auch und vor allem Nichtmaler den Malern vorzuschreiben versuchten, was sie zu tun hätten, viel an Kraft und natürlicher Sicherheit, um nicht fremden Schablonen, sondern dem eigenen Stil zu folgen. Abstrakt oder gegenständlich, das war nach dem letzten Kriege wieder die große Frage. Für Wohlfeld war sie entschieden. Und wenn er sich für sich selbst entschied, so hat er recht behalten.

Zwar versteht sich das Bewahren nicht selten aus einem Unvermögen oder aus einer Unkenntnis des Neuen; für Walter Wohlfeld aber ergibt sich die Beständigkeit aus einer bewußten Zustimmung zur Welt; aus einer begründeten Daseinstreue überläßt er sich dem, was ist und wie es vor Augen liegt; er eignet es sich von innen heraus an und stellt es dar. Doch nicht alles ist, weil es ist, auch belangvoll. In seinem unerschütterlichen Willen zum Charakteristischen, besonders im Bereich der Natur, hat sich Wohlfeld nicht beirren lassen. In den ebenso bestimmten wie bewegten Kompositionen und in der ausgewogenen Farbigkeit seiner Bilder äußert sich ein vitaler Optimismus, der (wohl mit Recht) auf die wesentliche Verläßlichkeit von Leben und Kunst vertraut. Eigenständig und unverwechselbar hat er Kunst und Leben auf eigene Füße gestellt und im eigenen Haus mit eigenen Ausstellungsräumen nun das Äußerste erreicht, was ihm unter den gegebenen Bedingungen möglich ist.

Katalogtext, 19

Fritz Wotruba

Wenn Fritz Wotruba, wie auch Henry Moore, Marino Marini oder Alberto Giacometti etwas aus dem Blickfeld geraten sind, so versteht sich das nicht nur aus den allgemeinen Veränderungen der Zeit, es sind auch immanente Probleme der bildenden Kunst selbst, die sich darin auswirken. Denn Wotruba und die anderen haben im näheren und weiteren Wirkungsbereich Rodins oder Maillols nicht nur gegenständlich gearbeitet, sondern sich auch so ausdauernd und ausschließlich mit der menschlichen Gestalt beschäftigt, als gäbe es von Polyklet über Michelangelo bis auf unsere Tage keinen ernsthafteren Gegenstand der Bildhauerei. Doch die Materialplastiker, Modelleure und Raumkünstler, die sich mit dreidimensionalen »Anordnungen« begnügen, beherrschen das Feld der Aktualität. Nicht, als hätten sie neue, wirksame Grundbilder aufgestellt, eher versteht sich dieser Wandel in der Bildhauerei aus der spekulativen Zerstörung des Menschenbildes, aus seiner Auflösung in emotionale oder soziale Funktionen, die der Darstellung einer in sich geschlossenen, substantiellen Gestalt den Boden entziehen.
Wotruba hat sich zu dieser Lage und ihren Folgen wiederholt geäußert. So antwortete er 1955 auf eine Frage an ihn, daß wir den materialistischen Mächten gegenüber in zunehmendem Maße wehrlos geworden seien. Gelingt es nicht, sie beizeiten zu »stürzen und anstatt des Götzen Kollektiv den Begriff des Indidviduums zu stellen, dann scheint unsere Kultur und damit der Sinn unserer eigenen Existenz in Frage gestellt«. Wenngleich sich der kraftvolle Zugriff in den Themen und ihrer Darstellung auch aus der Natur Wotrubas versteht, so wird man seine versammelte Konzentration, die mit den Jahren immer deutlicher wird, auch aus einem bewußten Widerstand gegen diese Tendenzen der Zeit erklären. Seiner Härte im Ausdruck entspricht das Material aus Marmor und Erz.
Fritz Wotruba wurde 1907 in Wien als Sohn eines tschechischen Vaters und einer ungarischen Mutter geboren. 1929 heiratete er die Tochter eines jüdischen Kaufmanns aus Düsseldorf, 1938 emigrieren beide nach einem Aufenthalt in Düsseldorf und Berlin, wo sie bei der Witwe Liebermanns wohnten, in die Schweiz. 1945 übernimmt Wotruba eine Professur für Bildhauerei an der Wiener Akademie. Er beteiligt sich

in den folgenden Jahrzehnten wiederholt an den Biennalen in Venedig und São Paulo, an der documenta in Kassel (1959) und an großen, internationalen Ausstellungen in Frankreich, Großbritannien und Belgien. 1975 stirbt der kraftvolle Mann an einem überraschenden Herzinfarkt.

Im Rückblick auf den zehnten Todestag des Künstlers haben die Sammlung Rupertinum und die Kunstgalerie Welz in Salzburg gemeinsam und mit verteilten Rollen eine Ausstellung organisiert, die an charakteristischen Exemplaren einen unmittelbaren Blick auf die Entwicklung des Künstlers erlauben. Da Wotruba ohne Vormodelle und nur mit flüchtigen Skizzen seine künstlerischen Vorstellungen aus dem Stein herausgeschlagen hat, Nachgüsse zwar unter seiner Aufsicht erfolgten, ihre Grundwirkung aber erhebliche Veränderungen erfahren hat, ist es zu bedauern, daß Steinoriginale in Salzburg fehlen. Natürlich sind die Bronzen keine Derivate. Sie verstärken sogar in ihrer fast schwarzen, wenngleich nachgiebigeren Oberfläche die präzivilisatorische Düsterkeit ihrer Grundkonzeption.

Unübersehbar in beiden Ausstellungen ist der Stilbruch um 1950. Die Ausstellung im Rupertinum beginnt mit der Plastik einer Sitzenden, die fast wie eine Wiederholung des Lehmbruck-Jünglings von 1917 wirkt. Solche Annäherungen an das große Vorbild hat Wotruba im Hinblick auf Lehmbruck selbst bestätigt und eine spürbare Neigung zur »Innerlichkeit« der zwanziger Jahre in betont strengen Porträtbüsten angedeutet. Aquarelle verhehlen zwar nicht die ausdrückliche Auseinandersetzung mit Maillol, indem sie den füllig-empfindsamen, voluminösen Konturen des Franzosen folgen, doch sind sie für Wotruba wohl nicht viel mehr gewesen als Spuren früher, tastender Versuche. Viel stärker sind und bleiben die Nachwirkungen Rodins in den Themen wie im Material. Doch ist es weniger der Gehalt oder das Grundbild, das sich mit bemerkenswerter Konstanz durch das ganze Werk Wotrubas behauptet, als ein neuer Stil, der von etwa 1950 an den österreichischen Bildhauer unverkennbar von seinen Zeitgenossen unterscheidet.

Das wird besonders deutlich im Vergleich zwischen Moore und Wotruba. Während beide das Individuelle überwinden und sich der Typik körperlicher Möglichkeiten zuwenden, behält Moore den organischen Umriß der menschlichen Figur bei, während Wotruba sie gleichsam aufbricht und wie im Nachvollzug architektonischer Schichtungen neu aufbaut. In einem fast gewaltsamen Zugriff zerlegt er die menschliche Gestalt und betont das Eckige und Kantige der Blöcke, in denen er die Körper wieder aufbaut. Die Probleme liegen auf der Hand. Rumpf und Kopf entsprechen fast zwanglos dem neuen Formprinzip. Doch Beine und Arme widersetzen sich ihrer Einbeziehung in die Geschlossenheit. So bleiben die Schreitenden oft im strengen, spröden Profil frühgriechischer Koren. Was die Arme betrifft, so löst der Künstler ihr Problem in der Vortäuschung von Torsi oder etwa im

suggestiven Motiv, daß die Figuren aus unklarem Grunde die Hände über dem Kopf verschränken. Kleinfigurige Modelle, die fast übermütig ausschreiten und die Arme schwenken, wirken wie provisorische Knetmasse. Ein anderer Versuch, der durch die Jahre hin die Glieder zu Zylindern oder auch zu Pilastern »abstrahiert«, verschärft dadurch den inneren Abstand zum Organischen des Leibes und bringt auf diese Weise ungute Spannungen ins Bild.
Während Henry Moore in innerer Korrespondenz zu organisch-lässigen Gestalten den Modus des Sitzens bevorzugt, stellt sich Wotruba, gemäß dem architektonischen Grundduktus seines Arbeitsstils immer wieder das Thema der Stehenden und vor allem der Liegenden. Sie allerdings kommen dem Stil anschaulich kombinierter Blöcke oder Bruchstücke zwanglos entgegen. Auf die Ellbogen aufgestützt, bei einfallenden Bauchpartien und sich wieder auftürmenden Knien und Füßen werden sogar die vordergründigen Probleme der Statik vermieden, der Umgang mit dem Material auf natürliche Weise erleichtert und der Umriß eines ruhenden Körpers gewahrt. Die Vorzüge, die in diesem Sinne ein Relief zu bieten vermag, beweisen zwei schöne Platten im Rupertinum.
So hat Fritz Wotruba auf jenen idealisierten oder emphatischen Realismus verzichtet, mit den noch der Expressionismus versuchte, eine simple Replik des Realen zu überwinden. Abstraktionen ins Fundamentale, ins Phantastische oder ins Ornament sind für ihn keine Auskunft, was ihn in den expressiven Experimenten seiner Anfänge nicht gehindert hat, in den abstrakten Pilastern der klassischen Architektur damalige Möglichkeiten zu erproben. Schließlich hat er Wege ins Archaisch-Frühzeitliche oder auch in die monumentale Erscheinungsweise der Hochgebirge erkundet und in beiden Welten Grundentsprechungen für seine Plastiken gefunden. Daraus erklärt sich auch, warum er mit so großem Engagement an Bühnenentwürfen für Wien und Berlin mitgearbeitet und sich ausdrücklich über den Zuwachs an künstlerischen Einsichten geäußert hat. Es war gewiß nicht die Namenlosigkeit der modernen Massengesellschaft, sondern die unpersönliche Bestimmung des Menschen aus dem Willen der Götter oder des Schicksals, die ihn faszinierte. Damit hat er dem neuzeitlichen rationalen Individualismus einer vordergründigen Aufklärung den Rükken gewandt.
Es scheint, daß sein aufs Urtümliche gerichtete Interesse zugleich der Antrieb für seine Wertschätzung der monumentalen Natur gewesen ist. Wotruba notiert: »Der Stein ist uralt, unerschöpflich und noch immer voller Geheimnis.« Er ist aber nicht nur das Material des Bildhauers; er ist auch ein Ort übergreifender Seinsorientierung; denn es heißt: »Die Steinbrüche legen phantastische, architektonische Welten bloß.« Da hat er Gestalten, Visionen oder anschauliche Ordnungen für seine Entwürfe gefunden, sind doch Gesteinsrücken im Hochgebirge nicht selten wie riesenhafte Menschenprofile. Das gilt vor allem

für die Liegenden. Sie gleichen manchmal vor dem Horizont überdimensionalen, menschlichen Umrissen, wie sie von der Bevölkerung seit alter Zeit auch danach benannt werden. So könnte es sein, daß Wotruba in der urtümlichen Natur wie in den mythischen oder sagenhaften Berichten der germanischen und altgriechischen Vorzeit Bilder gefunden hat, die seinen Gestalten in Stein und Bronze auf geheime und wesentliche Weise entsprechen.

In: Weltkunst, 1983

Léon Zack

Wie alles Wesentliche ist auch die Malerei des Franzosen Léon Zack nie zur Sensation geworden. Deutsche Publikationen von Rang weisen auf ihn hin, und ernsthafte Galerien, vor allem in Paris, zeigen und vertreten seine Kunst. In diesem Sommer stellt er in einer alten, französischen Abtei zusammen mit anderen Malern Arbeiten aus, um an ihnen auf die heutigen Möglichkeiten des ungegenständlichen Stils hinzuweisen.
Léon Zack ist in Rußland geboren, ist als Jude zum Katholizismus konvertiert. Auf seinen Bildern ziehen vor neutralen Hintergründen Farbkomplexe wie durchlässige Nebelspiralen vorüber; manchmal schweben sie in horizontaler Richtung, manchmal scheinen sie zu steigen oder zu fallen. Doch diese Gebilde folgen nicht den Gesetzen der Schwerkraft. Die Freunde Zacks erinnern sich an seine mystische Frömmigkeit und sehen die schwebenden Motive als Erscheinungsweisen der Materie, einer Materie, die sich auf ein Ideenhaftes hin entmaterialisiert. So ließe sich diese Malerei als ein veranschaulichter Platonismus verstehen: die Strukturen der Materie oder gar die Materie selbst ist letzlich Idee. Besonders eindrucksvoll ist ein Bild, mit dem Zack in der Kunstsammlung des Vatikans vertreten ist.
Es ist für diesen Künstler bezeichnend, daß seine unverwechselbare Art nicht zur Routine verflacht. So würde man nicht sofort in ihm den Meister des Kreuzweges wiedererkennen, den er für die romanische Kapelle von Carsac an der Dordogne gearbeitet hat. In diesem kraftvollen Kirchlein aus dem 12. Jahrhundert ließe sich die spirituelle Kunst Zacks, wie man sie aus seinen Ölbildern kennt, wohl nur als kontrastierend rechtfertigen. Doch Zack bestimmt nicht die Welt, umgekehrt spürt er Eigenarten und Eigenwerte auf, um ihnen zu entsprechen. Das ist nicht subjektive Nachgiebigkeit, sondern Einfügung in den Ordo des objektiv Gegebenen. Platten von etwa 35×25 cm im Hochformat stellen den Leidensweg dar. Geradlinige Formelemente, denen im Thema die Kreuzesbalken entsprechen, setzen die Grundzeichen jeder Station, und Kreissegmente verbinden sie zu Szenen. In Überschneidungen oder Parallelen wird auf gerauhtem Unter-

grund und in einer wechselnden, gedämpften Farbigkeit der alte Text auf neue Weise zum Bild. So wird der Kreuzweg Christi auf engem Raum, doch im monumentalen Geiste des 12. Jahrhunderts wieder aufgenommen. Die Textstellen des Neuen Testamentes werden durch Umschreibungen aus Paul Claudel erläutert. So heißt es zur Kreuzerhöhung: »Wir müssen das Kreuz tragen, bevor es uns trägt.«

In: Christ in der Gegenwart, 1979

Barock in Dresden

»Barock in Dresden« ist mehr als eine Ausstellung interessanter Objekte, mehr als die Anwesenheit großer Kunst oder der Rückblick auf eine bedeutende Epoche. Man kann sie auch nicht mit der Darstellung der Karolinger in Aachen, der Hohenstaufen in Stuttgart, der Wittelsbacher in München oder der Hohenzollern in Berlin vergleichen. Das Besondere in Essen ist das politische Fluidum, das hier im Konzept wie in den Einzelheiten spürbar wird und das man nicht fassen und aussprechen kann, ohne seine Wirkung zu gefährden. Es ist nicht die DDR, die hierzulande schon lange, etwa auf Wirtschaftsmessen, mitspielt. Selbst Sportveranstaltungen, Bühnengastspiele oder Konzerte von drüben bleiben weit hinter dem zurück, worum es in Essen geht. Noch vor dem Kulturabkommen zwischen der DDR und der Bundesrepublik Deutschland ist diese Ausstellung von Berthold Beitz vorgeschlagen und ohne Vorbehalte von Erich Honecker befürwortet worden. Daß sie sich in einer politischen Atmosphäre abspielt, unterscheidet sie auch von den so verdienstvollen Initiativen Peter Ludwigs, der eine umfassende Kenntnis der DDR-Malerei in der Bundesrepublik ermöglicht und fördert.
Die Ausstellung in der Villa Hügel steht wohlbedacht unter dem Titel »Barock in Dresden«. Gemeint ist also jenes umfassende Stilprinzip, das im 17. und 18. Jahrhundert das kulturelle Leben bestimmt und sich in Dresden auf eine besondere Weise entwickelt hat. Es geht nicht um eine Darstellung der Stadt oder ihrer Geschichte, sondern um die Vergegenwärtigung des Barocks an der Elbe, vor allem in der Regierungszeit der beiden Kurfürsten-Könige August II., des Starken, und seines Sohnes, August III., also um die Jahre von 1693 bis etwa 1750. Damals war Europa zum letzten Male europäisch, und zwar nicht unter einer politisch-militärischen Dominanz, sondern im Wirkungsbereich der Lebensweise, der Künste und Wissenschaften, und dies in einer Zeit, die bewußt auf eine Verfeinerung des Verhaltens und der rationalen Organisation öffentlicher und privater Einrichtungen bedacht war. Sie äußert sich einerseits in der Sublimierung barocker Energien zum Rokoko hin, andererseits, gemäß der übergreifenden

Aufklärung, in einer Mäßigung des »Expressiven«, die sich im Klassizismus um 1750 zu manifestieren beginnt.
Diese Symbiose von Emotion und Ratio vollzieht sich als die Pflege intelligibler Empfindungen, als das also, was man später Kultur oder Bildung genannt hat. Im öffentlichen Leben äußert sie sich in der Organisation universaler Sammlungen mit einem Interesse für regionale, überregionale und übernationale, aber auch für überepochale Hervorbringungen, also unter Einbeziehung der Geschichte, vor allem der Renaissance und der Antike.
Unter August dem Starken und seinem Sohn blieb möglichst nichts dem Zufall, aber auch nichts dem nur Gefälligen oder Vereinzelten überlassen. Die planvolle Ergänzung und öffentliche Darbietung der Bestände, einschließlich ihrer Registrierung, ist selbst in Essen noch bemerkbar. Kurz, das, was man das Museologische nennt, geht auf jene beiden Könige zurück. Wohl mit Recht stellt Joachim Menzhausen, der heutige Direktor des Grünen Gewölbes in Dresden, fest, daß man in August II. den bedeutendsten Sammler der deutschen Kulturgeschichte sehen kann. Er und sein Sohn sind den Künsten und Künstlern im eigenen Lande mit persönlichem Interesse, mit Zuwendungen unterschiedlicher Art und mit Organisationsmaßnahmen, wie sie in Essen dokumentiert werden, zur Hand gegangen. Sie haben angeordnet, daß alle Interessenten, allerdings in kleinen Gruppen und (wie verständlich) unter Aufsicht, die Sammlungen bei freiem Eintritt besuchen konnten, wie eben das Soziale nicht Sache der Stände und Zeitalter, sondern der Intelligenz ist. Der Essener Katalog zitiert Winckelmanns rühmende Notiz über den freien Eintritt, welchen Ihre Königlichen Majestäten »allen Liebhabern der Kunst verstatten«.
Mit dieser Ausstellung setzt die Villa Hügel ihre meistens ungewöhnlichen, um nicht zu sagen, aparten Konzepte fort. Sie wird von den Staatlichen Kunstsammlungen Dresden und von der Kulturstiftung Ruhr, unter dem Vorsitz von Berthold Beitz, getragen. In Dresden hat man den Katalog verfaßt, in Essen wird er durch den Verkauf finanziert. Die Bedeutung, die man auf beiden Seiten dieser Unternehmung beimißt, ergibt sich auch daraus, daß sich die Experten in Dresden über ein ganzes Jahr hin mit der Vorbereitung befaßt haben und daß die Krupp-Villa für die Ausstellung innen und außen wieder einmal erneuert worden ist.
Diese Ausstellung ist hierzulande auf besondere Weise ein nationales Problem; denn keine Städte der Welt sind einander so nah und fern zugleich wie Essen und Dresden. Die politische Trennung wird im Medium der kulturellen Einheit virulent; denn wohl jeder Deutsche, der diese Ausstellung besucht, wird das Andere im Eigenen, im Fremden das Vertraute und das Gewesene im Gegenwärtigen ahnen und respektieren. Es gibt also zu denken, daß und wie diese Ausstellung verwirklicht worden ist. Man erinnert sich daran, wie vor zwei Jahren unter dem Titel »Barock und Klassik« zwischen der DDR und Öster-

reich eine Vier-Städte-Veranstaltung der DDR auf der Schallaburg an der Donau zustande kam und von vielen Westdeutschen gesehen wurde. In Essen geht es nur um Dresden und um eine bestimmte Epoche dieser Stadt; und zwar wird mit Recht darauf hingewiesen, daß man ähnliche Ausstellungen 1969 in Stockholm und Zürich und 1978/79 in den USA gesehen hat, daß diesmal aber auch Objekte gezeigt werden, die noch nie außer Landes geschickt worden sind und die trotz verschiedener Bemühungen ohne Umwege wieder in ihre Stadt zurückkehren werden.
Inzwischen erkennt wohl jeder an, zumindest unter den Verantwortlichen dieser Ausstellung, daß August II. und August III. nicht nur »prachtliebende Potentaten« gewesen sind. Wohl niemand spräche mehr von ihnen, hätten sie ihr hohes Amt nicht mit schöpferischen Vorstellungen ausgeübt und die tätigen Kräfte im Lande zu exemplarischen Leistungen angeregt. So wird August II., auf einem Gemälde von Louis de Silvestre, einem französischen Maler aus der Schule Lebruns und in sächsischen Diensten, bewußt in die Blickrichtung des eintretenden Besuchers gestellt. Dieser Hinweis wird durch zwei Marmorbüsten der beiden Könige und ein Reiterstandbild in Bronze verstärkt. Von dem dargestellten König heißt es im Katalog der Ausstellung von Schallaburg, der Künstler deute ihn als einen »sinnenfrohen und liebenswürdigen, künstlerisch fein empfindenden Menschen«. Dieser Raum veranschaulicht durch Porträts und zwei Dresden-Veduten von Canaletto das höfische Zentrum, das Leben der Bürger und Bauern und durch Dokumente und Geräte den Stand der Künste und Wissenschaften. Ein Brief des Philosophen Gottfried Wilhelm Leibniz erläutert die Absicht, in Sachsen eine Seidenmanufaktur einzuführen. Die lockere Anordnung der Objekte präsentierte so den staatlichen Organismus des 18. Jahrhunderts in Dresden.
Begibt sich der Besucher unter die anschließenden Bronzen, so wird er sich vielleicht mit dem verkleinerten Reiterstandbild des Mark Aurel vom Kapitol in Rom befassen. Filarete, der Meister, hat es als erste Kleinbronze der Renaissance datiert und signiert, und nach Jacob Burckhardt ist der Namenszug des Künstlers ein Zeichen der damals beginnenden Neuzeit. Weit über den künstlerischen Reiz des (lädierten) Standbildes hinaus, könnte dem Betrachter bewußt werden, welche Bedeutung das beginnende Selbstbewußtsein im damaligen Europa bis hin zum Kult der eigenständigen Persönlichkeit, selbst noch in ihren Deformationen, gewonnen hat.
Zum historischen Teil der Königlichen Sammlungen gehören die antiken Torsi, unter ihnen die römische Kopie eines Satyrs nach Praxiteles, die »Kleine Herkulanerin« und ein charaktervoller Kopf im Stil der römischen Porträts.
Unter August dem Starken blühte die Detailkunst der Medaillen. Das intime Kabinett der Münzen und Medaillen wird zum Fest für Numismatiker mit Brille oder Lupe. Neben ausgefallenen Dukaten und

Audienzstuhl August des Starken, Joseph Deibel, um 1750

Reichstalern, Zechinen und Guldengroschen gibt es da zahlreiche Prägungen, die zu besonderen Anlässen in Auftrag gegeben und an verdienstvolle Persönlichkeiten verschenkt wurden.
Zur ruhmreichen Tradition der Dresdner Sammlungen gehören seit je die Kupferstiche. Viele sind bereits in ihrer Zeit erworben worden, unter ihnen im 16. Jahrhundert 113 Holzschnitte und Kupferstiche von Dürer.
Im Kabinett der alten Meister hängt die »Auferstehung des Lazarus« von Veit Stoss, hängen Martin Schongauer mit dem frühen Kupferstich »Die Geburt Christi« (um 1473) und Albrecht Dürer unter anderen mit der »Melancholie«, monogrammiert und datiert.
In einer größeren Galerie und in fünf kleineren Räumen hängen Bilder des europäischen Barocks. Der »Mann mit einer Palme« von Tizian, zwischen Tintoretto (»Musizierende Frauen«) und den beiden Dossi, ist nicht identifiziert. Ihm gegenüber hängen Franzosen und Spanier, Poussin mit der »Aussetzung des Moses« und Veláquez mit einem Bildnis. Die Flamen und Holländer sind mit kleineren Formaten vertreten, mit einem »Geharnischten« von van Dyck, mit »Hero und Leander« von Rubens und mit »Ganymed« von Rembrandt. Dieser Götterknabe galt damals als nonchalant oder gar als gênant, heute gewiß nur noch als amüsant. Er plärrt und markiert die Stilspaltung in der damaligen Zeit. Ein Raum zum Abschluß dieser Abteilung ist den beiden Lucas Cranach vorbehalten. Die heilige Katharina und die heilige Barbara werden heute als authentische Arbeiten dem Vater, die Tafeln »Adam« und »Eva« dem Sohn und zwei Miniaturen, Luther und Melanchthon, ihrer Werkstatt zugesprochen.
Obwohl Dresden die schönste der schönen deutschen Städte gewesen ist, ebenso begünstigt durch die Lage an der Elbe wie durch das offene und anregende Weltverhalten des Hofes, sind es die Meister des Grünen Gewölbes, der Schatzkammer, wie die Künstler des Porzellans, unter ihnen vor allem Johann Friedrich Böttger (1682–1719), der rastlose, ingeniöse Neuerfinder des Dresdner Werkstoffes, auf die sich das besondere Interesse der Besucher versammeln wird. Da die Fülle und Vielfalt des Ausgestellten kaum studiert, geschweige denn beschrieben werden kann, werden sich wohl viele Besucher auf das Wirkungsfeld der Goldschmiede, der Schleifer, der Schnitzer und Juweliere, also auf die dekorative Kunst konzentrieren.
Der vorletzte Raum, ausgestattet mit einer Auswahl aus chinesischen und japanischen Porzellanen, ist ein faszinierender Durchgang zu Meißen. Im Meißen-Raum beginnt es mit dem »Böttger-Steinzeug«, dem »roten Porzellan«, das auf Vorschlag des Erfinders, als wäre es Edelstein, geschnitten, geschliffen und poliert wurde, so daß die matte Oberfläche glänzt und an japanische Lackarbeiten erinnert. Der rasche Fortgang vom »Steinzeug« zum weißen Porzellan ist unmittelbar in den Vitrinen zu verfolgen. Kenner versichern, daß man sich schon bald nicht mehr an den asiatischen Formen orientierte,

sondern nach dem Vorbild sächsischer Edelmetallarbeiten die spezifisch Meißner Porzellankunst entwickelt habe. Unter einer Vitrine (zum Schluß) schwebt vom »Modellmeister« Johann Gottlieb Kirchner die schlichtere der drei Madonnen, die sich im Dresdner Besitz befinden, »auf der Weltkugel«. Später wohl von Johann Joachim Kaendler überarbeitet, ist sie in weißem Material, in der behutsamen Formung und im zarten Kolorit bereits reines Rokoko.

In: Weltkunst, 1986

Kunst und Zeit

In der Barock-Ausstellung der Villa Hügel in Essen stand an bevorzugter Stelle ein bemerkenswerter Sessel. Von einem Münchener Meister für August III. gearbeitet, ist seine Bestimmung unter Experten nicht ganz geklärt. Heute wird er unter dem Kompromißtitel »Audienzstuhl« geführt.
Man kann es sich in der Tat unschwer vorstellen, wie ein König in ihm Platz nahm, um den vorstelligen Bittstellern sein geneigtes Ohr zu leihen. Von jeher hat es die Betrachter entzückt, wie seine zweckdienlichen Maße zwanglos mit den geschnitzten und geriefelten Rosenblättern seines Dekors harmonieren. Auf dem Weg vom aufwendigen Barock zum verfeinerten Rokoko vertritt er den Stil seiner Zeit. Doch selbst Könige kommen und gehen, und mit ihnen verschwinden oft auch ihre Dinge aus der Wirklichkeit und schließlich sogar aus dem Bewußtsein. Was dennoch überdauert, gilt dann als geschichtliches Zeugnis, das manchmal die Wißbegier reizt und manchmal sogar bewundert wird.
Anders dieser Stuhl. In seinem Anblick wird kaum jemand noch an den König und die Hofgesellschaft und nicht einmal an Barock und Rokoko denken, hat er doch sogar jene barbarischen Nächte überdauert, in denen selbst der Dresdner Zwinger, von Stühlen und Sesseln ganz zu schweigen, in Rauch und Asche aufging. In dem Maße, in dem die Menschen und Dinge ihrer Zeit in die Vergangenheit verschwinden, wächst das Vergnügen an seiner gelungenen Erscheinung. Weder sein Material noch seine Nutzung, weder sein Alter noch seine damalige Umwelt, wohl aber das Kunstvolle seines nun zweckfreien Daseins entzückt.
So stand er auch in Essen als einziger, vereinzelt und doch einzigartig, und erregte das interesselose Wohlgefallen seiner Betrachter. Wo ihm nicht einmal die Könige fehlen, würde es etwa einem Staatsratsvorsitzenden von heute, selbst ihm, wollte er in ihm dem Staatsrat vorsitzen, wohl am Königlichen mangeln.

In: Frankfurter Allgemeine Zeitung, 1986

Prag um 1600

Daß und wie die Kulturstiftung Ruhr, eng verbunden mit der Krupp-Stiftung, ihre selbstgesetzten Ziele verfolgt, ist hier, wo es um die Beschreibung einer ihrer Ausstellungen geht, nicht zu erörtern. So handgreiflich auch die Künste im Vordergrund stehen, der politische Horizont ist mitkonzipiert und bestimmt, unausgesprochen, vielleicht sogar die Absicht und das Verständnis des Unternehmens. Das galt im vorletzten Jahr mit überwältigender Eindringlichkeit für die Ausstellung »Barock in Dresden«; das gilt diesmal, wenngleich auf andere Weise, für die Ausstellung »Prag um 1600«.
Man könnte in Übereinstimmung mit einem allgemeinen Interesse unserer Zeit erwarten, gerade hier stünde wieder einmal der Manierismus im Vordergrund. Doch dieser Vermutung begegnet der Untertitel »Kunst und Kultur am Hofe Rudolfs II.«; und dem widerspräche schon der Umstand, daß der Manierismus damals bereits im Abklingen war und als eine unter anderen Richtungen der Kunstgeschichte auch in Prag mitgespielt hat. Denn wie auch immer er sich in der Kunst bemerkbar machte, für den Kaiser war die Kunst nur ein Teil seiner Interessen.
Es waren also auf der Burg nicht nur die Künste im engeren und weiteren Sinne, nicht nur die Wissenschaften und ihre Grenzbereiche, also nicht nur Astronomie und Astrologie oder Chemie und Alchemie; nach wie vor war da der rationale, distanzierte, fast unscheinbare Humanismus eines Erasmus oder eines Montaigne wirksam. Man wird die offene und doch skeptische Duldsamkeit Rudolfs nicht mit der eifernden Humanität der späteren Aufklärung, also nicht mit dem missionarischen Pathos Lessings verwechseln. Denkt man an den berühmten Prager Rabbi Löw, der vom Kaiser auf die Burg eingeladen wurde, und an Lessings Dramengestalt Nathan, so wird der Unterschied der Zeiten und Gesinnungen spürbar. Über die Gespräche Rudolfs mit Löw hat niemand etwas erfahren; von dem was zwischen Saladin und Nathan gesprochen wurde, läßt Lessing den Weisen sagen: »Möcht' auch doch die ganze Welt uns hören.«
Rudolf II. verlegte 1583 seinen Regierungssitz endgültig von Wien nach Prag und hat diese Stadt bis zu seinem Tode (1612) kaum verlassen. Hier bildete sich durch seine Begünstigten, unter ihnen Giordano Bruno, durch seine legendären Sammlungen und sein ungewöhnliches Verhalten die geheimnisvolle Aura seines Lebens und seiner Stadt. Da sechs Jahre nach seinem Tode der Dreißigjährige Krieg ausbrach und 30 Jahre später eine schwedische Soldateska auf Veranlassung Christines, der schwedischen Königin, die Burg plünderte; da der Kunstbesitz in alle Welt verstreut wurde und nicht viel mehr als eine raunende Erinnerung zurückblieb, kommt der Essener Ausstellung die besondere Bedeutung zu, daß sie zum ersten Male eine anschauliche Vergegenwärtigung der damaligen Wirklichkeit versucht.

Da sich der Kaiser im Geschmack wie beim Aufbau seiner Sammlungen an den italienischen Stadtstaaten orientierte, in Prag selbst den Umständen entsprechend nur zweitrangige Künstler beschäftigte, ein Umstand, den man im Rückblick getrost anerkennen sollte, überzeugt die Ausstellung vor allem durch die Vielfalt ihrer Themen und Stile und weniger durch große Exemplare.
Man hat mit Recht das sinnvolle Schema der Dresden-Ausstellung übernommen. So steht auch diesmal das Bildnis des Herrschers und hängen Hinblicke auf Burg und Stadt im Hauptraum des Rundgangs. Es ist eine der Bronzebüsten, die der Hofkünstler Adrian de Vries mit kraftvoll-verhaltenen Emblemen des Herrscheramtes geschaffen hat. Graphische Porträts von Zeitgenossen vermitteln eine Vorstellung von Leben und Umwelt am Prager Hof. Unter den zahlreichen Abgüssen fesseln vor allem die Kleinplastiken von Giovanni da Bologna das Interesse, unter ihnen der bekannte »Fliegende Merkur«, die »Venus Urania«, der überaus dramatische »Raub einer Sabinerin« und eine Reiterstatuette Rudolfs II., wohl vom Künstler selbst nach einem Medici-Vorbild hergestellt. Es überrascht eine bewegte Herkules-Gruppe, die die manieristische Artistik schwebender und exzentrischer Motive bis an die künstlerischen Grenzen treibt.
Wenn es um den ebenso interessanten wie umstrittenen Stil des Manierismus geht, bei dem sich vor allem alle deutschen Ausdruckskünstler bekreuzigen, wird man auf Geschmacksfragen verzichten. Sie würden nur offene Tore einrennen. So auch vor einer zentral postierten Gruppe, wahrscheinlich von Hans Mont (Gent), in der ein sperriger Formalismus den Vorgang und Ausdruck eines unbestimmbaren Themas bis zur Befremdlichkeit, wenn nicht bis zur Komik deformiert.
Freier und farbiger, aber auch charakteristischer geht es unter den Zeichnern und Malern zu; denn hier sind neben Arcimboldo vor allem Hans von Aachen und Bartholomäus Spranger am Werke. Da wird Prag zum Schnittpunkt zwischen Nord und Süd, zwischen Rückblicken und Ausblicken, zwischen Typ und Individuum (als Bildinhalt), zwischen mythologischen Themen im Gefolge Ovids und dem gegenwärtigen, also erfahrbaren Leben, kurz: zwischen Antike und Mittelalter, zwischen den nur vorgestellten und den wirklichen Menschen. Zur Linken in der Bildergalerie der Villa Hügel werden also die Grazien und Satyrn, Bacchus und Venus oder Amor und Psyche vereint; zur Rechten aber und in einem Nebentrakt folgen die Porträts und Selbstporträts, unter ihnen das Konterfei Keplers (Hans von Aachen) und die Ansicht von Tycho Brahe, die Darstellung des Kaisers natürlich, ein Selbstbildnis Sprangers und vor allem Arcimboldos, eine Federzeichnung in Blau. Über sie ist viel gerätselt worden, über die phantastisch-phantasievollen Transfigurationen dieses bestellten Ausstatters großer Hoffeste, der ein Jongleur der Mehrdeutigkeiten und ein farbiger Spieler im Scheinbaren gewesen ist. Hier

stellt er sich selbst in Betrachtung seiner selbst, also vor dem Spiegel dar, nur auf sich selbst bedacht, ohne sinnträchtige Embleme oder Hintergründe, zwar mit leise bewegten Schatten auf den Wangen und um den zwanglos geschlossenen Mund, doch mit Licht über der Stirn, das Gewand um die Schultern und die Halskrause von zarten, unscheinbaren Arabesken bewegt; und selbst die fast unmerkliche Irregularität einer Senkrechten vom Kopftuch über den Nasenrücken deutet an, daß sich die alte Ordnung der Vorbilder verschoben hat. Überdies wird greifbar, daß das, was in der Öffentlichkeit zu tun und darzustellen ist, im Persönlichen nicht unbedingt gilt. So äußert sich in den Porträts und Selbstporträts ein verhaltenes Selbstbewußtsein der Menschen, das sich weder mit den frivolen Göttern der Alten noch mit entrückten Visionen des Mittelalters vereinbaren läßt. Der Abstand zu den christlichen Themen, etwa der Darstellung der Geburt Christi oder seine Auferstehung (bei Spranger), ist unverkennbar.

So ist selbst der »Triumph der Weisheit« wenngleich schon ein Thema der vorausgegangenen Renaissance, eine Allegorie auf den Sieg der Vernunft über die Barbarenunwissenheit und damit ein Dokument menschlicher Selbsteinschätzung.

Die Kunstkammerstücke, die Schmiede-, Schnitz- und Schneidearbeiten, sind weder im Umfang noch in der Vielfalt mit der Kollektion des Grünen Gewölbes vergleichbar, auch deswegen, weil sie als Ausstellungsobjekte vielerorts in der Welt und einzeln erbeten werden mußten. Da gibt es Kannen, Krüge und Gläser, unter ihnen eine herrliche Eisschale aus Bergkristall. Es gibt aparte Verarbeitungen aus Jade, Jaspis und Achat, aus Elfenbein natürlich oder Rhinozeroshorn wie auch aus schlichtem Silber. Es gibt die so geschätzten Kameen, die als Porträts aufschlußreich sind. Ein Prunkstück der Ausstellung, der teuerste Auftrag des Kaisers, ist die Mitrakrone von 1602, ein sinnvolles Symbol der kaiserlichen Würde. Besonders interessant für den damaligen Manierismus sind zwei mexikanische Federcollagen.

Doch aufschlußreicher für das Grundinteresse am Hofe sind weniger die kusntvollen Kunstschätze als die wissenschaftlichen Instrumente, die Geräte zum Messen, die Zirkel und Waagen, die Globen, Sextanten, Uhren und Automaten. Anders als vor den Bildern und Statuen genügt es nicht, sie zu betrachten; man muß, um sie zu verstehen und zu schätzen, wissen, was es mit ihnen auf sich hat. Sie bezeugen das intensive Bemühen um neue Wege und Methoden und neue Konzeptionen der Wissenschaft. Sie erinnern an die Versuche Brahes und Keplers, das Beobachtete in Zahlen zu verallgemeinern und im heutigen Sinne verfügbar zu machen. Eindringliche Handschriften und das Widmungsexemplar einer Optik Keplers für die Prager Universität wird man nicht ohne Bewegung betrachten. Sie gehören nicht nur zu den objektiven Grundlagen der folgenden Jahrhunderte, sondern sind auch Zeugnisse damaliger Lebensgeschicke. In diesem Sinne hat sich Descartes bei der Eroberung Prags, an der er teilnahm (1620), um sie bemüht. Selbst die persönlichen Hinterlassenschaften des Kaisers werden in dieser Hinsicht aufschlußreich, unter ihnen drei einfache Fingerringe, einer aus einem Holzkern mit einem schlichten Goldüberzug. Er ist sichtbar abgenutzt. Seine Bedeutung für den Kaiser, heißt es im Begleittext, ist unbekannt. Doch leuchtet wohl nichts in dieser großartigen Ausstellung so ein wie dieses fast ärmliche Relikt. Was der Kaiser, so vielseitig und förderlich für das Sinnvolle und Bedeutsame tätig, gerade an ihm schätzte, bleibt uns, den nur Betrachtenden, mit Recht verschlossen.

In: Weltkunst, 1988

Das Äußerste
(zu Kasimir Malewitsch)

Die Düsseldorfer Kunsthalle zeigt die legendären Quadrate des Kasimir Malewitsch. Wie der Maler selbst, so spricht und schreibt alle Welt vom schwarzen und roten Quadrat. Doch das schwarze ist nicht schwarz und das rote kein Quadrat. Die Schwärze des schwarzen ist nur auf dem Wege zu einem ernsthaften Schwarz; und das rote ist ein Trapez. Das schwarze ist nur schwärzlich und das rote unregelmäßig. Doch obwohl Format und Farbe nicht stimmen, besteht kein Grund zur Panik. Es ist in gewisser Weise sogar trostreich, wenngleich betrüblich, daß selbst in der Malerei schwarz nicht immer schwarz, nicht jedes Quadrat auch quadratisch und selbst das Äußerste nicht das Äußerste ist. Und das irritiert nicht einmal einen Suprematisten wie den Maler Malewitsch, der immer bis zum Äußersten geht. Doch was an der Wand hängt, ist nie das Äußerste. Über ein schwarzes und rotes Quadrat hinaus geht es immer und immer noch weiter. Selbst das Schwarz an der Wand in Düsseldorf kann in der Idee noch schwärzer und das Gerade noch gerader sein. Das Quadrat an der Wand ist nur eine Realität mit all den Mängeln, die dem Realen anhaften. Malewitsch, der Schüler des Plato, sucht die Wirklichkeit in der Idee. Für ihn ist die Idee das allein Wirkliche, das eigentlich Reale. Er schwärmt für die reale Idee oder die ideale Realität, weswegen er seinen Suprematismus auch als Realismus bezeichnet hat. Was er letztlich anstrebt, kann an keiner Wand hängen. Was an der Düsseldorfer Wand hängt, ist (wahrscheinlich) ein Original; aber es ist nur das Abbild jenes Urbildes, das dem Maler vorgeschwebt hat, das in Wirklichkeit aber nur im Idealen west. Etwas ganz anderes sind die Fotos vom schwarzen Quadrat, wie sie in Büchern oder Katalogen stehen. Sie sind nicht nur schwarz wie das Original, sie sind pechschwarz wie wohl das Urbild in der Idee. Doch ihre Schwärze allein macht es nicht; denn sie sind nur der Abklatsch jenes Abbildes, das in Düsseldorf ausgestellt wird. Da sich aber viele Kunstfreunde mit ihnen begnügen, kommt es zu dem Gerücht, die Quadrate des Malers Malewitsch wären schwarz und quadratisch.

In: Frankfurter Allgemeine Zeitung, 1980

Ursprünglich (zu Marcel Duchamp)

Das Original der »Fontäne« in der Kölner Duchamp-Ausstellung ist verlorengegangen. Der Künstler hat es allerdings nicht selbst entworfen, sondern aus einer Serienherstellung der Firma Mott selbst gekauft, das heißt, es selbst »gewählt« (Katalog). Von dieser Wahlfontäne gibt es Repliken, vom Künstler wieder selbst mit R. Mutt signiert. Doch obwohl original, stimmt die Signatur nicht; denn R. Mutt, der Fabrikant, hieß ursprünglich Mott. Duchamp macht uns also ein U für ein O vor. Warum auch immer, Stimmigkeit ist kein Merkmal für Ursprünglichkeit, gibt es doch neben ursprünglichen Irrtümern (wahrscheinlich ist jede Wahrheit ursprünglich ein Irrtum) originale Täuschungen und Fälschungen, sogar von weltgeschichtlichem Rang. Für Sinn und Bedeutung dieser Fontäne (Katalog) ist U oder O ohne Bedeutung, belanglos auch, ob wir »R« als »Richard« lesen und dabei an den tapferen Ritter aus der Normandie, an »richard«, im Umgangsfranzösisch ein reicher Protz, oder an »Rich-art«, zu deutsch vielleicht »Reichkunst« oder »kunstreich« denken. Feststeht dagegen, daß diese Schale für urinierende Männer durch jene Wahl aus ihrem (ursprünglichen) Zusammenhang gerissen wurde. So steht sie auch nicht in der Toilette, sondern unter den Kunstwerken des Museums, unentschieden, ob mehr ein Zeichen oder eine Bedeutung, meditiert der Katalog. Für die Bedürfnisse argloser Männer zweckentfremdet, aber zweckbestimmt für Experten, bleibt nun ungeklärt, ob sie als Skulptur unter die Plastiken oder als Wortkunst in die »Sprachsektion« Duchamps gehört, schwebend also zwischen Toilette und Museum, zwischen Bildwerk und Dichtung, zwischen Zeichen und Bedeutung, offenlassend, was ein Zeichen bedeutet und Bedeutung bezeichnet. Vielleicht war das nun replizierte Original aus der Firma Mutt oder Mott ursprünglich weniger original als originell.

In: Frankfurter Allgemeine Zeitung, 1984

Nur Kunst
(zu Arnulf Rainer)

Im Stadtmuseum von Eindhoven hängen viele schöne Bilder von Arnulf Rainer an der Wand. Wenn der Maler vom Malrausch besessen ist, wirft er Pinsel, Palette und Spachtel beiseite, greift hinein in die vollen Farbentöpfe und trägt mit bloßen Fingern, Händen oder Füßen seine triefenden Visionen auf die weiße Leinwand. Wie beim Malen, so verzichtet er auch beim Titulieren auf unnötige Umwege. So heißt das erste, mit den Füßen getanzte Bild schlicht und einfach »Palettendreck«. Dann kommen die »Zwei roten Ohrfeigen«, die der Meister in schöpferischer Rage der Leinwand versetzt hat. »Dunkles Stampfen« oder »Handgewisch« liegen auf der Hand; sie sagen, was man sieht. Ist der »Salat mit grünem Syrup« noch ein vergleichsweise friedfertiges Stilleben, so rauschen die »Geschmierten Flügel« wie die borstigen Schwingen eines Aasgeiers. Nur wenige Schritte, und wir stehen vor dem »Roten Hintern« von 1975; er leuchtet wie die untergehende Sonne über dem Mittelmeer. Konsequent in jeder Hinsicht und Höhepunkt der schönen Ausstellung ist dann die »Große Scheiße«, ein Werk voller Dynamik und Ursprung, als wäre es der Aufschrei zum Aufstand. Doch weit und breit niemand mehr, der uns und das Werk noch observierte; denn selbst der unmündigste Bürger hat gespürt, daß auch die jüngere Scheißzeit nun hinter uns liegt. So hat sich sogar die »Große Scheiße«, vielleicht eben noch ein empörtes und empörendes Signal zum Kampf, längst zu einem fast unscheinbaren und sogar schönen Bild an der Wand gewandelt. Selbst der scheinbar wilde Titel ist nicht mehr das, was er ursprünglich, zu seiner Zeit, gewesen ist. Nun läßt er bereits geheime Fühlung ahnen. Wie in den Attributen der Zauber wohnt, so verweist auch die »Große Scheiße« über sich selbst hinaus. Man spürt die Nähe zur »Großen Landschaft« Rembrandts, zum »Kleinen Rasenstück« und selbst noch zum »Jüngsten Gericht« in der Sixtina. Ob in Raserei oder sonstwie hingewischt, sie alle gehen still und leise in Kunst über; aus Empörung wird Bewunderung, wie eben jedwedes Futur nach kurzer Präsenz im Präsens ins Perfekt und schließlich ins Plusquamperfekt verschwindet. Und wie sich jeder Opponent nach Solidarität und jeder Avantgardist nach dem Museum sehnt, nach Stille, Dauer, Klassik, so bleibt auch vom wildesten Bild zu guter Letzt nur noch die Kunst, zum Entzücken seiner Kenner. Wir leben in einer besonders schnellebigen Zeit; so ist schon heute auch die »Große Scheiße« von Eindhoven eine schöne, sehr schöne »Scheiße«. Man hat nie eine schönere gesehen.

In: Frankfurter Allgemeine Zeitung, 1980

Picasso

Die überwältigende Picasso-Ausstellung in Paris vermittelt nicht nur einen deutlichen Eindruck von der Entwicklung und den künstlerischen Experimenten, sondern auch vom Wesen dieses Künstlers und seiner Kunst. Lange Zeit wurde sogar unter Kennern oder denen, die eine Kennerschaft für sich beanspruchten, das ungute Wort von der »Zerstörung des Menschenbildes« verbreitet. Doch auch in Paris bestätigt sich wieder, daß jene »Zerstörungen« des Antlitzes mit künstlerischen Formversuchen verwechselt wurden, die in schöpferischer Weise die Ausdrucksmittel der Malerei erweitert haben. Im Menschlichen hat Picasso nicht nur nichts zerstört, sondern ist in dem, was man das Menschliche nennt, von Anfang an in einer bemerkenswerten, manchmal sogar bewegenden oder erschütternden Weise bewahrend geblieben.
Von den Bildern der Pariser Ausstellung kann man ablesen, wie dieser so bewußte und bewegliche Künstler im Humanen eine unberührte, vielleicht sogar unberührbare Naivität bewahrt hat. Es ist nicht nur der Zug von Ernst und Schwermut, der sich durch das ganze Werk zieht und den Walter Erben so überzeugend beschrieben hat; es ist überhaupt die bejahende Menschlichkeit, die sich vor allem in den frühen Frauendarstellungen und sogar noch in den »Weinenden« der dreißiger Jahre, die so viel Befremdung erregt haben, durchhält. Was dagegen verantwortungslose Selbstzerstörung des Menschlichen ist, das wissen wir erst nach Picasso, heute. Daß man damals zwischen den künstlerischen Veränderungen im Formalen und den Zerstörungen in der Substanz nicht zu unterscheiden vermochte, solche Mißverständnisse überlebt ein Künstler wie Picasso. Sie urteilen nicht über ihn, sondern über seine Kritiker.

In: Christ und Welt, 1979

Buch der Liebe

Bücher sollte man lesen; man sollte sie buchstabieren, von Buchstabe zu Buchstabe bis hin zu Wort und Satz. Was Wort und Satz verbindet, ist der Sinn. Um ihn zu verstehen, bedarf es zwar der Buchstaben, die man bereits in der Schule lernt; doch sie allein genügen nicht.
Das Buch von Susanne Kessler ist zwar ein Buch; es besteht aber (trotz eines fast unleserlichen Vorworts) nicht aus Buchstaben. Wenngleich kein Buch zum Lesen, ist dieser Mangel vielleicht sogar sein Vorteil; denn Susanne berichtet nicht in Wort und Satz von Sinn und Vernunft, sondern in Farben und Linien von der »Rhythmischen Liebe«, die bekanntlich für Vernunft und Sinn weder geschaffen noch geeignet ist.

Susanne Kessler, »Buch der Liebe«, 1982–83, Transparentbild, 19×13 cm

Susannes umfangreicher Foliant langweilt also nicht mit Kurzgeschichten und verärgert nicht mit Manifesten, sondern vergegenwärtigt in voller Breite und in einer fast unbegrenzten Vielfalt menschliche Regungen, die (in rastloser Bewegung) weniger zu verstehen oder zu bewundern als nachzuerleben sind. Da ich ihrem atemberaubenden Gestaltenwandel von Seite zu Seite wie der vibrierenden Dichte ihrer Farben nicht gewachsen bin, halte ich mich an ein Motiv von fast zeichnerischer Offenheit. Allerdings (und das erhöht seinen Reiz) besteht es im Grunde aus zwei Seiten, zwei spröden, aber durchlässigen Pergaminen, die, übereinander gelegt, einander wechselseitig, als wären sie ein und dasselbe, ergänzen. Man könnte also (es sind schließlich zwei Seiten eines Buches) von einer Vorder- und einer Rückseite sprechen.
Zwei dunkel-schwarze Inseln, diagonal von rechts oben nach links unten einander gegenüber schwebend, belasten zwar die innere Ordnung des Blattes; doch ein schwarzer Streif von links oben nach rechts unten, in freiem Abstand von schwarzen Tropfen begleitet, distanziert die Inseln gegeneinander und lockert oder erhöht, wie beiläufig, ihre innere Spannung. Sie sind überhaupt, gegen das Licht gehalten, keineswegs von pechrabenschwarzer Schwärze, sondern wirken durch behutsame Farbparallelen wie gewachsene Maserungen alter Holzscheiben und überraschen durch die lichte Konsistenz des Pergamins. Daß es letzten Endes sorglos, heiter und fast tänzerisch zugeht, dafür sorgen die hellgelbe Tönung des Vor- oder Überblatts und seine spielerischen Bleistiftfigurationen unter transparentem Deckweiß. Fast flüchtig akzentuiert, auch hier, auch sie in diagonaler Zuordnung, zwei Verdichtungen, jedoch leicht und schwebend, als wären sie die Spur von etwas, das man nicht sieht, Spuren eines Nichts, von dem niemand nichts weiß.

Katalogtext, 1989

Totale Wirklichkeit

HA Schult geht wieder um, das heißt, er fährt um, diesmal allerdings nicht in seinem Stadtstraßenauto, wie er es nennt, sondern in einem geräumigen Omnibus. Er hat uns aufgefordert, mit ihm zu fahren, mit ihm auf Bustour durchs Ruhrgebiet. Wo will er hin mit uns? Was hat er mit uns vor? Wir suchen die Wirklichkeit, flüstert er uns zu; und wir werden von diesem Gedanken aufs tiefste getroffen. Denn in irrealen Zeiten ist die Realität eine Grundfrage des Lebens. Wir werden also mit Schult an die Realität heran oder gleich in sie hineinfahren, um auf dieser Realitätsfahrt endlich zu erfahren, was Wirklichkeit wirklich ist. Und HA Schult belehrt uns vorweg, daß Wirklichkeit nicht dies und jenes ist, was da so steht oder liegt und was wir (bislang noch

blind) für Realität gehalten haben. Realität ist nicht nur mehr als dies und das; sie ist viel mehr, sie ist das Ganze, das Totale. Auch HA Schult, weiß Gott ein Zeitgenosse, ist fürs Totale. Wollt Ihr die Wirklichkeit, die totale Wirklichkeit? Und wir stimmen begeistert zu. Gib Gas, Schult, wir rollen mit dir und im Bus in die totale Wirklichkeit. Wir werden uns mit dir in deinem »umweltbezogenen Ereignis-Garten« ergehen, wie er das nennt.
Bislang war Schult mit dem Abfall von heute beschäftigt. Mit viel Recht hatte er besonders etwas gegen Redensarten, gesprochene und gedruckte. So hat er während einer Nacht in Venedig den ganzen Markusplatz mit Zeitungen bedeckt. Verbalmakulatur, wie er meint. So kam er zwar ins Gespräch. Doch auch dies Gespräch ist inzwischen zu einer vergessenen Wirklichkeit geworden. In München durchforschte Schult die Mülleimer des bayrischen Fußballkaisers und präsentierte dessen Wirklichkeit in einer Vitrine des Lenbachmuseums. Das Museum ist auch ihr Ort. Was auf Straßen ärgerlich ist, in einem OP oder gar in einem Landgericht ein Skandal wäre, das ist heutzutage im Museum an seinem rechten Platz. Darüber hinaus hat Schult eine Schwäche für Kunst und Kunsthäuser. »Ich bin ein Künstler«, raunt er uns zu und versichert es immer wieder, mit unserer Vergeßlichkeit rechnend. »Ich bin ein Künstler«, und dabei blickt er uns tief in die Augen. Wie, auch er? Uns fällt noch rechtzeitig ein, daß der Kunstbegriff seit den Zeiten von Joseph Beuys erheblich ausgeweitet ist. So haben wir weder Schwierigkeiten noch Skrupel, wenn Schult uns verrät: »Ich bin selbst sogar ein Kunstwerk.« Das haben wir doch schon mal gehört. Und dann, dann aber: Auch ihr seid Künstler, und er meint uns. Ob er das wohl ernst meint oder ob er uns nur auf die Schüppe nimmt? Wir sind zwar Publizisten, Lehrer, Museumsbeamte, Rentner, überhaupt Leute, die sich gern mit Wirklichkeitsforschung befassen. Aber Künstler? Am Ende sogar selbst auch Kunstwerke? Ich weiß nicht. Vielleicht werden wir alle Künstler, wo sein holder Flügel weilt. Dann läßt Schult die Katze aus dem Sack: Nicht nur wir im Bus, der ganze Kohlenpott ist ein Kunstwerk. Wirklich, ein enormer Picasso oder ein Michel Angelo. Der Kohlenpott als das Jüngste Gericht unserer Zeit. Das leuchtet ein. Eine verkleinerte Wiedergabe dieser enormen Wirklichkeit wird Schult in einem x-beliebigen Schaufenster ausstellen. Sie wird dann angekauft, nehme ich an. Auch Schult muß sehen, wo er bleibt. Doch damit ist es nicht getan. Die totale Wirklichkeit ist mehr als Venedig oder Beckenbauers Mülleimer. Sie ist, so legt uns Schult auseinander, aus sozialen, ökonomischen, politischen, surrealistischen und alltäglichen Momenten zusammengesetzt. Wir werden sie im Bus durchfahren und studieren.
Da könnte dann ein störrischer Genosse, vielleicht ein Bürger, behaupten: Diese Wirklichkeit sei ein alter Hut. Sie sei, genau genommen, der alte Brei, an dem die Menschheit bereits seit Adam und Eva kaue. Die einen nennen ihn Wahrheit, die anderen Realität oder

HA Schult, »Konzert auf der größten Müllhalde des Ruhrgebiets«, Aktionszyklus RUHR-

OUR 1978

Wirklichkeit. Damals wollten sie das Ganze, heute das Totale. Wörter, Wörter! Und Schult würde jubeln: Eben das wollen wir. Mit uns ist die Zeit erfüllt. Wir endlich, wir werden endlich die Realität im Bus befahren und erfahren, was sie ist. Deswegen sollte auch niemand diese Ruhrtour mit einer Fahrt von Grünen ins Grüne verwechseln oder in ihr einen Werbetrick nach Art von Reisebüros argwöhnen. Hier beginnt etwas total Neues. Beuys mit seinen Unternehmungen ist längst vergessen. In der Tat, was sind verpackte Blumentöpfe oder Fettnäpfchen, gemessen an der totalen Realität des ganzen Kohlenpotts!
Der Theaterintendant von Gelsenkirchen wird zum Schluß einen neuen Akzent setzen. »Und dieser Akzent bin ich«, sagt Schult. Da wird dann auf der Bühne eine Realität inszeniert, eine Realitätsszene sozusagen. Es wird dahin eine regelrechte Werkstatt versetzt. Nicht, als spielten die Schauspieler mal wieder Arbeiter oder machten die Arbeiter Theater. Das kennt man. Es sind regelrechte Arbeiter, die auf der Bühne arbeiten werden. Betrachtet man's im ganzen, so ist es möglich, daß die Wirklichkeit in Wirklichkeit noch viel wirksamer ist, als man es im Bus so vor sich hindenkt.

Sendung im WDR, 3. Programm »Forum West«, 1978

Was die documenta dokumentiert

Martin Luther möchte vor der großen Weltkatastrophe noch schnell ein Bäumchen pflanzen. Wie zaghaft doch der große Reformator! Wie optimistisch Joseph Beuys: Er pflanzte gleich 7000 deutsche Eichen.

*

Landgraf Friedrich II. ließ im Stadtschloß einen Spiegelsaal einrichten, in dem man sich von einer bestimmten Stelle im Parkett zwölfmal wiedererkannte. Eine lustige Identitätsverwirrung durch Op-art.

*

Jetzt steht er (als Monument) auf dem Platz der documenta und betrachtet mit steinerner Miene die Basaltbescherung, die Joseph Beuys wegen seiner Steineichen angerichtet hat.

*

Drinnen gibt es einen Raum mit Broschüren, Postkarten und Postern von Klaus Staeck, einen Staeck-room. Mit Kritik an der freien Marktwirtschaft hat der Meister eine Lücke der freien Marktwirtschaft entdeckt. »Wie ist der Umsatz?« – »Mäßig«, bedauerten die wortreichen Gehilfen. Das ist mäßig. Wenn schon Vermarktung der Marktkritik, dann auch Markterfolg. Ein erfolgloser Kaufmann ist ärgerlicher als ein glückloser Künstler.

*

Euer Leib ist aus Staub, und ihr werdet wieder zu Staub werden. Diese makabre Mahnung vor offenen Gräbern ist jedem gegenwärtig, der sich in das Staubrelief von Wolfgang Laib vertieft. Wenn wir nun eines Tages zu Laib-Staub würden, zu Blütenstaub aus Kiefern zum Beispiel, so wäre das Sterben und Verstauben fast schon ein Fest. Mit Recht steht ein eigener Wächter neben dem zart gehäufelten Rechteck aus flimmernden Pollen, damit auch nicht ein Stäubchen von ihnen verloren gehe.

*

Marcel Broodthaers stellt Kanonen mitten hinein ins bürgerliche Interieur. Er ist gegen den Krieg und sucht jemanden, der dafür ist, um ihn zu bekriegen. Leider schießt er offene Türen ein. Er hat sich mit Pappkameraden, wie man so sagt, begnügen müssen.

In einem Rondell stoßen wir auf eine lädierte Nike. Als raunte ihr der Künstler ins Ohr: »Und ihr habt doch verloren!« Eine bittere Wahrheit für eine Siegesgöttin. Da der Meister weiß, daß niemand mehr weiß, wer Nike und wer Homer und die Götter Griechenlands sind, belehrt er uns darüber, was und wen er verjuxt. Das ist die alte Angst des Kritikers beim Kritisieren, daß man ihn nicht versteht. Für den Weisen ein normaler, für den Kritiker ein peinvoller Zustand.

*

Unter dem Dach der documenta erinnern Farbfotos an die Schlachtfeste des Metzgers Hermann Nitsch aus Wien. Sie dokumentieren, wie der Künstler in den Innereien eines geschlachteten Ferkels manscht, sich und andere lustvoll mit Blut beschmiert, um in der geistfernen Materie nach Sinn und tieferer Bedeutung zu buddeln. Mit eindringlichen Erläuterungen versichert er uns, daß es nicht darum gehe, worum es zu gehen scheint; es gehe vielmehr um orgiastische, orphische, um mythisch-mystische, existenzbegreifende Erlebnisse. Da man nicht nur sieht und hört, nicht nur fühlt und schmeckt, sondern den Braten auch riecht; da also alle fünf Sinne des Menschen gesamtkunstwerklich bei den Nitsch-Aktionen aktiviert werden, geraten wir wahrscheinlich in eine berauschende Schweinerei. Geräte des Meßopfers daneben deuten an, in welch kosmischen Entrückungen sich Nitsch beim Tranchieren und Sublimieren (wie er versichert) bewegt. Faustisches zum All erweitert. Ein postromantisches Massaker.

*

Wie Nitsch, knetet zwar auch Arnulf Rainer das Seine; doch er ist Maler. Also streicht und streichelt er die Farbe mit bloßen Händen und tanzt sie mit Füßen auf die Leinwand. Pinsel und Spachtel sind ihm zu vermittelnd; er will das Unmittelbare als ein Zeichen seines Lebens und seines Leibes. Was er malt (sozusagen), ist eine große Passion. Die Spur seiner erhobenen Hände hat bald den Zug der Ekstase, bald ist sie ein Strauß aus farbigen Feldblumen. Nirgendwo ist die Illusion des Künstlerisch-Schönen so wirklich, so menschliche Wirklichkeit wie da. Sie ist eine humane Dokumentation der documenta.

*

Gottlob außerhalb der Stadt, hoch über Bäumen und Kaskaden, rastend auf seinem Weg durch die Zeiten, wartet Herkules, der griechische Göttersprößling, und stützt sich, trotz allem gelassen, auf seine Keule. »Wir reichen nicht hinauf zu ihren Tagen, die letztesten hat Herkules erschlagen«, flüstert die Sphinx im »Faust«. Vielleicht sind wir die allerletztesten, die er erschlägt.

Viel und vielerorts und auch in Kassel, wie naheliegend, ist unter Kundigen immer noch die Rede von der Begriffserweiterung. Seitdem Charles Darwin sogar den Begriff des Affen erweitert hat, fallen auch wir, die Menschen, unter den Affenbegriff.

*

Foto-Nachweis

Littkemann, Berlin: 17
Claude Gaspari, Paris: 117
Klaus Küpper, Köln: 138
Saarland-Museum in der Stiftung Saarländischer Kulturbesitz, Saarbrücken: 158/159
Museum »Quadrat«, Bottrop: 188
Atelier Waldthausen: 177
Heinrich Siepmann, Mülheim/Ruhr: 193
Dia Fachstudio, Bonn: 216
Maren Heyne, Düsseldorf: 224
Staatliche Kunstsammlung, Dresden: 233
HA Schult-Museum, Essen: 246/247
Die Fotografen einiger Bilder konnten wir nicht mehr ausfindig machen. Ihre Rechte sind natürlich gewahrt.

Umschlagvorderseite:
Emil Schumacher, »B-31«, 1971

Copyright-Nachweis
Die Erlaubnis zur Reproduktion gaben die Künstler selbst, deren Erben oder die folgenden Besitzer, denen wir herzlich danken:
Galerie Baukunst, Köln: Jiří Anderle
Galerie Döbele, Ravensburg: Eugen Batz
Marie-Luise Otten, Ratingen: Peter Brüning
Skulpturen-Museum Glaskasten, Marl: Friedrich Gräsel
Galerie Utermann: Hans Kaiser, Wilhelm Morgner, Alan Frederick Sundberg
von der Heydt-Museum, Wuppertal: Hans von Marées
Städtische Galerie, Schloß Oberhausen: Dietmar Ullrich

CIP-Titelaufnahme der Deutschen Bibliothek

Hahne, Heinrich:
Wort + (und) Bild: 100 Künstler in der Kritik / Heinrich Hahne. –
Köln: Wienand, 1990
ISBN 3-87909-217-6

Lektorat: Christine Westphal
Umschlagentwurf: Jan Wiesemann
Gesamtherstellung:
Druck- & Verlagshaus Wienand
ISBN 3-87909-217-6